「ニュータウン」再生のための空き家対策とその有効活用

川 端 博 之

目　　次

──────────────〈 序　章 〉──────────────

1．研究の背景およびニュータウンの税収を支える戸建て住宅地

　日本の経済は、第二次世界大戦後、1950 年代後半にかけて住宅不足による政策などにより大きく動いた。渡辺（2019）は、戦後日本の経済を 5 期に分けて次のように論じている。敗戦後の混乱から現代の日本の基礎を形成した①戦後復興期、ただひたすらわき目もふらずに経済成長を実現してきた②高度成長期、石油ショック、ニクソン・ショックという大きな転換期を自らの産業構造を改革することで見事に乗り切った③安定成長期、そして④バブル経済とその後の⑤失われた 20 年である。

　一方、塩崎（2006）は、戦後日本の住宅政策をつかむには、この 60 年間の社会経済の流れの節目をとらえて 4 つの時期に区分して考えることができるとしている。①戦後復興期（1945-55 年）、②成長期（1956-73 年）、③変動期（1974-90 年）、④転換期（1991 年～現在）である。

　そこで、それぞれの時期において、どういった経済の動きや社会の動きなどがあったのかということについて、見ていくこととする。

　まず、渡辺（2019）は、①戦後復興期では、戦後の民主化と経済の基盤整備（財閥解体、農地改革、労働の民主化、傾斜生産方式、ドッジ・ライン、シャウプ勧告）や戦後の日本経済の土台づくりであった。

　②高度経済成長期では、1950 年の朝鮮戦争が日本に莫大な戦時物資の需要を生み出し、ドッジ・ライン以後の安定恐慌でデフレ傾向にあった日本に好景気をもたらした。これが朝鮮特需である。さらに、この時期に神武景気（1954 年 11 月から 1958 年 6 月）では、主に三種の神器（白黒テレビ、電気洗濯機、電気冷蔵庫）による一般家庭の消費拡大が始まった。岩戸景気（1958 年 6 月から 1962 年 10 月）では、主に投資ブーム、所得倍増を 7 年で実現した時期である。いざなぎ景気（1965 年 10 月から 1971 年 12 月）では、主に山一證券の事実上倒産、新 3 C ブーム（車、カラーテレビ、クーラー）により耐久消費財が飛ぶように売られた時期である。

　③安定成長期では、日本にとって資源価格が上昇する石油ショックは大きな痛手となった。また、ニクソン・ショックは為替レートの変更をせまるもので、それまで 1 ドル＝ 360 円という比較的有利な為替レートで輸出を行ってきた日本にとって、大きな問題となった。

　④バブル経済では、1980 年代前半から中盤にかけての日本経済は着実に高付加

価値社会の実現を目指して成長を続けていった。バブル経済の原因は 1985 年のプラザ合意に始まるといわれており、企業も家計も豊富になったマネーを株式市場に投資し、空前の財テクブームが発生した。

　⑤失われた 20 年では、バブル崩壊によって最も打撃を受けたのは金融機関であり、特に大手金融機関が次々と破綻していった。この時期から長期にわたる日本のデフレスパイラル現象が始まり、企業の業績が低迷し、バブル経済から一転して人々は先の見えない不況に消費を切り詰めて生活するようになっていた。

　次に塩崎（2006）は、①戦後復興期（1945-55 年）では、終戦直後から 1955 年までの間は、戦災復興の課題が大きく、住宅についても絶対的な不足を抱えていた時期であるから、住宅対策の基調は住宅確保という応急対策とその後の住宅対策の基本となる 3 本柱（住宅金融公庫法（1950 年）、公営住宅法（1951 年）、住宅公団の設立（1955 年））の制度枠組みが相次いで確立された。これらは、戦後の公的住宅供給の基本的な柱であり、その後半世紀近くにわたって住宅政策の在り方を規定するものとなった。

　②成長期（1956-73 年）では、住宅供給のための基本的な仕組みをもとに、量的な住宅不足に対処するために建設計画に沿った大量建設が政策の基調となった。この時期は、年間 10％を超える経済成長がつづき、あらゆるものが高度成長を遂げた時期である。1973 年には、量的住宅問題の一応の解決を見る。この時期の終盤からは環境問題が大きな課題となり、高度成長期の弊害に対する取り組みが重要性を増したが、住宅においても住環境整備の課題（質的問題）が顕在化してくる。

　③変動期（1974-90 年）では、1970 年代はじめから 1980 年代半ばまでの間は、高度成長期に形成された住宅・居住地の諸問題を解決するための改善的取り組みがなされつつあった。それに対して、1983 年の中曽根アーバンルネッサンスの登場からは、民活・規制緩和路線があらゆる場面で強く押し出され、計画的に良好な住環境を形成していく取り組みは全く後景に退けられることとなった。規制緩和による開発自由の拡大、民間資本に最大限の機会を与える政策は土地投機をもたらし、住宅・宅地価格の究極的な高騰を招いただけでなく、実体経済からはなれた投機経済をはびこらせ、日本社会に大きな混乱と打撃を与えることとなった。

　④転換期（1991 年〜現在）では、バブル崩壊後現在に至る時期は変動期と同様に各種の問題を引きずっており、同時に都市化の終焉・少子高齢社会・人口減少など社会の基底部分で地殻変動が生じている。また、阪神大震災の勃発を機に災害多発時代に突入しており、住宅の安全確保や被災後の住宅復興など、従来とは異なる

対応を求められている転換の時期である。

　現在の日本では、人口減少および高齢化が進行している状況であることから、総務省統計局が2020年6月22日に公表した人口推計（2020年1月1日現在の確定値）[1] を見ると、総人口は1億2,598万8千人で、前年同月に比べ32万9千人（0.26%）減少している。

　一方、65歳以上人口は3,592万8千人で、前年同月に比べ30万4千人（0.85%）増加している。

　特に人口減少および高齢化が顕著に推移しているのが、初期に開発されたニュータウン[2] である。短期間に大量の住宅等が供給され、同世代が一斉に入居したため、居住者の高齢化や世帯分離などの影響により、人口減少の問題が生じている状況である。

　ここで、高度経済成長期に造られたニュータウンについて見てみると、日本で最初に開発された千里ニュータウンが1962年に佐竹台地区で入居が始まった。高蔵寺ニュータウンでは、1968年に藤山台地区で入居が開始され、多摩ニュータウンでは、1971年に永山地区で入居が開始されている。この3大ニュータウンで高度経済成長期に事業を終えているのは、千里ニュータウンのみである。

　千里ニュータウンの場合の町づくりの方向を決めるために、山地（1982）は、六つに分けて次のようにまとめている。①ニュータウンかベッドタウンか、②住区理論型かモノセンター型か、③単一階層構成か混合階層構成か、④居住水準をどこにおくのか、⑤オープン型かあるいはクローズ型か、⑥平行型配置かあるいは囲み型配置かである。

---

1)　総務省統計局人口推計統計データ（2020年6月22日公表）
　　https://www.stat.go.jp/data/jinsui/new.html　2020年7月3日閲覧
2)　財団法人東北産業活性化センター（2008）では、ニュータウンに共通した特色として、既成中心市街地から一定の距離を置いた未利用地に造成され、居住機能に特化した優れたインフラを備えている街であると言及している（p.9）。また、福原（2001）は、日本ではニュータウンという用語には定義がないため、自らにおいて、ニュータウンを主として公的機関によって計画的に開発された人口五万人程度以上の住宅地を中心とした街としている（p.ii）。一方、中野（2015）は、ニュータウン（new town）はいうまでもなく英語であり、フランス語では一般にヴィル・ヌーヴェル（ville nouvelle 複数形はヴィル・ヌーヴェル〈villes nouvelles〉－ヴァドロルジュの章）の語があてられる。やはり新しい都市を意味する言葉であると述べている（p.478）。本稿では、3大都市圏のわりと近郊にあって、大都市圏に労働力を供給している地域で、かつそれが戦後の一時期につくられたという特徴があり、戦後直後の農村に生まれた過剰人口を吸収してきたニュータウンを取り上げる（例：千里ニュータウン、高蔵寺ニュータウン、多摩ニュータウン）。

この中から、③単一階層構成か混合階層構成かの問題を取り上げて、どういう階層が入居するための条件設定になっているのかなどについて、詳しく見ていくこととする。

　一つの町が自然に発展してきたものであれば、職業や収入について、あらゆる階層の人々が居住するのが普通であり、それによってこそ社会的バランスが保たれるが、計画された都市では居住者階層は相当限定される。特に千里の場合は、その区域内に一部の商業と業務の施設を除いては大きな雇用施設のない通勤都市であることから、居住者の職業的性格は主としてサラリーマンと一部の自営、自由業者であるとみられていた。また、名神高速の開通によって、京阪間には近い将来、新しい近代工場が生まれてくることも考えられ、これら工場群の住宅地となることも十分予想されたので、単に通勤サラリーマンの住宅都市とは考えられず、工場労働者の住宅をも考えなければならないのではないかとされた。しかし、問題はむしろ収入の面で、千里のような計画都市の場合は、住宅その他の建設費に基づく家賃が相当高額になるため、家賃の面から居住者階層が相当限定されることが考えられた。また、開発面積の相当部分は分譲する独立住宅になるが、この購入層はサラリーマン階層でも相当の高額所得者になる。次に、居住者階層と住宅種別の問題では、千里における居住者階層は収入の点において一定の制約があるので、大部分の居住者は当時の住宅種別からみて、第一種公営住宅階層以上とされた。千里の場合には、芦屋に匹敵するような立地条件を見出すことは困難であるため、このような最高住宅地の居住階層をここへ誘致することは、環境的に無理があるうえに、公共機関としての立場からもそれは不適当であると考えられた。そこで、ここではその上限を、付近の類似都市である豊中の高級住宅地程度の居住階層を対象とするのが至当であろうとされた。以上のように、居住者の下限は一般サラリーマン階層であり、その上限は上級サラリーマンあるいは自営、自由業階層で、その大部分は第一種公営住宅、公団住宅もしくは公庫住宅の需要者とみられた。ただし、千里内に職場を持つ若干の肉体労働者、低額所得層のためにも、多少の第二種公営住宅を考慮する必要があるとも言われていた。

　さらに、角橋（1984）はニュータウン開発と地元市財政（吹田市の場合）に関して、「千里ニュータウンのような大規模な住宅地開発においては、数多くの公共施設が地元市に移管される。この移管がストレートにかつ短期間に行われると、地元市の財政負担はたちまち増大することになる。とくに地元市の財政規模に比して開発のスピードと規模が大きければ、その影響は甚大である。この問題は、要するに

ニュータウンからの収入（税収）と支出（経常経費や投資的経費）をどうバランスさせるかにかかっている。そこでは開発者と地元市との間で相反する利害が常に働き、両者の緊張関係がつづく。つまり、地元市は高所得階層が居住する分譲住宅の比率を高め、かつ、既存財政にはマイナスの影響を与えないよう、開発者負担金の増額と譲渡代金の長期低利の延払いを要求する。一方、開発者は、公的立場からの住宅政策の推進や混合開発（ミックス・ディベロップメント）の見地から、公的住宅の比率もある程度高めなければならない。また、独立採算制で採算をとるには、早く移管して投下資金を早期に回収しなければならない。こうして、住宅地経営の収支試算はさまざまな角度から行われてきたが、えてして開発者は甘く、地元市は辛い、ということになりがちであった。地元市にすれば、地方財政は慢性的危機状況にある。

　とりわけ七五年危機以降、事態は深刻である。新規開発に一般財源を回す余裕などない。また、旧市街地には優先させるべき行政投資が山積している。旧市街地に投資すべき行政費を新住宅地の赤字の穴埋めに回すことは、とても住民感情が許さない。こんなことから、ニュータウン開発者に対する地元市の対応はきわめてきびしいものとなっている」と指摘している。

　参考に角橋（1984）の資料で、千里ニュータウン・吹田市の住宅種別と市民税収では、1973年度の分譲住宅の市民税収入は、全体の44.2％を占めていることが示されている。

　復興期から高度経済成長期にかけて、1973年まで高度経済成長期であったとした場合、この時期というのはおそらく復興期の時のような戦災の影響による住宅不足よりは、この時期に農村から人が流入し、その人たちの住宅が不足していたという側面は強い訳である。もちろん都市部でも人口はベビーブーマーで増えていく訳であるが、農村部も同様でここの過剰な労働人口をかかえた農村から都市部に人が移動し、そこで都市部で住宅が不足してしまったという問題に関して、ニュータウンは社会的な要請に応えていった。それがニュータウンの役割であった。しかし、当初ニュータウンをつくった目的というのは、戦後の人口増大（自然増も社会増も含めて）で、人口の都市における増大に対する住宅の供給がニュータウンの当初の目的であった。今その目的、ニュータウンの果たす役割と言うのは、変質して都市に生きる人たちがいかに人間としてあたりまえのことをするうえで、必要な住環境というのが、ニュータウンぐらいしか整っていないのである。夫婦で共働きをする時には、都心から近い所に住まないといけないし、親世代との同居・別居・近居を

するには色んなバリエーションの住宅が整っていて、住む時に組み合わせがしやすいような住居が用意されているニュータウンでないと世代の再生産というのは、とてもできないような社会になっている。ニュータウンは、そういう役割を果たす場所である。これを活かしていかないと都市での世代の再生産は無理だと考えられる。ニュータウンはその都市にとってかけがえのないものであり、今後も存続し続けるべきである。かつその中で、戸建て住宅地域というのは、ニュータウンを抱える自治体にとってニュータウンを成り立たせるうえで、財政的にかかせない重要な部分である。入居する際、公共住宅にすべて入ってしまうと、その地方自治体の財政というのが苦しくなるため、税収が確保できる地域を設けて、そこでソーシャルミックスを図っていかないと、その地域が財政的に持たなくなると考えられる。したがって、ニュータウンにおける戸建て住宅を対象とした研究は、ほとんどされていないため、筆者はこの戸建て住宅の形成や今後の利活用の部分について研究するものである。

　ここで重要になるのが一戸建て住宅の存在である。この戸建て住宅は、ニュータウンを抱える自治体にとって欠かせない財源であり、ニュータウン開発当初から公的賃貸住宅などと同様に重要視され、建設計画の中に組み込まれてきた戸建て住宅は、市の財政のために欠かせない地域であったにもかかわらず、施策としてはほとんど対策が講じられていない状況である。公的賃貸住宅は先行して建設されて、数十年が経ち建物の老朽化が進み建替え等が行われているが、現状において、戸建て住宅地域は、高齢化が進み独居世帯の増加などにより空き家が増えている状況である。このまま空き家化が進捗していけば、①市の財政を支える重要な部分が欠落し、財政が厳しい状態になり、②ゴーストタウン化してしまう可能性がある。こうした問題に対して、危険家屋対策を中心とした空き家対策ではなく、空き家の有効活用を目的とする必要がある。具体的には、流通を促進し、新しい人に使ってもらうことにより、ニュータウンの再生に向けた活性化に繋がる施策を展開することが重要となってくる。

２．先行研究の整理

　ニュータウンのオールドタウン化に焦点をあてた研究では、自治会が住民実態調査を行った結果を基にオールドタウン化の影響に伴う課題について考察を行った研究（大橋 2019）、住宅の流動性に着目した研究（草間 2011）、自治会長にヒアリング調査を実施し、オールドタウン化対策のコミュニティ形成の仕方はどうあるべき

かという視点で今後のまちづくのあり方について明らかにした研究（岩崎ほか 2018）、オールドタウン化の解決主体として「個人・家族」、「行政」、「民間企業」、「地域」を対象に、コミュニティの必要性に関しまちづくり会社の設置を提案した研究（高村 2013）などがある。

　先行研究では、コミュニティの必要性などの研究に対して、本研究ではニュータウンの戸建て住宅地域に着目し、空き家対策の必要性を重要視している点が、先行研究との違いである。

　ニュータウンの住環境に関する研究では、四つのニュータウンを比較し、公的集合住宅を対象に住み替えなどの居住実態、住環境評価と将来の居住意向を明らかにした研究（原田 2007）、千里ニュータウンの戸建て住宅を取り上げ、個別に行われる住空間の変化や住環境がどのように形成・変化してきたかを明らかにした研究（立川ほか 2001）、千里ニュータウンの戸建て住宅地を対象に、居住者に対するアンケートを通じて、住環境の評価を尋ねるとともに、敷地分割における土地利用変化に対する現時点の許容度を明らかにした研究（森本ほか 2000）、千里ニュータウン内の建替えられた住宅団地が集積する地区を対象に、居住環境形成において重要な緑地の変化実態を明らかにした研究（田中ほか 2012）、千里ニュータウンの戸建て住宅地をケースにアンケート調査から、居住者の今後の定住意向をさぐり、定住意向からみた住環境保全上の課題を明らかにした研究（山本ほか 2005）などがある。住環境および敷地分割に関し、建築協定などで網のかかった戸建て住宅地域は、敷地分割が発生しにくいが、それ以外のところでは、条例などで定められた最低面積を確保すれば、敷地分割がなされ新しい世帯の流入により、居住環境に変化が生じている。先行研究では、主にアンケート調査から住環境に重点をおいた研究をしているが、本研究では、空き家等の実態調査から建築協定などの住環境の保全と敷地分割による新しい世帯の人口流入における重要性について二つの面からの研究であり、その点が先行研究との違いである。

　ニュータウンを抱える自治体政策に関する研究では、アンケート調査から若い世代や第二世代に対する施策の必要性を示唆した研究（北浪ほか 2003）、現在住んでいる人々が住み続けることのできるまちづくりを進めるとともに、若い世代が住みたくなる住宅地づくりの必要性に関する研究（大塚 2015）、高齢化に伴う空き家化を防止するために、国と自治体、地域住民などが一体となって仕組みを構築する必要性に関し、大都市圏における空き家発生メカニズムについて地理的な実態調査を継続し、検証していくことの重要性に関する研究（久保ほか 2013）、などがある。

ニュータウンの戸建て住宅地域の活性化に伴う空き家対策に関する研究では、戸建住宅地域における高齢単身者の増加により、空家化等の進行予測から、住宅利用の新たなチャレンジ（例えば、家主同居型の賃貸住宅など）の必要性を示唆した研究（山本ほか 2005）、高蔵寺ニュータウンの戸建て分譲住宅の空き家の状況から、空き家問題に対する最善策（居住者自らがどう住み繋いでいくかを日頃から考え、備えることにより、空き家の発生を未然に防ぐこと）を問題提起した研究（大塚 2015）、三田市フラワータウンの戸建住宅を対象に空家対策の一環として、立地条件を活かして子育て世代などを呼び込むことや借家の物件情報を増やし継続的に住み手が更新されるような仕組みづくりの必要性に関する研究（杉本ほか 2011）などがある。

　彼らは、ニュータウンの戸建て住宅地域の活性化施策として、空き家対策が必要であると述べているが、行政が空き家対策をするうえで、どのようなことをするのかということが明確に書かれていないし、行政の役割なども検討されていない。

　ニュータウン開発当初から公的賃貸住宅などと同様に重要視され、建設計画の中に組み込まれてきた戸建て住宅は、市の財政のために欠かせない地域であったにもかかわらず、施策としてはほとんど手が行き届いていない状況であり、高齢化が進み戸建て住宅地域で空き家の増加が進行し、ニュータウン再生に関して戸建て住宅地域に踏み込んだ研究が不足している。何れにおいても、戸建て住宅地域に関し、ニュータウンの戸建て住宅が市の財政を支える重要な部分でありながら、施策としてはほとんど見当たらないし、そこに焦点をあてた研究においては、ほとんどされていない。

　加えて、日本の空き家対策の現状というのは、危険家屋対策を中心に進んでいると考えられるが、本研究では、そうではなく利用者がいない、使われていない空き家・空き地というものをいかに有効活用して、新しい人に使ってもらい、ニュータウンの活性化や再生に向けて、特に子育て世代等の流入による人口増加などの施策に活かせるような所に主眼を置いている。本研究の流れとしては、ニュータウンの戸建て住宅地域の空き家等の現状把握、三大ニュータウンの再生に向けた取組みの違い、国による空き家対策の法制度や先進的な地方自治体の空き家対策の取組みの違い、諸外国と日本の空き家対策に関することや不動産流通を目的とした空き家の有効活用などの国際比較について、見ていくこととする。

3．本研究の構成

　本研究の構成は、次のとおりである。

　本研究では、上記の先行研究の整理を踏まえて、ニュータウンの戸建て住宅地域の空き家等に関し、除却を優先せずに空き家・空き地についていかに有効活用を図っていくのかというところに主眼を置くものである。本研究では、①実態調査による現状把握を実施して分析を行い、②大規模ニュータウンの再生に向けた取組みの違いについて比較分析を行い、③先進都市の空き家対策における助成制度を調査して比較分析を行い、④諸外国の空き家対策の流れを整理し、比較分析を行うことである。その分析の結果、ニュータウンの戸建て住宅地域の空き家対策は、危険家屋対策を中心としたものではなく、有効活用を目的とした流通を図ることで、ニュータウンの活性化や再生に繋がる施策を展開することが重要となってくる。

　本書では、目的を達成するために各章で違う分析手法を用いていくため、以下の章ではそれぞれ異なるアプローチを取ることとする。

　第1章では、建設計画の中に組み込まれてきた戸建て住宅の必要性を概観して、吹田市域の空き家等の実態調査の結果について現状分析を行う。ニュータウン開発当初の区画（建築物を含む）からどう変容したのかを、空き家やその敷地の現状に照らし合わせて明らかにする。そのうえで、建築協定（住民同士の民事的な協定）などの規制（敷地面積の最低限度など）や住環境問題、住宅戸数、年少および子育て世代の推移について確認し、年少人口等が増加することで、人口減少などの問題を和らげる要因になっているのかなどについて分析を行う。実態調査の結果として、敷地分割に関する規制が守られているところでは、敷地分割についての抑制効果があることを明らかにする。また、千里ニュータウン吹田市域の戸建て住宅地域の空き家等実態調査を踏まえて、危険家屋はほとんど見当たらず、空き家のほぼ全てが危険家屋の基準には当てはまらないということを明らかにし、ニュータウンの空き家対策というのは、危険家屋対策だけでは不十分であるということを指摘する。

　第2章では、第1章において空き家等実態調査で明らかになった空き家の増加に伴い、開発から50年前後経過した日本を代表する三大ニュータウンである千里ニュータウン（吹田市、豊中市）、高蔵寺ニュータウン（春日井市）、多摩ニュータウン（多摩市、稲城市、八王子市、町田市）に着目して、それぞれのニュータウン再生に向けた取組みについて、比較分析を行う。ニュータウン開発の初期条件ではない要素（少子高齢化、住宅団地の建物などによる老朽化の影響、小・中学校の統

廃合に伴う既存建物の有効活用、多様な世代が住み続けられる住まい、住環境）が、それぞれのニュータウンにおける再生に向けた取組みの違いとなっていることを確認する。また、計画人口などが異なる三大ニュータウンについて、担当者にヒアリング調査を実施し、ニュータウン再生に向けたニュータウン再生のあり方検討委員会などの立ち上げからの経過を追ったうえで、関係資料などと併せて比較分析を行う。

　なお、因果メカニズム（オールドタウン化したニュータウンの建物を更新することにより若年世帯が流入し、その結果として人口が増加する）について、担当者が抱く課題（高齢者の増加、児童数の減少など）に関する認識において、現状では財政面が厳しい状況である。しかしながら、政策の選択において、公的賃貸住宅の建替えに伴う活用用地の有効活用などを進めた結果、人口が減少期から増加しつつあることを確認する。一方、ニュータウン計画段階において、共同住宅と同時期に計画した地方自治体にとってニュータウンの税収を支える重要な部分である戸建て住宅地域に関しては、共同住宅の建替えなどによる活性化に比べて、ほとんど対策がされてこなかった。その結果として、現在では高齢化が進行し、独居世帯が増え空き家が増加傾向にあることを指摘する。

　第3章では、ニュータウン開発当初から公的賃貸住宅などと同様に戸建て住宅も重要視され、建設計画の中に組み込まれてきたが、戸建て住宅地域では高齢化に伴い、独居世帯が増え、空き家が増加傾向にあるため、地方自治体が実施している空き家対策の助成制度について取り上げた。公的賃貸住宅は先行して建設され、数十年が経ち建物の老朽化が進み建替え等により活性化しつつある。しかし、税収を支える重要な部分である戸建て住宅地域については、空き家の増加が進んでおり、対策がほとんど講じられていない状況である。そこで、国による空き家対策の法制度を取り上げ、空家等対策の基本的な考え方である市町村の役割、都道府県の役割、国の役割を概観した。さらに地方公共団体が、空家等対策の推進に関する特別措置法（平成26年法律第127号）に基づく空家等対策に取組むに当たり、参考となる主な関連施策や諸制度を整理した。そのうえで、国による空家等対策に係る関連施策等に関し、空き家対策等に関する補助金助成制度を実施している多くの地方自治体の中から、地域性および人口規模、助成制度の複数実施自治体の条件を設定し選定した。具体的には、人口10万人前後の岐阜県高山市、人口20万人前後の千葉県佐倉市、人口30万人前後の山口県下関市、人口75万人前後の岡山県岡山市、人口150万人前後の兵庫県神戸市を抜粋し、それぞれの市が実施している補助金助成制

度の実績、予算、決算などを各市にメールで紹介をし、5市から回答のあった資料に基づいて空き家対策等の助成制度について比較分析を行う。これらの地方自治体では、空き家対策等の助成制度について、様々な取組みを実施し、それぞれにおいて創意工夫をしているが、依然として危険家屋対策が中心となっていることを確認する。

　第4章では、人口および世帯数の減少や高齢化に伴う独居世帯の増加により、空き家が増加傾向にあるため、自治体の空き家対策という点について取り上げた。特に地方都市では、その傾向が顕著であることを確認する。そこで、空き家対策として、予防、空き家の利活用、空き家バンクの登録の重要性に関し、東九州の3自治体（大分県中津市、福岡県豊前市、大分県別府市）を取り上げた。担当者にヒアリング調査を実施し、その際提供された関係資料と併せて課題等を整理し、比較分析を行う。各自治体の人口減少の原因（独居世帯の増加など）に関する認識で、財政負担の制約がある中での政策の選択において、3つの手法（未然防止、空き家バンク、お試し住宅）により空き家の減少に繋がっていることを確認する。さらに、豊前市では老朽危険家屋等の除却に対する助成で、全国的にもほとんど事例がない老朽危険家屋等除却後の土地に対す固定資産税の減免を実施していることを確認する。また、中津市および別府市においても、老朽危険家屋等の除却に対する補助制度を実施し、近隣住民の住環境等に配慮した事業を展開していることを確認する。

　第5章では、日本の先進自治体の空き家対策で実施されている助成制度を概観し、欧米諸外国と日本の空き家対策に関する国際比較により、欧米（イギリス、フランス、ドイツ、アメリカ）と日本の違いについて、比較分析を行う。諸外国では建物の使用する年数が日本に比べ2倍程度であり、建物をいかに有効活用し、中古物件の流通に促進しているかが明らかなように、日本との違いが明確であることを指摘する。さらに、ストックとしての住宅というのが、建築年数が長ければ長い程、価値が出るようなそういう住宅になっていることを確認する。また、欧米（イギリス、フランス、ドイツ、アメリカ）の空き家対策と日本の空き家対策の現状から、空き家における発生から解消までの一連の流れを踏まえて、比較分析を行う。

　この第5章は、日本を含めた各国（イギリス、フランス、ドイツ、アメリカ）の空き家対策の政策体系を分析して、明らかにしたうえで、空き家対策というのは危険家屋対策ではなく流通を促進する施策に重点を置いた空き家対策であることを確認する。

4．本研究の方法

　本書の研究方法は、社会学、政治学、経済学など色々な分野で多くの空き家問題等の研究が行われている。例えば、経済学的なアプローチ、政治学的なアプローチからよく使われているアンケート調査による空き家問題を捉えられているけれども、本稿では、公共政策論の立場からニュータウンの空き家問題の課題を捉えて、分析を行う。その際の具体的な手法としては、①空き家等の現地確認による実態調査、②ヒアリング（インタビュー）調査、③メールによる依頼調査などを実施して、比較し分析を行う。本研究は多様な手法を用いて、公共政策論のアプローチで研究を実施するものである。

第 1 章

戸建て住宅地域の空き家の現状と敷地分割

1．問題意識

　千里ニュータウンは、吹田市および豊中市で形成している戦後日本で初めて本格的な大規模ニュータウンとして開発された。1962 年にまちびらきが行われて、吹田市佐竹台地区から入居が始まり、すでに 55 年以上が経過している。また、公的賃貸住宅等の老朽化に伴い、共同住宅の建替えが進んでいる状況である。さらに、開発当初に公的賃貸住宅等と同様に建築された戸建て住宅地域についても、長年の経過により敷地分割等が行われて、区画の形状が変容している敷地や高齢化が進行して独居世帯の増加により、空き家が目立つようになってきている。

　そこで本章では、初期に開発された大規模ニュータウンにおいて、公的賃貸住宅等とともに計画され、ニュータウンを抱える自治体にとって財政的には欠かせない税収を支える上で重要な戸建て住宅地域に着目した。高齢化が進行していると考えられる千里ニュータウンの吹田市域の一戸建て住宅を調査対象とし、建物および土地の形状等に関して、実態調査を実施して把握を行う。さらに、建築協定など敷地分割に関する協定等と現状との関係および空き家に関して危険家屋の存在や管理状況などについて考察するものである。

2．先行研究

　ニュータウンに関する先行研究では、幅広く様々な視点からの研究が行われている。

　空き家の実態調査研究では、小西ほか（2008）の研究で、千里ニュータウンにおける空き家の数や管理状況等を明らかにし、未利用ストックの活用に向けた基礎的知見を得ることを目的としたものがある。

　住環境に影響を及ぼす敷地分割に関する研究では、大佛ほか（2007）が画地の分割確率モデルと統合確率モデルを組み合わせて、最低敷地規模規制による市街地コントロールの可能性について検証を行ったものがある。さらに鈴木（2006）は建築協定に着目して、建築協定の更新認可実態を把握し、協定更新に関与している種々の要因について分析・考察したものがある。

　ニュータウンの高齢化に関する研究では、金城（1983）は、千里ニュータウンの

年齢構成の高齢化現象が今後も進行すると予測し、将来の老齢化への対策、三世代が住める住宅への改善等が必要となるであろうと考察している。

香川（2011）は、少子高齢社会における第一世代と第二世代の居住形態や居住歴を明らかにし、さらに親子近接別居に向けての展望を試みている。

瓜生ほか（2015）は、人口減少・少子高齢化が課題である日本各地のニュータウンにおいて、ニュータウン第一世代が健在であるうちに、住宅やまちにおける暮らしの記憶や暮らしに対する想いを記録していくことは重要であるとしている。

山本ほか（2005）は、ニュータウン開発とともにファミリー層を中心にした世代が大量に入居することから、年数を経るごとにこれらの層が群となって高齢化し、また子世代の分離や配偶者の死去による単身化も進み、これとともに居住者が持家を維持管理することが困難になる場合が少なくない。人口の高齢化や、これに伴い住宅の維持が困難になるなどの問題が見られはじめている千里ニュータウンの戸建住宅地をケースに、居住者の今後の定住意向（住み続け、住み替え）をさぐり、定住意向からみた住環境保全上の課題を明らかにしている。

白井ほか（2011）は、高齢化の進む千里ニュータウンの戸建て住宅地の高齢居住者の生活環境などに着目し、居住者の生活実態および住居観・住意識を明らかにすることを通して、高齢者の自助互助活動、共同居住の可能性を探っている。

しかし、開発当初の入居から年月が経過した現在において、一戸建て住宅全域（吹田市域）を実態調査して、建物（空き家を含む）および敷地（敷地分割を含む）について、明らかにした研究はみられないため、本章では、そこに焦点をあてて分析するものである。

3．研究目的

本研究の目的は、千里ニュータウンの吹田市域における一戸建て住宅を対象に、空き家等実態調査[3] を実施し、空き家やその敷地の現状を明らかにすることである。その上で、建築協定などの規制（敷地面積の最低限度など）や住宅戸数・年少および子育て世代の推移について確認し、年少人口等が増加することで、人口減少などの問題を和らげる要因になっているのかなどについて分析を行った。なお、こ

---

3)　本調査は、大阪府企業局が千里ニュータウン開発当初に作成した図を基に、地番参考図および住宅地図を用いて、事前に整理したうえで、建物や土地の現況について、外観からの目視による方法で確認作業を実施した。なお、対象は一戸建て住宅に限定して、集合住宅などは含めていない。

の地域での一戸建て住宅に限定した理由は、比較的 1 つの土地の区画が大きく（100坪～ 150 坪程度）、外観からの目視による実態調査が容易にでき、近隣家屋の聞き取り調査をせずに空き家と判断（空き家等調査票を持参して、チェック項目に照らし合わせて空き家かどうか判断する。）することが可能であること。さらに、千里ニュータウン吹田市域の当初に開発された土地区画数が 4,060 区画あるため、全体を 1 件ずつ調査する時間的な制限もあることから、この実態調査方法により、現状の把握を行うことがスムーズにでき、分析が速やかに行えると判断したためである。

4．研究の方法

　まず、千里ニュータウンにおける吹田市域の一戸建て住宅に着目して、地番参考図、府企業局作成図および住宅地図により整理を行い、スムーズに空き家等実態調査に入れるよう、事前に家屋の建築および敷地分割の状況を把握したうえで、空き家等実態調査を実施した。その調査では、土地の敷地分割の発生状況により、地区計画などの敷地分割に関する規制の遵守や空き家[4] および管理状況[5] について現状把握を行った後、千里ニュータウン吹田市域の各地区において、高低のばらつきなどに関して、分析を行った。

5．千里ニュータウンの概要

　開発面積全体では、1,160 ha で、そのうち吹田市は 791 ha、豊中市は 369 ha であり、吹田市は千里ニュータウン全体の 68.2% を占めていることになる。

　1961 年に着手された大阪府における計画では、計画人口は、全体で 15 万人となっており、当初の住宅建設計画は、府営住宅 1 万 200 戸、公社住宅 6,000 戸、公団住宅 1 万 300 戸、分譲住宅 6,100 戸、給与・その他 4,700 戸で、合計 3 万 7,300 戸である。

---

4)　筆者が空き家の定義（確定空き家・推定空き家）について定めた、外観目視による空き家等調査票を持参して、実態調査を行った。確定空き家は、「表札がない」「水道・ガス・電気メーターの停止」「売り物件などの看板あり」「その他（明らかに空き家だと判断できる理由等）（例：窓が割れているなど）」の項目に該当する家屋とする。推定空き家は、「郵便受けの停止」「郵便物等の放置」「植栽未手入れ」「庭草・雑草の未手入れ」「雨戸の状況」「放置物あり」「その他（門扉が閉鎖されているなど）」の項目に該当する家屋とする。
5)　管理状況については、推定空き家の該当する項目が共通となる。

千里ニュータウンの地区・住区は、吹田市域2地区8住区、豊中市域1地区4住区であり、事業主体は大阪府企業局である。事業手法については、当初一団地の住宅施設経営として開発が始められた。その後、居住環境の良好な住宅地を大規模に供給することを目的とする新住宅市街地開発法に基づく新住宅市街地開発事業として開発された。（図1）

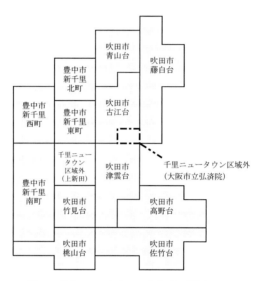

図1　千里ニュータウンの各住区の配置

出典：筆者作成

5.1　大規模住宅地開発と千里ニュータウン

　近野（1984）は千里ニュータウンについて、「わが国で「ニュータウン」と呼ばれるような大規模住宅地開発が行われるようになってからの歴史は浅い。集合住宅を基礎とし、それらと一連の公共公益施設からなる「まち」を、一定のマスタープランにもとづいて創り出していくというニュータウン建設事業が、わが国で本格的に行われるようになったのは、およそ二〇年前からにすぎない。その最初の口火を切ったのが千里ニュータウンである。都市的規模の郊外住宅地開発という意味でのニュータウン開発がわが国でも実現可能であることを示し、さらには全国各地への波及の道を開いたのは、千里ニュータウンであった。このことは、千里以後の全国のニュータウン開発の状況をみれば自明のことである」と述べている。

　他方、山本（2009）は、「千里ニュータウンでは、公共性の高い住宅を短期間で大量に供給するためには全面買収による独立採算方式の宅地開発事業が望ましいと判断され、当初は一団地の住宅経営として開発が始められた。その後、居住環境の良好な住宅地を大規模に供給することを目的とする新住宅市街地開発法に基づく新住宅市街地開発事業として開発された。イギリスのニュータウンなどは、都市への人口集中を緩和するために、都市から離れた地域に、生産機能なども有する自立型都市として建設されたが、千里ニュータウンは、大阪都心から約 15 km の比較的近い場所に位置する特性もあり、他の日本の多くのニュータウンと同様に、郊外住宅都市として建設された」と述べている。

　以上から千里ニュータウンの交通網を見てみると、阪急電鉄千里線、北大阪急行電鉄・御堂筋線によって大阪都心部への乗り入れが短時間ですみ、通勤・通学等において非常に便利な位置にある。加えて大阪モノレール線では、大阪国際空港や東大阪地域などへ乗り入れができ、高速道路においては、名神高速道路・近畿自動車道および中国縦貫自動車道の吹田インターチェンジを起点として、西日本、東日本などへ広域に乗り入れができる。

　千里ニュータウンは 12 の近隣住区によって構成されており、住区の中心には教育施設、近隣センターなどが配置されている。

　各住区の配置については、北地区（青山台、藤白台、古江台）、中央地区（新千里東町、新千里西町、新千里南町、新千里北町）、南地区（佐竹台、津雲台、高野台、竹見台、桃山台）の 3 つの地区で構成されており、それぞれにおいて地区センターがある。

5.2　収入面にみる高所得階層からの税収

　角橋（1984）は、収入面からみた場合の財政収支好調の原因のひとつに、比較的高所得階層から得られる税収があげられるとしている。その内容は、「千里ニュータウン地区内の平均所得水準（一九七三年度）は、吹田市平均（同年分）より二五.四パーセントも高く、ニュータウン地区外よりも四〇パーセントも高い。人口および世帯数割にすれば、千里ニュータウンは吹田市全体の約二八パーセントを占めているが、税収（個人住民税）は三一.七パーセントに及んでいる。千里ニュータウンは地区外住民にくらべて居住者の所得水準は高く、したがって高税収が期待できる状況となっている（表 1）。

表1 千里ニュータウン・吹田市の住宅種別と市民税収

種 別	平均所得水準 (1973年度)	平均税額 (1973年度)	住宅戸数 (吹田市分)	市 民 税 収 入
	円	円	戸	千円
府 営 住 宅	1,122,928	18,485	7,298 28.1%	134,904 10.2%
公 社 住 宅	1,672,664	46,830	3,028 11.7%	141,801 10.7%
公 団 住 宅	1,607,125	43,829	6,901 26.6%	302,464 22.9%
給 与 住 宅	1,222,855	32,161	4,915 18.9%	158,071 12.0%
分 譲 住 宅	3,091,763	152,433	3,823 14.7%	582,751 44.2%
千里ニュータウン 地 区 合 計	1,633,886	51,826	25,965 100	1,319,991 31.7%
千里ニュータウン 地 区 外 合 計	1,167,215	41,632	67,440	2,845,213 68.3%
吹 田 市 合 計	1,302,762	44,593	93,405	4,165,204 (1973年度決算、個人市民税のみ)

［注］吹田市合計の算出方法：1973 年 7 月 1 日現在の吹田市全体の総所得金額（土地譲渡所得を除く）
121,684,510 千円を総世帯数（93,405）で除すると 1973 年分の平均所得水準がでる。
出典：角橋徹也（1984）「企業局方式と開発財政」（住田昌二　編著者（1984）『日本のニュータウン開
発 千里ニュータウンの地域計画学的研究』都市文化社、p.148 より筆者作成

　ニュータウン地区内だけの所得水準は、府営住宅・給与住宅、公社住宅・公団住宅、分譲住宅の三つにグルーピングできるが、給与住宅は寮などの単身者を含んでいるのでこれらを除けば、実際には第二の公社・公団グループに入れることができよう。こうみると千里ニュータウンは、明らかに公社・公団階層型の中産階層の"街"といえよう。とくに、税収面では分譲住宅階層の寄与率がずば抜けて高く、ニュータウン全体で戸数はわずか一四.七パーセントしかないのに、市民税収入は四四.二パーセントも占めている。吹田市の普通会計歳入（一九七三年度決算）で四四.三パーセントも占める地方税収のうち、個人・法人所得と資産を課税対象とした市町村民税、固定資産税、都市計画税が九〇.九パーセントを占めるので、大規模住宅団地における居住者の所得水準と分譲住宅の割合は、財政収入の面で甚大な影響を与えることは明らかである。こうみると、混合開発をめざした千里ニュータウンは、低所得階層を排除しながら、税収面からみた都市経営では巧みな成功をおさめたといえるだろう」と論じている（角橋（1984）pp.147-149）。

5.3　千里ニュータウンの世帯主の属性

　住田昌二（1984）は、住宅階層別の世帯主の職業に関して、「世帯主の職業分布
（表 2）をみると、〈公団〉〈公社〉〈アパート分譲〉の三階層の分布型は非常に類似
している。「専門技術」と「一般事務」を合わせたいわゆるホワイトカラー層の占
める比率は、いずれもほぼ同じで、七五パーセント前後の高率である。〈公営〉は
上の三つの階層とはかなり異なる職業構成となっている。先の三階層では、「販売」
と「一般労務」を合わせたブルーカラー層は一〇パーセント前後であるのに対し、
〈公営〉のそれは四三パーセントに達する。もっともこの層のホワイトカラー率は
決して低くなく、四八パーセントに及び、ブルーカラーの割合を上回っている。
〈宅地分譲〉では管理職が三割に達しているのが特徴的である。全体としてみて、
ニュータウン居住者層のホワイトカラー化（「専門技術」と「一般事務」）とエリー
ト化（「管理職」と「専門技術」）は著しく進んでいるといえよう。千里ニュータウ
ンは典型的なオフィス・サラリーマンの町である」と論じている（住田昌二（1984）
pp.175-176）。

　さらに、住宅階層別の平均収入構成を示すと、「〈公営〉と〈給与〉は全国平均と
ほぼ等しく一〇.二万円の水準にあるが、〈公団・公社〉は一三.六万円で〈大都市〉
の一〇.八万円を上回り、〈アパート分譲〉は一六.九万円、〈一戸建〉は一八.八万
円で抜群である。千里ニュータウン居住世帯の全体平均は一三.六万円で〈全国〉
〈大都市〉を大きく上回っている。ニュータウン居住者層の職業構成のホワイトカ
ラーへの特化傾向と相俟った、高収入世帯への収入分布の集中ぶりが明瞭である」
と論じている（住田昌二（1984）p.176）。

表 2　千里ニュータウン住宅階層別世帯主職業分布

単位：%

	個人業主	管理職	専門技術	一般事務	販売サービス	一般労務	臨時日雇	無職	計
公営Ⅰ・Ⅱ	5.0	2.3	10.7	37.9	10.2	32.4	–	1.0	100.0
公団賃貸	6.2	8.3	17.6	56.5	5.7	4.7		–	100.0
公社賃貸	7.9	4.2	20.4	56.0	3.1	6.8	0.5	0.5	100.0
アパート分譲	3.7	13.9	16.6	51.3	6.4	4.3		0.5	100.0
一戸建	6.3	30.7	22.8	31.2	2.6	1.6		0.5	100.0
計	5.7	10.2	16.4	45.1	6.4	13.7	0.1	0.6	100.0
大阪府(1969)	19.8	11.0	32.3		10.6	14.8	3.8	4.6	100.0

［注］「大阪府」は「1969 年住宅需要調査」による
出典：住田昌二（1984）「住宅政策とニュータウン開発」（住田昌二編者（1984）『日本のニュータウン
　　　開発　千里ニュータウンの地域計画学的研究』）都市文化社、p.175 より筆者作成

5.4 千里ニュータウン吹田市域・豊中市域

　千里ニュータウンにおける最近10年間の人口の推移（表3）を見ると、10年前の2008年（基準年）と直近の2017年について、この10年間の増減を比較すると、吹田市域における高野台地区では1,758人減少、竹見台地区では233人減少、青山台地区では646人減少、古江台地区では172人減少となっている。

　一方、吹田市域全体については、4,938人増加しており、豊中市域全体についても4,379人増加していることがわかる。

　さらに、千里ニュータウン全体においても9,317人増加していることがわかる。

表3　千里ニュータウンにおける最近10年間の人口の推移

単位：人

	2008年		2009年		2010年		2011年		2012年		2013年		2014年		2015年		2016年		2017年	
津雲台	8,081	1.00	7,885	0.98	7,900	0.98	8,215	1.02	8,420	1.04	8,913	1.10	8,770	1.09	8,694	1.08	8,919	1.10	8,688	1.08
高野台	6,609	1.00	6,426	0.97	6,063	0.92	5,956	0.90	5,515	0.83	5,383	0.81	5,262	0.80	5,144	0.78	5,009	0.76	4,851	0.73
佐竹台	5,330	1.00	5,666	1.06	6,471	1.21	7,005	1.31	8,215	1.54	8,548	1.60	8,594	1.61	8,629	1.62	8,901	1.67	9,075	1.70
桃山台	6,258	1.00	6,160	0.98	6,225	0.99	6,315	1.01	8,075	1.29	8,456	1.35	8,436	1.35	8,493	1.36	8,184	1.31	8,055	1.29
竹見台	7,368	1.00	7,217	0.98	6,673	0.91	7,004	0.95	7,162	0.97	7,162	0.97	7,072	0.96	7,111	0.97	7,386	1.00	7,135	0.97
青山台	7,124	1.00	6,821	0.96	6,611	0.93	6,619	0.93	6,688	0.94	6,769	0.95	6,641	0.93	6,553	0.92	6,558	0.92	6,478	0.91
藤白台	7,853	1.00	7,737	0.99	7,820	1.00	7,487	0.95	7,462	0.95	7,686	0.98	7,772	0.99	8,744	1.11	9,075	1.16	9,451	1.20
古江台	10,238	1.00	10,216	1.00	10,008	0.98	9,906	0.97	9,722	0.95	9,525	0.93	9,613	0.94	9,801	0.96	10,095	0.99	10,066	0.98
吹田市域 NT	58,861	1.00	58,128	0.99	57,771	0.98	58,507	0.99	61,259	1.04	62,442	1.06	62,160	1.06	63,169	1.07	64,127	1.09	63,799	1.08
新千里北町	7,133	1.00	6,877	0.96	6,885	0.97	6,799	0.95	7,277	1.02	7,110	1.00	6,961	0.98	7,542	1.06	7,655	1.07	7,739	1.08
新千里東町	7,696	1.00	7,774	1.01	7,631	0.99	7,664	1.00	7,862	1.02	8,439	1.10	8,658	1.13	8,797	1.14	8,879	1.15	8,799	1.14
新千里西町	7,004	1.00	7,082	1.01	7,293	1.04	7,460	1.07	7,736	1.10	8,160	1.17	8,584	1.23	8,574	1.22	8,589	1.22	8,555	1.22
新千里南町	9,308	1.00	9,625	1.03	9,757	1.05	9,836	1.06	9,838	1.06	9,731	1.05	9,525	1.02	10,200	1.10	10,324	1.11	10,427	1.12
豊中市域 NT	31,141	1.00	31,358	1.01	31,566	1.01	31,759	1.02	32,713	1.05	33,440	1.07	33,728	1.08	35,113	1.13	35,447	1.14	35,520	1.14
千里 NT	90,002	1.00	89,486	0.99	89,337	0.99	90,266	1.00	93,972	1.04	95,882	1.07	95,888	1.07	98,282	1.09	99,574	1.11	99,319	1.10
吹田市	348,315	1.00	348,170	1.00	347,495	1.00	349,186	1.00	356,167	1.02	359,689	1.03	361,877	1.04	365,627	1.05	369,441	1.06	370,365	1.06
豊中市	389,719	1.00	389,900	1.00	390,325	1.00	391,218	1.00	397,108	1.02	399,684	1.03	400,657	1.03	403,260	1.03	403,795	1.04	405,271	1.04

［注］吹田市は各年9月末日現在のデータ、豊中市は各年10月1日現在のデータである。2011年以前は外国人登録者数を含んでいない。（住民基本台帳による。）
出典：千里ニュータウンの資料集（人口推移等）吹田市・豊中市千里ニュータウン連絡会議（2017年10月1日）より、筆者作成

　次に、千里ニュータウンにおける最近10年間の世帯数の推移（表4）を見ると、10年前の2008年（基準年）と直近の2017年について、この10年間の増減を比較すると、吹田市域における高野台地区では573世帯減少、竹見台地区では33世帯減少、青山台地区では19世帯減少、古江台地区では147世帯減少となっている。

　一方、千里ニュータウン吹田市域全体については、2,832 世帯増加しており、千里ニュータウン豊中市域全体についても 2,019 世帯増加していることがわかる。

　さらに、千里ニュータウン全体においても 4,851 世帯増加していることがわかる。

表 4　千里ニュータウンにおける最近 10 年間の世帯数の推移

単位：世帯

	2008年		2009年		2010年		2011年		2012年		2013年		2014年		2015年		2016年		2017年	
津雲台	3,392	1.00	3,323	0.98	3,383	1.00	3,570	1.05	3,778	1.11	4,000	1.18	3,913	1.15	3,923	1.16	4,031	1.19	3,926	1.16
高野台	2,932	1.00	2,893	0.99	2,748	0.94	2,729	0.93	2,536	0.86	2,503	0.85	2,468	0.84	2,441	0.83	2,415	0.82	2,359	0.80
佐竹台	2,299	1.00	2,474	1.08	2,817	1.23	3,017	1.31	3,577	1.56	3,726	1.62	3,743	1.63	3,752	1.63	3,861	1.68	3,985	1.73
桃山台	2,887	1.00	2,874	1.00	2,957	1.02	2,990	1.04	3,647	1.26	3,810	1.32	3,780	1.31	3,809	1.32	3,673	1.27	3,633	1.26
竹見台	3,759	1.00	3,703	0.99	3,472	0.92	3,632	0.97	3,736	0.99	3,716	0.99	3,655	0.97	3,667	0.98	3,827	1.02	3,726	0.99
青山台	3,266	1.00	3,171	0.97	3,088	0.95	3,124	0.96	3,218	0.99	3,248	0.99	3,206	0.98	3,220	0.99	3,258	1.00	3,247	0.99
藤白台	3,479	1.00	3,461	0.99	3,500	1.01	3,341	0.96	3,344	0.96	3,442	0.99	3,504	1.01	3,855	1.11	3,963	1.14	4,117	1.18
古江台	4,714	1.00	4,717	1.00	4,642	0.98	4,579	0.97	4,443	0.94	4,376	0.93	4,409	0.94	4,490	0.95	4,596	0.97	4,567	0.97
吹田市域 NT	26,728	1.00	26,616	1.00	26,607	1.00	26,982	1.01	28,279	1.06	28,821	1.08	28,678	1.07	29,157	1.09	29,624	1.11	29,560	1.11
新千里北町	3,347	1.00	3,287	0.98	3,306	0.99	3,279	0.98	3,461	1.03	3,384	1.01	3,331	1.00	3,608	1.08	3,633	1.09	3,681	1.10
新千里東町	3,804	1.00	3,830	1.01	3,762	0.99	3,811	1.00	3,914	1.03	4,096	1.08	4,228	1.11	4,250	1.12	4,305	1.13	4,277	1.12
新千里西町	2,933	1.00	2,968	1.01	3,051	1.04	3,121	1.06	3,228	1.10	3,369	1.15	3,579	1.22	3,564	1.22	3,589	1.22	3,605	1.23
新千里南町	4,219	1.00	4,354	1.03	4,435	1.05	4,506	1.07	4,524	1.07	4,480	1.06	4,446	1.05	4,684	1.11	4,740	1.12	4,759	1.13
豊中市域 NT	14,303	1.00	14,439	1.01	14,554	1.02	14,717	1.03	15,127	1.06	15,329	1.07	15,584	1.09	16,106	1.13	16,267	1.14	16,322	1.14
千里 NT	41,031	1.00	41,055	1.00	41,161	1.00	41,699	1.02	43,406	1.06	44,150	1.08	44,262	1.08	45,263	1.10	45,891	1.12	45,882	1.12
吹田市	151,762	1.00	152,703	1.01	153,173	1.01	154,728	1.02	158,925	1.05	161,187	1.06	163,004	1.07	165,540	1.09	168,328	1.11	169,790	1.12
豊中市	173,749	1.00	174,844	1.01	175,860	1.01	177,128	1.02	180,882	1.04	179,396	1.03	183,952	1.06	185,886	1.07	187,352	1.08	189,003	1.09

［注］吹田市は各年 9 月末日現在のデータ、豊中市は各年 10 月 1 日現在のデータである。2011 年以前は外国人登録者数を含んでいない。（住民基本台帳による。）

出典：千里ニュータウンの資料集（人口推移等）吹田市・豊中市千里ニュータウン連絡会議（2017 年 10 月 1 日）より、筆者作成

　次に、千里ニュータウンにおける最近 10 年間の人口構成の推移（表 5）を見ると、吹田市域で、年少人口（0 ～ 14 歳人口）の人数では、10 年前の 2008 年と直近の 2017 年について、この 10 年間の増減を比較した場合、高野台地区では 314 人減少、青山台地区では 98 人減少、古江台地区では 140 人減少となっている。一方、吹田市域全体については、1,516 人増加しており、豊中市域全体についても 1,805 人増加している。さらに、千里ニュータウン全体においても 3,321 人増加していることがわかる。

　次に、生産年齢人口（15 ～ 64 歳人口）の人数について同様に比較すると、高野台地区では 1,206 人減少、竹見台地区では 772 人減少、青山台地区では 606 人減少、

表5 千里ニュータウンにおける最近10年間の人口構成の推移

単位：人

		2008年	2009年	2010年	2011年	2012年	2013年	2014年	2015年	2016年	2017年
津雲台	0～14歳	1,165 14.4%	1,158 14.7%	1,109 14.0%	1,142 13.9%	1,172 13.9%	1,307 14.7%	1,320 15.1%	1,330 15.3%	1,390 15.6%	1,355 15.6%
	15～64歳	5,162 63.9%	4,946 62.7%	4,955 62.7%	5,139 62.6%	5,250 62.4%	5,567 62.5%	5,380 61.3%	5,292 60.9%	5,396 60.5%	5,253 60.5%
	65歳以上	1,754 21.7%	1,781 22.6%	1,836 23.2%	1,934 23.5%	1,998 23.7%	2,039 22.9%	2,070 23.6%	2,072 23.8%	2,133 23.9%	2,080 23.9%
高野台	0～14歳	705 10.7%	627 9.8%	550 9.1%	521 8.7%	455 8.3%	437 8.1%	450 8.6%	430 8.4%	415 8.3%	391 8.1%
	15～64歳	3,729 56.4%	3,610 56.2%	3,420 56.4%	3,386 56.9%	3,128 56.7%	2,998 55.7%	2,844 54.0%	2,744 53.3%	2,623 52.4%	2,523 52.0%
	65歳以上	2,175 32.9%	2,189 34.1%	2,093 34.5%	2,049 34.4%	1,932 35.0%	1,948 36.2%	1,968 37.4%	1,970 38.3%	1,971 39.3%	1,937 39.9%
佐竹台	0～14歳	710 13.3%	752 13.3%	875 13.5%	1,009 14.4%	1,225 14.9%	1,313 15.4%	1,361 15.8%	1,412 16.4%	1,487 16.7%	1,494 16.5%
	15～64歳	3,031 56.9%	3,224 56.9%	3,749 57.9%	4,173 59.6%	4,918 59.9%	5,082 59.5%	5,018 58.4%	4,947 57.3%	5,101 57.3%	5,121 56.4%
	65歳以上	1,589 29.8%	1,690 29.8%	1,847 28.5%	1,823 26.0%	2,072 25.2%	2,153 25.2%	2,215 25.8%	2,270 26.3%	2,313 26.0%	2,460 27.1%
桃山台	0～14歳	731 11.7%	710 11.5%	699 11.2%	715 11.3%	1,142 14.1%	1,247 14.7%	1,280 15.2%	1,288 15.2%	1,244 15.2%	1,221 15.2%
	15～64歳	3,623 57.9%	3,512 57.0%	3,445 55.3%	3,534 56.0%	4,639 57.4%	4,868 57.6%	4,805 57.0%	4,802 56.5%	4,611 56.3%	4,506 55.9%
	65歳以上	1,904 30.4%	1,938 31.5%	2,081 33.4%	2,066 32.7%	2,294 28.4%	2,341 27.7%	2,351 27.9%	2,403 28.3%	2,329 28.5%	2,328 28.9%
竹見台	0～14歳	671 9.1%	668 9.3%	634 9.5%	717 10.2%	771 10.8%	779 10.9%	803 11.4%	849 11.9%	876 11.9%	868 12.2%
	15～64歳	4,599 62.4%	4,404 61.0%	4,122 60.3%	4,230 60.4%	4,283 59.8%	4,151 58.0%	3,998 56.5%	3,977 55.0%	4,052 54.9%	3,827 53.6%
	65歳以上	2,098 28.5%	2,145 29.7%	2,012 30.2%	2,057 29.4%	2,108 29.4%	2,232 31.2%	2,271 32.1%	2,285 32.1%	2,458 33.3%	2,440 34.2%
青山台	0～14歳	708 9.9%	633 9.3%	591 8.9%	568 8.6%	592 8.9%	627 9.3%	588 8.9%	570 8.7%	606 9.2%	610 9.4%
	15～64歳	4,116 57.8%	3,887 57.0%	3,725 56.3%	3,726 56.3%	3,777 56.5%	3,818 56.4%	3,695 55.6%	3,609 55.1%	3,575 54.5%	3,510 54.2%
	65歳以上	2,300 32.3%	2,301 33.7%	2,295 34.7%	2,325 35.1%	2,319 34.7%	2,324 34.3%	2,358 35.5%	2,374 36.2%	2,377 36.2%	2,358 36.4%
藤白台	0～14歳	1,061 13.5%	1,038 13.4%	1,047 13.4%	999 13.3%	975 13.1%	982 12.8%	967 12.4%	1,221 14.0%	1,348 14.9%	1,468 15.5%
	15～64歳	4,580 58.3%	4,482 57.9%	4,502 57.6%	4,281 57.2%	4,198 56.3%	4,312 56.1%	4,334 55.8%	4,978 56.9%	5,154 56.8%	5,391 57.0%
	65歳以上	2,212 28.2%	2,217 28.7%	2,211 29.0%	2,207 29.5%	2,289 30.7%	2,392 31.1%	2,471 31.8%	2,545 29.1%	2,573 28.4%	2,592 27.4%
古江台	0～14歳	1,484 14.5%	1,454 14.2%	1,397 14.0%	1,397 14.1%	1,352 13.9%	1,258 13.2%	1,224 12.7%	1,231 12.6%	1,325 13.1%	1,344 13.4%
	15～64歳	5,749 56.1%	5,725 56.0%	5,623 56.2%	5,561 56.1%	5,501 56.6%	5,387 56.6%	5,435 56.5%	5,579 56.9%	5,759 57.0%	5,697 56.6%
	65歳以上	3,005 29.3%	3,037 29.7%	2,988 29.9%	2,948 29.8%	2,869 29.5%	2,880 30.2%	2,954 30.7%	2,991 30.5%	3,011 29.8%	3,025 30.1%
吹田市域NT	0～14歳	7,235 12.3%	7,040 12.1%	6,902 11.9%	7,068 12.1%	7,684 12.5%	7,950 12.7%	7,993 12.9%	8,331 13.3%	8,691 13.8%	8,761 13.9%
	15～64歳	34,589 58.8%	33,790 58.1%	33,141 57.9%	34,030 58.1%	35,694 58.3%	36,183 57.9%	35,509 57.1%	35,928 56.9%	36,271 56.6%	35,828 56.2%
	65歳以上	17,037 28.9%	17,298 29.8%	17,423 30.2%	17,409 29.8%	17,881 29.2%	18,309 29.3%	18,658 30.0%	18,910 29.9%	19,165 29.9%	19,220 30.1%
新里北町	0～14歳	620 8.7%	586 8.5%	598 8.7%	580 8.5%	703 9.7%	711 10.0%	685 9.8%	827 11.0%	933 12.2%	994 12.8%
	15～64歳	3,884 54.5%	3,660 53.2%	3,651 53.0%	3,617 53.2%	3,921 53.9%	3,733 52.5%	3,615 51.9%	3,972 52.7%	4,039 52.8%	4,101 53.0%
	65歳以上	2,629 36.9%	2,631 38.3%	2,636 38.3%	2,602 38.3%	2,653 36.5%	2,666 37.5%	2,661 38.2%	2,743 36.4%	2,683 35.0%	2,644 34.2%
新千里東町	0～14歳	931 12.1%	966 12.4%	979 12.8%	977 12.7%	1,010 12.8%	1,164 13.8%	1,244 14.4%	1,320 15.0%	1,330 15.0%	1,298 14.8%
	15～64歳	4,621 60.0%	4,568 58.8%	4,364 57.2%	4,381 57.2%	4,431 56.4%	4,735 56.1%	4,783 55.2%	4,783 54.4%	4,798 54.0%	4,782 54.3%
	65歳以上	2,144 27.9%	2,240 28.8%	2,288 30.0%	2,306 30.1%	2,421 30.8%	2,540 30.1%	2,631 30.4%	2,694 30.6%	2,751 31.0%	2,719 30.9%
新千里西町	0～14歳	1,035 14.8%	1,095 15.5%	1,161 15.9%	1,242 16.6%	1,327 17.2%	1,417 17.4%	1,565 18.2%	1,568 18.3%	1,557 18.1%	1,538 18.0%
	15～64歳	4,388 62.6%	4,342 61.3%	4,390 60.2%	4,454 59.7%	4,542 58.7%	4,785 58.6%	4,996 58.2%	4,953 57.8%	4,944 57.6%	4,918 57.5%
	65歳以上	1,581 22.6%	1,645 23.2%	1,742 23.9%	1,764 23.6%	1,867 24.1%	1,958 24.0%	2,023 23.6%	2,053 23.9%	2,088 24.3%	2,099 24.5%
新千里南町	0～14歳	1,025 11.0%	1,156 12.1%	1,217 12.5%	1,242 12.6%	1,269 12.9%	1,250 12.8%	1,253 12.2%	1,465 14.4%	1,526 14.8%	1,586 15.2%
	15～64歳	5,432 58.4%	5,560 57.8%	5,618 57.6%	5,595 56.9%	5,476 55.7%	5,269 54.1%	5,060 53.1%	5,543 54.3%	5,608 54.3%	5,650 54.2%
	65歳以上	2,851 30.6%	2,909 30.2%	2,922 29.9%	2,999 30.5%	3,093 31.4%	3,212 33.0%	3,212 33.7%	3,192 31.3%	3,190 30.9%	3,191 30.6%
豊中市域NT	0～14歳	3,611 11.6%	3,803 12.1%	3,955 12.5%	4,041 12.7%	4,309 13.2%	4,542 13.4%	4,747 14.1%	5,180 14.8%	5,346 15.1%	5,416 15.2%
	15～64歳	18,325 58.8%	18,130 57.8%	18,023 57.1%	18,047 56.8%	18,370 56.2%	18,522 55.4%	18,454 54.7%	19,251 54.8%	19,389 54.7%	19,451 54.6%
	65歳以上	9,205 29.6%	9,429 30.1%	9,588 30.4%	9,621 30.3%	10,034 30.7%	10,376 31.0%	10,527 31.2%	10,682 30.4%	10,712 30.0%	10,653 30.0%
千里NT	0～14歳	10,848 12.1%	10,843 12.1%	10,857 12.2%	11,109 12.3%	11,993 12.8%	12,492 13.0%	12,740 13.3%	13,511 13.9%	14,037 14.1%	14,167 14.3%
	15～64歳	52,914 58.8%	51,920 58.0%	51,469 57.6%	52,077 57.7%	54,064 57.5%	54,705 57.1%	53,963 56.3%	55,179 56.1%	55,660 55.9%	55,279 55.7%
	65歳以上	26,242 28.2%	26,723 29.9%	27,011 30.2%	27,080 30.0%	27,915 29.7%	28,685 29.9%	29,185 30.4%	29,592 30.1%	29,877 30.0%	29,873 30.1%
吹田市	0～14歳	51,186 14.7%	51,273 14.7%	51,056 14.7%	50,669 14.6%	50,794 14.5%	51,588 14.5%	51,840 14.3%	52,488 14.3%	53,005 14.3%	52,762 14.2%
	15～64歳	233,906 67.3%	232,395 66.7%	229,894 66.0%	228,096 65.5%	228,486 65.4%	230,018 64.8%	229,236 63.3%	229,777 62.8%	231,009 62.5%	230,711 62.3%
	65歳以上	62,373 18.0%	64,647 18.6%	67,220 19.3%	68,710 19.8%	69,906 20.0%	73,761 20.7%	80,801 22.3%	83,362 22.8%	85,427 23.1%	86,892 23.5%
豊中市	0～14歳	53,929 13.9%	54,295 13.9%	54,326 13.9%	54,602 14.0%	54,654 14.0%	55,181 13.9%	55,397 13.8%	55,701 13.8%	55,556 13.8%	55,676 13.7%
	15～64歳	257,164 66.2%	255,273 65.5%	252,452 64.9%	250,897 64.3%	250,566 64.3%	251,618 63.4%	247,657 61.8%	247,553 61.4%	246,546 61.1%	246,644 60.9%
	65歳以上	77,323 19.9%	80,151 20.6%	83,122 21.3%	84,826 21.7%	85,998 22.0%	90,300 22.5%	97,603 24.4%	100,006 24.8%	101,693 25.2%	102,951 25.4%

［注1］ 端数処理の関係で比率の合計が100%にならない箇所がある。

［注2］ 吹田市は各年9月末日現在のデータ、豊中市は各年10月1日現在のデータである。2011年以前は外国人登録者数を含んでいない。（住民基本台帳による。）

出典：千里ニュータウンの資料集（人口推移等）吹田市・豊中市千里ニュータウン連絡会議（2017年10月1日）より、筆者作成

古江台地区では 52 人減少となっている。一方、吹田市域全体については、1,239 人増加しており、豊中市域全体についても 1,126 人増加している。さらに、千里ニュータウン全体においても 2,365 人増加していることがわかる。

　引き続いて、老年人口（65 歳以上人口）の人数について同様に比較すると、吹田市域の中で、唯一、高野台地区だけ 238 人減少していることがわかる。この理由としては、府営住宅の建て替えにより、住民の入居をストップしていることから、影響が出ているものと考えられる。

　一方、津雲台地区では 326 人増加、佐竹台地区では 871 人増加、桃山台地区では 424 人増加、竹見台地区では 342 人増加、青山台地区では 58 人増加、藤白台地区では 380 人増加、古江台地区では 20 人増加しており、吹田市域全体についても 2,183 人増加、豊中市域全体についても 1,448 人増加していることがわかる。さらに、千里ニュータウン全体においても 3,631 人増加していることがわかる。

　千里ニュータウン（吹田市域・豊中市域）のまとめとして、3 区分「年少人口（0 〜 14 歳人口）、生産年齢人口（15 〜 64 歳人口）、老年人口（65 歳以上人口）」の人口構成で、10 年前の 2008 年と直近の 2017 年について、この 10 年間の増減をそれぞれ比較した場合、吹田市域全体について見ると、年少人口（0 〜 14 歳人口）では 1,516 人増加、生産年齢人口（15 〜 64 歳人口）では 1,239 人増加、老年人口（65 歳以上人口）では 2,183 人増加となった。

　同様に豊中市域全体について見ると、年少人口（0 〜 14 歳人口）では 1,805 人増加、生産年齢人口（15 〜 64 歳人口）では 1,126 人増加、老年人口（65 歳以上人口）では 1,448 人増加となった。さらに、千里ニュータウン全体においても年少人口（0 〜 14 歳人口）では 3,321 人増加、生産年齢人口（15 〜 64 歳人口）では 2,365 人増加、老年人口（65 歳以上人口）では 3,631 人増加となった。

　このことから、千里ニュータウンにおける人口構成の 3 区分「年少人口（0 〜 14 歳人口）、生産年齢人口（15 〜 64 歳人口）、老年人口（65 歳以上人口）」から、2008 年と 2017 年を比較し、10 年経過したそれぞれの上昇率を見ると、年少人口（0 〜 14 歳人口）では 1.31 倍、生産年齢人口（15 〜 64 歳人口）では 1.04 倍、老年人口（65 歳以上人口）では 1.14 倍という結果となった。

　従って、年少人口（0 〜 14 歳人口）の上昇率が最も高く推移しており、千里ニュータウンにおいて、現状では年少人口が増加傾向にあることがわかる。

　また、老年人口（65 歳以上人口）を見ると、千里ニュータウン全体において上昇率が高く、高齢化が進行していることがわかる。

６．一戸建て住宅地の抽出と概要

　千里ニュータウンでは、開発当初に集中して入居を開始した同年代の核家族がそのまま定住し、一斉に高齢化が進行している状況であり、独居世帯の増加により、空き家が目立つようになってきた。

　本稿の研究目的である千里ニュータウンの吹田市域における一戸建て住宅を対象に、空き家等実態調査を実施し、空き家やその敷地の現状を明らかにする必要があるため、一戸建て地域を把握する必要がある。

　そこで把握する千里ニュータウン吹田市の８地区（青山台、藤白台、古江台、佐竹台、高野台、津雲台、竹見台、桃山台）について、吹田市住民基本台帳、千里ニュータウン再生ビジョン推進事業Ⅱ—住区再生プラン—報告書（2006 年 3 月吹田市）などを参考にし、各地区における特徴等も含めて各地区の内容を作成した。

　なお、それぞれの地区の概要等については、次に示すとおりである。

6.1　青山台地区

　青山台地区は４つの丁目に分かれていて、各丁目の特徴と高齢化率については、次のとおりである。

　青山台１丁目は、UR 都市再生機構の建物があり、この地区の高齢化率は 37.6%である。

　青山台２丁目は、府営住宅、戸建て住宅、社宅、民間分譲マンションの混合の地区であり、高齢化率は 33.3%である。

　青山台３丁目は、戸建て住宅が建っている地区で、高齢化率は 37.8%である。

　青山台４丁目は、戸建て住宅、UR 都市再生機構の混合の建物があり、高齢化率は 37.4%である。

　ちなみに、この青山台地区の概要は、1965 年入居開始で、最寄り駅は北千里駅である。青山台地区は、UR 都市再生機構が戸数全体の過半数を占め、外縁部の戸建住宅地内の区画道路および準幹線道路の一部は 5%以上の急勾配である。さらに、バス停から 250 m 圏外のエリアが存在し、高齢化率は全体で 36.3%（2017 年 3 月末日現在）である。

　また、青山台地区の人口等の現状について、青山台の人口・世帯数の推移（表 6）から見ると、青山台３丁目〜４丁目では、ほぼ横ばいであるが、青山台２丁目では、2013 年〜 2014 年にかけて急激に人口が増加していることがわかる。

　その理由としては、民間分譲マンションの建築（2013 年 3 月建築で 65 戸数）に

よる影響であると考えられる。

表6　青山台の人口・世帯数の推移
単位：人，世帯

		青山台1丁目	青山台2丁目	青山台3丁目	青山台4丁目	千里NT全体	吹田市全体
2007年	人口	2,713	2,017	1,112	1,744	60,364	346,020
	世帯数	1,301	841	482	791	27,037	148,696
2008年	人口	2,652	1,814	1,055	1,732	59,143	347,008
	世帯数	1,284	770	451	799	26,720	150,444
2009年	人口	2,560	1,723	1,018	1,657	58,451	347,896
	世帯数	1,271	740	433	772	26,633	151,966
2010年	人口	2,412	1,644	1,026	1,606	57,895	347,279
	世帯数	1,189	719	437	757	26,544	152,628
2011年	人口	2,351	1,704	1,012	1,611	57,853	347,930
	世帯数	1,180	766	434	760	26,666	153,715
2012年	人口	2,211	1,698	1,033	1,576	59,646	349,822
	世帯数	1,136	774	438	747	27,422	155,319
2013年	人口	2,288	1,752	1,046	1,617	61,647	356,768
	世帯数	1,213	791	445	776	28,408	159,408
2014年	人口	2,144	1,955	1,045	1,532	62,160	360,007
	世帯数	1,151	867	447	750	28,664	161,678
2015年	人口	2,093	1,904	1,051	1,547	62,694	362,899
	世帯数	1,147	839	451	763	28,897	163,898
2016年	人口	2,034	1,906	1,069	1,584	63,766	367,510
	世帯数	1,145	846	462	796	29,394	166,830
2017年	人口	2,011	1,886	1,065	1,539	63,952	369,522
	世帯数	1,156	849	457	784	29,539	168,824

出典：各年における吹田市住民基本台帳の資料より筆者作成（各年3月末日現在）

　一方、直近の2017年3月末日現在における青山台地区の高齢化率の推移（表7）を見ると、青山台1丁目〜4丁目における全ての地区において、高齢化率が33.3%〜37.8%であり、吹田市全体の23.4%および千里NT全体の30.0%と比較しても、高齢化率が高い状況であることがわかる。

表7　青山台の高齢化率の推移

単位：%

町丁名	2007年	2008年	2009年	2010年	2011年	2012年	2013年	2014年	2015年	2016年	2017年
青山台1丁目	26.8	27.9	29.2	31.3	32.0	33.0	32.9	35.2	36.9	38.1	37.6
青山台2丁目	26.4	27.9	28.9	30.0	31.9	33.0	33.0	30.8	32.8	32.4	33.3
青山台3丁目	37.9	40.3	41.7	41.2	40.3	39.6	38.8	38.2	38.8	38.6	37.8
青山台4丁目	35.3	36.7	38.0	39.4	38.7	38.1	36.9	38.6	37.2	36.4	37.4
千里NT全体	27.6	28.7	29.4	30.1	30.0	29.5	29.4	29.8	30.1	30.0	30.0
吹田市全体	17.7	18.3	19.0	19.6	19.9	20.4	21.2	22.0	22.7	23.0	23.4

出典：各年における吹田市住民基本台帳の資料より筆者作成（各年3月末日現在）

6.2　藤白台地区

　藤白台地区は5つの丁目に分かれていて、各丁目の特徴と高齢化率については、次のとおりである。

　藤白台1丁目は、府営住宅、社宅、民間分譲マンションの混合の地区であり、高齢化率は21.7%である。

　藤白台2丁目は、戸建て住宅、民間分譲マンションの混合の建物があり、高齢化率は31.5%である。

　藤白台3丁目は、公社賃貸住宅、府営住宅、民間分譲マンションの混合の地区であり、高齢化率は29.1%である。

　藤白台4丁目は、戸建て住宅が建っている地区で、高齢化率は37.7%である。

　藤白台5丁目は、広域施設が立地している地区で、高齢化率は13.8%である。

　ちなみに、この藤白台地区の概要は、1964年入居開始で、最寄り駅は北千里駅である。

　藤白台地区は、南北に長い形状で、府営住宅が戸数全体の1/4を占め、外縁部の戸建住宅地内の区画道路の一部は5%以上の急勾配である。さらに、高齢化率は全体で27.6%（2017年3月末日現在）である。

　また、藤白台地区の人口等の現状について、藤白台の人口・世帯数の推移（表8）から見ると、藤白台1丁目、2丁目、4丁目では、ほぼ横ばいであるが、藤白台3丁目については、2013年〜2017年にかけて急激に人口が増加していることがわかる。

　その理由としては、民間分譲マンションの建築（2013年3月建築で135戸数、2014年10月建築で128戸数、2015年4月建築で536戸数）による影響であると考えられる。

表8　藤白台の人口・世帯数の推移

単位：人，世帯

		藤白台 1丁目	藤白台 2丁目	藤白台 3丁目	藤白台 4丁目	藤白台 5丁目	千里NT 全体	吹田市 全体
2007年	人口	3,240	1,147	2,549	945	307	60,364	346,020
	世帯数	1,333	439	1,180	386	261	27,037	148,696
2008年	人口	3,154	1,129	2,345	934	237	59,143	347,008
	世帯数	1,321	432	1,109	387	194	26,720	150,444
2009年	人口	3,168	1,149	2,306	925	212	58,451	347,896
	世帯数	1,330	442	1,113	386	173	26,633	151,966
2010年	人口	3,357	1,121	2,158	944	190	57,895	347,279
	世帯数	1,424	436	1,062	399	153	26,544	152,628
2011年	人口	3,345	1,131	2,070	952	168	57,853	347,930
	世帯数	1,425	437	1,039	406	124	26,666	153,715
2012年	人口	3,327	1,134	1,983	918	107	59,646	349,822
	世帯数	1,413	439	1,020	401	74	27,422	155,319
2013年	人口	3,083	1,132	2,311	899	114	61,647	356,768
	世帯数	1,272	443	1,184	395	68	28,408	159,408
2014年	人口	3,037	1,139	2,447	937	134	62,160	360,007
	世帯数	1,261	456	1,262	404	81	28,664	161,678
2015年	人口	2,965	1,163	3,209	926	173	62,694	362,899
	世帯数	1,246	466	1,545	402	96	28,897	163,898
2016年	人口	2,959	1,141	3,692	930	164	63,766	367,510
	世帯数	1,234	466	1,706	406	88	29,394	166,830
2017年	人口	2,973	1,143	4,168	944	174	63,952	369,522
	世帯数	1,243	465	1,871	414	88	29,539	168,824

出典：各年における吹田市住民基本台帳の資料より筆者作成（各年3月末日現在）

　一方、直近の2017年3月末日現在における藤白台地区の高齢化率の推移（表9）を見ると、千里ニュータウン全体の高齢化率は30.0％であるが、藤白台3丁目（公社賃貸住宅、府営住宅、民間分譲マンション地区）では29.1％と0.9％低く推移している。さらに2014年3月末日現在における高齢化率44.8％をピークに、2015年3月末日現在の高齢化率36.2％から毎年下がってきており、その理由としては、人口・世帯数の推移から見た民間分譲マンションの建築による影響で、そこに若い世代が流入してきていると考えられる。

表 9　藤白台の高齢化率の推移

単位：%

町丁名	2007年	2008年	2009年	2010年	2011年	2012年	2013年	2014年	2015年	2016年	2017年
藤白台1丁目	19.4	20.7	21.3	20.9	20.7	21.1	19.9	20.9	22.0	21.9	21.7
藤白台2丁目	28.6	28.6	28.8	28.9	28.4	29.2	30.2	29.8	30.1	30.6	31.5
藤白台3丁目	34.4	37.4	37.7	39.0	41.3	43.5	43.9	44.8	36.2	32.2	29.1
藤白台4丁目	34.8	34.8	35.8	34.6	34.6	36.4	37.7	36.5	37.4	37.5	37.7
藤白台5丁目	7.8	10.6	11.8	14.2	14.3	22.4	20.2	16.4	15.0	15.9	13.8
千里NT全体	27.6	28.7	29.4	30.1	30.0	29.5	29.4	29.8	30.1	30.0	30.0
吹田市全体	17.7	18.3	19.0	19.6	19.9	20.4	21.2	22.0	22.7	23.0	23.4

出典：各年における吹田市住民基本台帳の資料より筆者作成（各年3月末日現在）

6.3　古江台地区

　古江台地区は6つの丁目に分かれていて、各丁目の特徴と高齢化率については、次のとおりである。

　古江台1丁目は、戸建て住宅が建っている地区で、高齢化率は38.5％である。

　古江台2丁目は、戸建て住宅、民間分譲マンションの混合の建物があり、高齢化率は33.6％である。

　古江台3丁目は、戸建て住宅、民間分譲マンション、社宅の混合の地区であり、高齢化率は18.6％である。

　古江台4丁目は、府営住宅が建っている地区で、高齢化率は、54.8％である。

　古江台5丁目は、民間分譲マンション、社宅、府営住宅の混合の地区であり、高齢化率は、27.3％である。

　古江台6丁目は、戸建て住宅、高齢者福祉施設が集中立地の混合の建物があり、高齢化率は30.8％である。

　ちなみに、この古江台地区の概要は、1964年入居開始で、最寄り駅は北千里駅、または山田駅である。

　古江台地区は、南北に長い形状で、府営住宅が戸数全体の1/3を占め、戸建住宅地内の区画道路の一部は5％以上の急勾配である。さらに、高齢化率は全体で29.9％（2017年3月末日現在）である。

　また、古江台地区の人口等の現状について、古江台の人口・世帯数の推移（表10）から見ると、古江台1・2・6丁目では、ほぼ横ばいであるが、古江台3丁目については、2008年〜2009年にかけて人口が急激に増加していることがわかる。

　その理由としては、民間分譲マンションの建築（2008年8月建築で141戸数）

による影響であると考えられる。さらに、古江台 5 丁目についても、2014 年～
2015 年にかけて少し人口が増加しており、その理由としては、民間分譲マンショ
ンの建築（2014 年 9 月建築で 47 戸数）による影響であると考えられる。

表 10　古江台の人口・世帯数の推移

単位：人，世帯

		古江台 1丁目	古江台 2丁目	古江台 3丁目	古江台 4丁目	古江台 5丁目	古江台 6丁目	千里NT 全体	吹田市 全体
2007年	人口	925	595	2,487	1,771	3,467	864	60,364	346,020
	世帯数	390	230	909	828	1,476	803	27,037	148,696
2008年	人口	915	592	2,532	1,680	3,435	901	59,143	347,008
	世帯数	390	230	930	810	1,463	834	26,720	150,444
2009年	人口	888	576	2,855	1,632	3,429	839	58,451	347,896
	世帯数	379	227	1,055	792	1,464	781	26,633	151,966
2010年	人口	892	558	2,865	1,562	3,394	814	57,895	347,279
	世帯数	387	226	1,063	772	1,461	760	26,544	152,628
2011年	人口	887	558	2,852	1,517	3,310	749	57,853	347,930
	世帯数	395	230	1,050	760	1,426	700	26,666	153,715
2012年	人口	884	558	2,806	1,453	3,322	703	59,646	349,822
	世帯数	391	229	1,034	738	1,435	657	27,422	155,319
2013年	人口	910	558	2,779	1,419	3,334	581	61,647	356,768
	世帯数	398	232	1,033	738	1,453	536	28,408	159,408
2014年	人口	907	571	2,801	1,369	3,238	709	62,160	360,007
	世帯数	397	235	1,046	724	1,429	575	28,664	161,678
2015年	人口	912	588	2,777	1,323	3,335	792	62,694	362,899
	世帯数	400	245	1,036	704	1,483	582	28,897	163,898
2016年	人口	925	604	2,844	1,261	3,586	852	63,766	367,510
	世帯数	404	246	1,067	692	1,592	593	29,394	166,830
2017年	人口	934	614	2,840	1,218	3,607	871	63,952	369,522
	世帯数	408	255	1,075	687	1,593	565	29,539	168,824

出典：各年における吹田市住民基本台帳の資料より筆者作成（各年 3 月末日現在）

　一方、直近の 2017 年 3 月末日現在における古江台地区の高齢化率の推移（表
11）を見ると、千里ニュータウン全体の高齢化率は 30.0％であるが、特に古江台 4
丁目（府営住宅地区）においては、高齢化率が 54.8％と非常に高く、千里ニュータ
ウン全体に比べても 24.8％高く推移している。
　その理由として考えられることは、府営住宅の建て替えによる影響であろう。

表 11　古江台の高齢化率の推移

単位：%

町丁名	2007年	2008年	2009年	2010年	2011年	2012年	2013年	2014年	2015年	2016年	2017年
古江台1丁目	35.0	36.5	37.0	36.5	37.0	37.6	38.1	39.1	39.1	39.4	38.5
古江台2丁目	32.8	33.5	34.0	34.8	34.2	33.3	34.1	33.6	34.2	34.1	33.6
古江台3丁目	13.2	13.8	14.0	14.5	14.4	15.0	16.1	17.0	17.7	18.0	18.6
古江台4丁目	36.0	37.0	38.3	40.6	41.3	42.7	44.5	46.7	49.6	52.7	54.8
古江台5丁目	23.7	24.9	25.4	25.9	26.6	27.0	27.8	29.0	28.8	27.1	27.3
古江台6丁目	72.3	70.8	70.7	70.0	66.6	63.9	56.5	45.7	40.2	35.6	30.8
千里NT全体	27.6	28.7	29.4	30.1	30.0	29.5	29.4	29.8	30.1	30.0	30.0
吹田市全体	17.7	18.3	19.0	19.6	19.9	20.4	21.2	22.0	22.7	23.0	23.4

出典：各年における吹田市住民基本台帳の資料より筆者作成（各年3月末日現在）

6.4　佐竹台地区

佐竹台地区は6つの丁目に分かれていて、各丁目の特徴と高齢化率については、次のとおりである。

佐竹台1丁目は、公社住宅、民間分譲マンション、その他公的分譲集合住宅、戸建て住宅の混合の地区であり、高齢化率は20.4％である。

佐竹台2丁目は、府営住宅、民間分譲マンションの混合の建物があり、高齢化率は35.7％である。

佐竹台3丁目は、戸建て住宅が建っている地区で、高齢化率は32.0％である。

佐竹台4丁目は、戸建て住宅、社宅、民間分譲マンションの混合の地区であり、高齢化率は16.7％である。

佐竹台5丁目は、府営住宅、戸建て住宅の混合の建物があり、高齢化率は36.6％である。

佐竹台6丁目は、戸建て住宅が建っている地区で、高齢化率は37.9％である。

ちなみに、この佐竹台地区の概要は、1962年入居開始で、最寄り駅は南千里駅である。

佐竹台地区は、東西に長い形状で、府営住宅が戸数全体の約3割を占め、幹線・準幹線道路、府営住宅団地内通路および戸建住宅地内の区画道路の一部は5％以上の急勾配である。

さらに、高齢化率は全体で26.3％（2017年3月末日現在）である。

また、佐竹台地区の人口等の現状について、佐竹台の人口・世帯数の推移（表12）から見ると、佐竹台3丁目・6丁目では、ほぼ横ばいであるが、佐竹台1丁目では2011年～2016年にかけて急激に人口が増加していることがわかる。

その理由としては、民間分譲マンションの建築（主に 2011 年 9 月建築で 181 戸数、137 戸数、2011 年 11 月建築で 82 戸数、2012 年 3 月建築で 84 戸数、2015 年 8 月建築で 122 戸数）による影響であると考えられる。

次に、佐竹台 2 丁目では、2010 年～ 2012 年にかけて急激に人口が増加しており、その理由としては、民間分譲マンションの建築（2010 年 2 月建築で 176 戸数）による影響であると考えられる。続いて、佐竹台 4 丁目では 2007 年～ 2008 年にかけて急激に人口が増加しており、その理由としては、民間分譲マンションの建築（2007 年 12 月建築で 163 戸数）による影響であると考えられる。

表 12　佐竹台の人口・世帯数の推移

単位：人，世帯

		佐竹台1丁目	佐竹台2丁目	佐竹台3丁目	佐竹台4丁目	佐竹台5丁目	佐竹台6丁目	千里NT全体	吹田市全体
2007年	人口	1,534	1,194	451	603	1,272	376	60,364	346,020
	世帯数	666	557	164	223	557	149	27,037	148,696
2008年	人口	1,612	837	443	934	1,351	378	59,143	347,008
	世帯数	717	406	164	344	594	151	26,720	150,444
2009年	人口	1,718	742	434	1,013	1,297	358	58,451	347,896
	世帯数	788	363	166	382	575	149	26,633	151,966
2010年	人口	1,834	1,164	452	1,041	1,186	364	57,895	347,279
	世帯数	854	543	171	385	534	156	26,544	152,628
2011年	人口	1,991	1,551	462	1,077	1,188	349	57,853	347,930
	世帯数	916	691	177	390	530	149	26,666	153,715
2012年	人口	2,959	1,981	452	1,059	1,063	349	59,646	349,822
	世帯数	1,300	915	178	384	477	148	27,422	155,319
2013年	人口	3,459	2,002	458	1,061	1,038	355	61,647	356,768
	世帯数	1,531	924	182	384	476	150	28,408	159,408
2014年	人口	3,656	2,010	476	1,053	1,002	356	62,160	360,007
	世帯数	1,610	922	190	379	465	152	28,664	161,678
2015年	人口	3,703	2,019	471	1,073	982	360	62,694	362,899
	世帯数	1,621	927	189	386	456	154	28,897	163,898
2016年	人口	3,977	1,990	456	1,084	958	354	63,766	367,510
	世帯数	1,711	925	187	388	454	153	29,394	166,830
2017年	人口	4,088	1,966	460	1,087	925	356	63,952	369,522
	世帯数	1,752	931	191	392	444	155	29,539	168,824

出典：各年における吹田市住民基本台帳の資料より筆者作成（各年 3 月末日現在）

一方、直近の 2017 年 3 月末日現在における佐竹台地区の高齢化率の推移（表13）を見ると、千里ニュータウン全体の高齢化率は 30.0％であるが、佐竹台 6 丁目（戸建て地域）では 37.9％と 7.9％高く推移しており、いかに高齢化が進行している状況であるかということがわかる。

　また、佐竹台 4 丁目においては、高齢化率が 16.7％であり、千里ニュータウン全体の高齢化率から見ると 13.3％低くなっており、その理由として考えられることは、若い世代（年少人口 0 ～ 14 歳）の割合が高い（2017 年 3 月末日現在では22.6％）ということであろう。

表 13　佐竹台の高齢化率の推移

単位：％

町丁名	2007年	2008年	2009年	2010年	2011年	2012年	2013年	2014年	2015年	2016年	2017年
佐竹台 1 丁目	27.1	30.2	29.8	31.2	28.3	21.4	19.7	19.8	20.5	20.0	20.4
佐竹台 2 丁目	33.8	37.5	39.4	32.7	27.3	32.3	32.9	33.3	34.0	35.1	35.7
佐竹台 3 丁目	31.9	33.9	33.2	32.3	32.9	33.0	34.1	34.5	33.8	33.3	32.0
佐竹台 4 丁目	19.9	16.1	15.9	15.6	15.5	15.6	16.0	16.0	16.3	16.6	16.7
佐竹台 5 丁目	30.0	31.2	32.2	32.9	32.3	30.9	32.3	33.7	34.9	35.5	36.6
佐竹台 6 丁目	33.0	31.5	31.6	33.8	33.0	33.5	35.2	35.1	35.6	37.3	37.9
千里 NT 全体	27.6	28.7	29.4	30.1	30.0	29.5	29.4	29.8	30.1	30.0	30.0
吹田市全体	17.7	18.3	19.0	19.6	19.9	20.4	21.2	22.0	22.7	23.0	23.4

出典：各年における吹田市住民基本台帳の資料より筆者作成（各年 3 月末日現在）

6.5　高野台地区

　高野台地区は 5 つの丁目に分かれていて、各丁目の特徴と高齢化率については、次のとおりである。

　高野台 1 丁目は、府営住宅、UR 都市再生機構、民間分譲マンションの混合の地区であり、高齢化率は 55.4％である。

　高野台 2 丁目は、戸建て住宅、府営住宅の混合の建物があり、高齢化率は 37.9％である。

　高野台 3 丁目は、戸建て住宅が建っている地区で、高齢化率は 35.0％である。

　高野台 4 丁目は、府営住宅が建っている地区で、高齢化率は 33.7％である。

　高野台 5 丁目は、戸建て住宅が建っている地区で、高齢化率は 37.6％である。

　ちなみに、この高野台地区の概要は、1963 年入居開始で、最寄り駅は南千里駅である。高野台地区は、東西に長い形状で、府営住宅が戸数全体の約 7 割を占め、府営団地内通路および戸建住宅地内の区画道路の一部は 5％以上の急勾配である。

さらに、高齢化率は全体で 39.7％（2017 年 3 月末日現在）である。

　また、高野台地区の人口等の現状について、高野台の人口・世帯数の推移（表 14）から見ると、高野台 2 丁目・3 丁目・5 丁目では、ほぼ横ばいであるが、高野台 1 丁目・4 丁目においては、2007 年から 10 年以上続けて毎年減少していることがわかる。

　その理由として考えられることは、府営住宅の建て替えによる影響であろう。

表 14　高野台の人口・世帯数の推移

単位：人，世帯

		高野台 1 丁目	高野台 2 丁目	高野台 3 丁目	高野台 4 丁目	高野台 5 丁目	千里 NT 全体	吹田市 全体
2007年	人口	1,970	1,544	751	2,079	321	60,364	346,020
	世帯数	969	638	300	852	130	27,037	148,696
2008年	人口	1,939	1,643	738	2,092	323	59,143	347,008
	世帯数	974	685	300	863	133	26,720	150,444
2009年	人口	1,835	1,631	715	2,020	315	58,451	347,896
	世帯数	938	694	298	847	131	26,633	151,966
2010年	人口	1,719	1,545	714	1,892	320	57,895	347,279
	世帯数	888	664	300	805	132	26,544	152,628
2011年	人口	1,595	1,563	709	1,816	321	57,853	347,930
	世帯数	833	687	301	784	133	26,666	153,715
2012年	人口	1,213	1,548	695	1,736	324	59,646	349,822
	世帯数	656	688	294	761	131	27,422	155,319
2013年	人口	1,171	1,551	713	1,641	340	61,647	356,768
	世帯数	644	693	305	727	138	28,408	159,408
2014年	人口	1,122	1,528	737	1,612	335	62,160	360,007
	世帯数	625	696	309	719	138	28,664	161,678
2015年	人口	1,063	1,508	745	1,553	338	62,694	362,899
	世帯数	601	695	316	707	142	28,897	163,898
2016年	人口	1,026	1,471	745	1,499	341	63,766	367,510
	世帯数	588	693	320	688	142	29,394	166,830
2017年	人口	986	1,456	735	1,446	327	63,952	369,522
	世帯数	566	691	318	681	139	29,539	168,824

出典：各年における吹田市住民基本台帳の資料より筆者作成（各年 3 月末日現在）

　一方、直近の 2017 年 3 月末日現在における高野台地区の高齢化率の推移（表 15）を見ると、千里ニュータウン全体の高齢化率は 30.0％であるが、高野台 1 丁目〜5 丁目における全ての地区では、高齢化率が 33.7％〜 55.4％と高く推移しており、特に高野台 1 丁目の 55.4％は非常に高く、千里ニュータウン全体の高齢化率より

25.4%も高い状況であることがわかる。

その理由として考えられることは、府営住宅の建て替えにより、入居がストップしている影響が原因であろう。

表15　高野台の高齢化率の推移

単位：%

町丁名	2007年	2008年	2009年	2010年	2011年	2012年	2013年	2014年	2015年	2016年	2017年
高野台1丁目	36.0	38.4	40.4	42.2	43.1	43.9	47.7	49.6	51.9	53.1	55.4
高野台2丁目	33.1	32.7	33.3	33.9	33.5	34.3	34.2	35.5	36.2	36.8	37.9
高野台3丁目	32.0	33.3	34.3	35.3	35.0	35.4	34.8	33.9	34.4	35.2	35.0
高野台4丁目	24.5	24.9	25.9	26.7	26.6	26.7	28.5	30.3	32.2	32.8	33.7
高野台5丁目	38.6	39.9	40.6	39.1	37.4	38.3	37.4	37.9	37.6	37.5	37.6
千里NT全体	27.6	28.7	29.4	30.1	30.0	29.5	29.4	29.8	30.1	30.0	30.0
吹田市全体	17.7	18.3	19.0	19.6	19.9	20.4	21.2	22.0	22.7	23.0	23.4

出典：各年における吹田市住民基本台帳の資料より筆者作成（各年3月末日現在）

6.6　津雲台地区

津雲台地区は7つの丁目に分かれていて、各丁目の特徴と高齢化率については、次のとおりである。

津雲台1丁目は、市民センターおよび南公園、民間分譲マンションの混合の地区であり、高齢化率は17.2％である。

津雲台2丁目は、戸建て住宅、UR都市再生機構の混合の建物があり、高齢化率は36.5％である。

津雲台3丁目は、戸建て住宅、公社住宅、公社分譲住宅、民間分譲マンションの混合の地区であり、高齢化率は20.1％である。

津雲台4丁目は、戸建て住宅、介護老人保健施設の混合の建物があり、高齢化率は36.8％である。

津雲台5丁目は、戸建て住宅、民間分譲マンション、社宅の混合の地区であり、高齢化率は14.9％である。

津雲台6丁目は、戸建て住宅、市営住宅、民間分譲マンション、社宅の混合の地区であり、高齢化率は31.0％である。

津雲台7丁目は、準工業地域であり、高齢化率は12.2％である。

ちなみに、この津雲台地区の概要は、1963年入居開始で、最寄り駅は南千里駅、山田駅である。

　津雲台地区は、南北に長い形状で、UR 都市再生機構が戸数全体の 1/3 を占め、準幹線道路および戸建住宅地内の区画道路の一部は 5% 以上の急勾配である。さらに、高齢化率は全体で 24.5%（2017 年 3 月末日現在）である。

　また、津雲台地区の人口等の現状について、津雲台の人口・世帯数の推移（表16）から見ると、津雲台 4・6 ～ 7 丁目では、ほぼ横ばいであるが、津雲台 1 丁目では、2016 年～ 2017 年にかけて急激に人口が増加していることがわかる。

　その理由としては、民間分譲マンションの建築（2016 年 2 月建築で、152 戸数）による影響であると考えられる。

　さらに、津雲台 3 丁目では、2013 年～ 2014 年にかけて急激に人口が増加しており、その理由としては、民間分譲マンションの建築（2013 年 1 月建築で 186 戸数）による影響であると考えられる。

表 16　津雲台の人口・世帯数の推移

単位：人，世帯

		津雲台1丁目	津雲台2丁目	津雲台3丁目	津雲台4丁目	津雲台5丁目	津雲台6丁目	津雲台7丁目	千里NT全体	吹田市全体
2007年	人口	670	2,713	1,300	146	1,632	1,450	439	60,364	346,020
	世帯数	266	1,213	566	53	648	588	136	27,037	148,696
2008年	人口	691	2,683	1,094	139	1,550	1,423	442	59,143	347,008
	世帯数	271	1,220	466	53	609	582	138	26,720	150,444
2009年	人口	711	2,640	1,061	139	1,511	1,396	515	58,451	347,896
	世帯数	276	1,218	463	54	594	587	161	26,633	151,966
2010年	人口	712	2,601	1,020	142	1,523	1,383	514	57,895	347,279
	世帯数	277	1,208	456	53	610	588	163	26,544	152,628
2011年	人口	720	2,510	1,334	144	1,544	1,384	515	57,853	347,930
	世帯数	280	1,184	623	55	630	588	166	26,666	153,715
2012年	人口	717	2,394	1,334	134	1,601	1,393	503	59,646	349,822
	世帯数	281	1,142	630	53	666	598	160	27,422	155,319
2013年	人口	737	2,284	1,717	134	1,660	1,356	505	61,647	356,768
	世帯数	288	1,120	856	50	685	581	168	28,408	159,408
2014年	人口	737	2,145	2,439	136	1,505	1,353	503	62,160	360,007
	世帯数	290	1,072	1,118	51	633	586	170	28,664	161,678
2015年	人口	716	2,079	2,525	135	1,407	1,328	500	62,694	362,899
	世帯数	282	1,058	1,136	50	602	588	174	28,897	163,898
2016年	人口	798	2,061	2,574	134	1,279	1,370	503	63,766	367,510
	世帯数	319	1,052	1,182	50	552	591	177	29,394	166,830
2017年	人口	1,026	2,103	2,551	133	1,124	1,357	508	63,952	369,522
	世帯数	415	1,073	1,158	50	484	591	184	29,539	168,824

出典：各年における吹田市住民基本台帳の資料より筆者作成（各年 3 月末日現在）

一方、直近の 2017 年 3 月末日現在における津雲台地区の高齢化率の推移（表17）を見ると、千里ニュータウン全体の高齢化率は 30.0％であるが、特に津雲台4丁目（戸建て地域）では 36.8％となっており、千里ニュータウン全体の高齢化率より 6.8％高く推移しているため、いかに戸建て住宅地域において高齢化が進行している状況であるかということがわかる。

表 17　津雲台の高齢化率の推移

単位：%

町丁名	2007年	2008年	2009年	2010年	2011年	2012年	2013年	2014年	2015年	2016年	2017年
津雲台1丁目	12.5	12.5	13.4	13.5	13.9	13.8	15.2	16.6	17.2	18.5	17.2
津雲台2丁目	26.8	28.0	28.9	30.6	32.3	33.6	34.6	37.3	37.5	37.1	36.5
津雲台3丁目	26.3	27.0	27.7	29.9	28.9	30.3	24.5	19.4	19.5	19.2	20.1
津雲台4丁目	27.4	29.5	30.2	31.0	32.6	35.1	35.8	34.6	34.8	34.3	36.8
津雲台5丁目	9.3	10.0	10.2	10.1	9.7	9.2	9.3	10.5	11.8	13.2	14.9
津雲台6丁目	24.8	26.4	28.0	28.9	28.9	28.9	29.8	30.5	31.6	30.8	31.0
津雲台7丁目	5.7	5.2	5.8	6.0	6.2	6.8	8.7	9.5	9.6	11.3	12.2
千里 NT 全体	27.6	28.7	29.4	30.1	30.0	29.5	29.4	29.8	30.1	30.0	30.0
吹田市全体	17.7	18.3	19.0	19.6	19.9	20.4	21.2	22.0	22.7	23.0	23.4

出典：各年における吹田市住民基本台帳の資料より筆者作成（各年 3 月末日現在）

6.7　竹見台地区

　竹見台地区は4つの丁目に分かれていて、各丁目の特徴と高齢化率については、次のとおりである。

　竹見台1丁目は、UR 都市再生機構の建物がある地区で、高齢化率は 37.4％である。

　竹見台2丁目は、UR 都市再生機構、戸建て住宅の混合の建物があり、高齢化率は 44.9％である。

　竹見台3丁目は、UR 都市再生機構の建物がある地区で、高齢化率は 37.0％である。

　竹見台4丁目は、府営住宅、公社住宅、公社分譲住宅、社宅、民間分譲マンションの混合の地区であり、高齢化率は 25.8％である。

　ちなみに、この竹見台地区の概要は、1967 年入居開始で、最寄り駅は桃山台駅、南千里駅である。

　竹見台地区は、東西に長い形状で、UR 都市再生機構が戸数全体の約 7 割を占め、歩行者専用道路が計画的に造られている。さらに、高齢化率は全体で 34.0％（2017年 3 月末日現在）である。

　また、竹見台地区の人口等の現状について、竹見台の人口・世帯数の推移（表

18）から見ると、竹見台 1 丁目・2 丁目では、2007 年から 10 年以上続けて人口が減少している状況であり、竹見台 3 丁目では、ほぼ横ばいで推移している。

　一方、竹見台 4 丁目では、2011 年〜 2013 年、2015 年〜 2016 年にかけて人口が急激に増加していることがわかる。

　その理由としては、民間分譲マンションの建築（2011 年 5 月建築で 243 戸数および 2013 年 1 月建築で 54 戸数、2015 年 7 月建築で 103 戸数）による影響であると考えられる。

表 18　竹見台の人口・世帯数の推移

単位：人，世帯

		竹見台 1 丁目	竹見台 2 丁目	竹見台 3 丁目	竹見台 4 丁目	千里 NT 全体	吹田市 全体
2007年	人口	1,272	2,444	1,536	2,441	60,364	346,020
	世帯数	758	1,214	811	1,054	27,037	148,696
2008年	人口	1,200	2,365	1,476	2,400	59,143	347,008
	世帯数	731	1,204	797	1,044	26,720	150,444
2009年	人口	1,191	2,284	1,426	2,358	58,451	347,896
	世帯数	732	1,175	776	1,031	26,633	151,966
2010年	人口	1,165	2,228	1,415	2,318	57,895	347,279
	世帯数	709	1,155	767	1,018	26,544	152,628
2011年	人口	1,143	2,135	1,418	1,967	57,853	347,930
	世帯数	697	1,136	772	874	26,666	153,715
2012年	人口	1,093	2,021	1,481	2,343	59,646	349,822
	世帯数	668	1,103	803	1,033	27,422	155,319
2013年	人口	1,084	2,004	1,531	2,860	61,647	356,768
	世帯数	675	1,093	837	1,271	28,408	159,408
2014年	人口	1,053	1,929	1,501	2,633	62,160	360,007
	世帯数	656	1,064	807	1,161	28,664	161,678
2015年	人口	1,023	1,878	1,500	2,600	62,694	362,899
	世帯数	635	1,052	810	1,136	28,897	163,898
2016年	人口	971	1,798	1,419	3,217	63,766	367,510
	世帯数	602	1,014	773	1,422	29,394	166,830
2017年	人口	855	1,707	1,491	3,174	63,952	369,522
	世帯数	538	981	838	1,416	29,539	168,824

出典：各年における吹田市住民基本台帳の資料より筆者作成（各年 3 月末日現在）

　一方、直近の 2017 年 3 月末日現在における竹見台地区の高齢化率の推移（表19）を見ると、特に竹見台 2 丁目について、高齢化率が 44.9％であり、千里ニュータウン全体の高齢化率 30.0％に比べ 14.9％も高くなっており、いかに高齢者の独居

が進行している状況であるかということがわかる。

表 19　竹見台の高齢化率の推移
単位：%

町丁名	2007年	2008年	2009年	2010年	2011年	2012年	2013年	2014年	2015年	2016年	2017年
竹見台1丁目	25.7	27.4	29.8	30.7	32.1	32.3	33.6	35.5	37.0	37.1	37.4
竹見台2丁目	26.4	28.9	30.3	31.8	33.3	36.0	37.2	40.0	42.0	43.5	44.9
竹見台3丁目	28.3	31.5	32.8	33.2	32.8	31.6	33.4	34.0	34.3	36.0	37.0
竹見台4丁目	22.7	24.3	25.8	26.7	24.1	21.5	24.4	23.0	23.4	25.5	25.8
千里NT全体	27.6	28.7	29.4	30.1	30.0	29.5	29.4	29.8	30.1	30.0	30.0
吹田市全体	17.7	18.3	19.0	19.6	19.9	20.4	21.2	22.0	22.7	23.0	23.4

出典：各年における吹田市住民基本台帳の資料より筆者作成（各年3月末日現在）

6.8　桃山台地区

　桃山台地区は5つの丁目に分かれていて、各丁目の特徴と高齢化率については、次のとおりである。

　桃山台1丁目は、府営住宅、公団住宅、民間分譲マンションの混合の地区であり、高齢化率は26.0％である。

　桃山台2丁目は、府営住宅、公社分譲住宅、社宅、民間分譲マンションの混合の地区であり、高齢化率は32.7％である。

　桃山台3丁目は、戸建て住宅が建っている地区で、高齢化率は41.6％である。

　桃山台4丁目は、民間分譲マンションが建っている地区で、高齢化率は29.2％である。

　桃山台5丁目は、UR都市再生機構、社宅、民間分譲マンションの混合の地区であり、高齢化率は19.1％である。

　ちなみに、この桃山台地区の概要は、1967年入居開始で、最寄り駅は桃山台駅、南千里駅である。

　桃山台地区は、西に長い形状で、府営住宅が戸数全体の約3割を占め、歩行者専用道路が計画的に造られている。さらに、高齢化率は全体で28.5％（2017年3月末日現在）である。

　また、桃山台地区の人口等の現状について、桃山台の人口・世帯数の推移（表20）から見ると、桃山台2丁目～4丁目では、ほぼ横ばいで推移している。

　一方、桃山台1丁目では、2011年～2013年にかけて急激に人口が増加していることがわかる。

　その理由としては、民間分譲マンションの建築（2011 年 7 月〜 2012 年 3 月建築
で 798 戸数）による影響であると考えられる。さらに、桃山台 5 丁目では、2011
年〜 2012 年にかけて人口が増加しており、その理由としては、民間分譲マンショ
ンの建築（2011 年 7 月建築で 83 戸数）による影響であると考えられる。

表 20　桃山台の人口・世帯数の推移

単位：人，世帯

		桃山台 1 丁目	桃山台 2 丁目	桃山台 3 丁目	桃山台 4 丁目	桃山台 5 丁目	千里 NT 全体	吹田市 全体
2007年	人口	1,629	2,024	1,074	502	1,114	60,364	346,020
	世帯数	841	919	452	193	470	27,037	148,696
2008年	人口	1,573	2,048	1,072	504	1,086	59,143	347,008
	世帯数	828	937	447	196	462	26,720	150,444
2009年	人口	1,518	2,041	1,064	490	1,091	58,451	347,896
	世帯数	820	942	443	192	480	26,633	151,966
2010年	人口	1,489	1,979	1,072	486	1,074	57,895	347,279
	世帯数	821	934	453	194	461	26,544	152,628
2011年	人口	1,553	1,991	1,062	472	1,122	57,853	347,930
	世帯数	860	950	453	195	480	26,666	153,715
2012年	人口	2,841	1,854	1,063	465	1,317	59,646	349,822
	世帯数	1,348	879	458	192	550	27,422	155,319
2013年	人口	3,467	1,836	1,045	454	1,361	61,647	356,768
	世帯数	1,560	878	453	191	571	28,408	159,408
2014年	人口	3,564	1,957	1,057	456	1,340	62,160	360,007
	世帯数	1,593	949	459	195	570	28,664	161,678
2015年	人口	3,586	1,952	1,062	460	1,370	62,694	362,899
	世帯数	1,594	942	463	198	578	28,897	163,898
2016年	人口	3,363	1,834	1,056	454	1,483	63,766	367,510
	世帯数	1,476	886	472	198	636	29,394	166,830
2017年	人口	3,301	1,793	1,069	459	1,482	63,952	369,522
	世帯数	1,454	878	473	203	633	29,539	168,824

出典：各年における吹田市住民基本台帳の資料より筆者作成（各年 3 月末日現在）

　一方、直近の 2017 年 3 月末日現在における桃山台地区の高齢化率の推移（表
21）を見ると、千里ニュータウン全体の高齢化率は 30.0 ％であるが、特に桃山台 3
丁目（戸建て地域）では 41.6 ％となっており、千里ニュータウン全体の高齢化率よ
り 11.6 ％高く推移しているため、いかに戸建て住宅地域において、高齢化が進行し
ている状況であるかということがわかる。

表21　桃山台の高齢化率の推移

単位：%

町丁名	2007年	2008年	2009年	2010年	2011年	2012年	2013年	2014年	2015年	2016年	2017年
桃山台1丁目	38.8	39.9	42.5	44.9	46.4	30.5	25.6	25.8	25.9	25.5	26.0
桃山台2丁目	26.3	27.3	27.7	29.4	30.6	32.9	32.2	31.6	32.3	32.6	32.7
桃山台3丁目	42.6	43.5	43.1	42.8	43.3	43.0	43.0	42.6	43.0	42.6	41.6
桃山台4丁目	16.1	16.3	18.0	19.1	20.6	21.3	22.9	24.3	25.0	28.0	29.2
桃山台5丁目	13.3	13.9	14.9	16.6	16.2	14.9	15.8	16.9	17.4	18.6	19.1
千里NT全体	27.6	28.7	29.4	30.1	30.0	29.5	29.4	29.8	30.1	30.0	30.0
吹田市全体	17.7	18.3	19.0	19.6	19.9	20.4	21.2	22.0	22.7	23.0	23.4

出典：各年における吹田市住民基本台帳の資料より筆者作成（各年3月末日現在）

6.9　小括

　千里ニュータウン吹田市域の全体の内容としては、人口では2011年から2017年まで、毎年上昇し、世帯数についても、2010年から2017年まで、毎年上昇している状況である。しかし、高齢化率については、2007年から2017年までの間、ほぼ横ばいで推移している。

　一方、戸建て住宅地域のみの場合で、2017年の高齢化率について見てみると、青山台3丁目37.8％、藤白台4丁目37.7％、古江台1丁目38.5％、佐竹台3丁目32.0％、佐竹台6丁目37.9％、高野台3丁目35.0％、高野台5丁目37.6％、桃山台3丁目41.6％となり、千里ニュータウン吹田市域全体30.0％と比較すると、2.0％から11.6％の幅で、戸建て住宅地域のみの場合が上回っていることがわかる。このことから、戸建て住宅のみの地域では、高齢化が進んでいることが確認できるため、次の節で、全国および吹田市の空き家の実態を概観し、千里ニュータウン吹田市域の戸建て住宅地域に着目して、空き家等実態調査を行い、その結果について分析を行う。

7．全国および吹田市の空き家の実態と課題

7.1　全国の空き家の実態

　日本の空き家の現状について、平成25年住宅・土地統計調査（総務省統計局）[6]

6）　住宅・土地統計調査とは、住宅と世帯に関する実態を調査し、その現状と推移を明らかにするため、5年ごとに実施されている国の調査である。この調査は、市内のある区域を調査区として複数抽出し、その区域内にある住宅を対象に現地巡回および調査を実施し、その内容を基に推計した値となっている。

による全国の総住宅数、空き家数、空き家率の推移（図2）を見てみると、1973年
の総住宅数は3,105万9,000戸で、40年後における2013年の総住宅数は6,063万1,000
戸となり、比較すると約2倍住宅が建築されている。一方、空き家数を見ると、
1973年の172万戸から2013年の819万6,000戸と約4.8倍に上昇している。これは、
新築建物の供給過剰や利用できる空き家が少ないなどのさまざまな理由が考えられ
る。

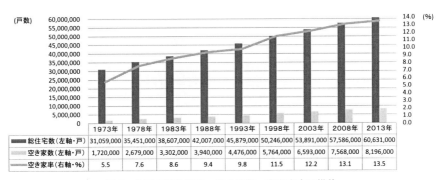

	1973年	1978年	1983年	1988年	1993年	1998年	2003年	2008年	2013年
総住宅数（左軸・戸）	31,059,000	35,451,000	38,607,000	42,007,000	45,879,000	50,246,000	53,891,000	57,586,000	60,631,000
空き家数（左軸・戸）	1,720,000	2,679,000	3,302,000	3,940,000	4,476,000	5,764,000	6,593,000	7,568,000	8,196,000
空き家率（右軸・%）	5.5	7.6	8.6	9.4	9.8	11.5	12.2	13.1	13.5

図2　全国の総住宅数、空き家数、空き家率の推移

出典：総務省統計局「平成25年住宅・土地統計調査確報集計結果の概要（平成26年7月29日）」より
　　　筆者作成

7.2　吹田市の空き家の実態

　吹田市の空き家の現状について、2016年版吹田市統計書による吹田市の総住宅
数、空き家数、空き家率の推移（図3）を見てみると、1993年の総住宅数13万3,360
戸が、20年後における2013年には、総住宅数18万5,160戸となり、比較すると、
約1.4倍住宅が建築されている。一方、空き家数を見ると、1993年の1万1,570戸
から、2013年の2万6,440戸と約2.3倍に上昇している。また、空き家率が1993
年の8.7％から2013年の14.3％に上昇しており、この20年間で約1.6倍に上昇し
ていることから、吹田市においても新築建物の供給過剰や利用できる空き家が少な
いことなどが、理由として考えられる。

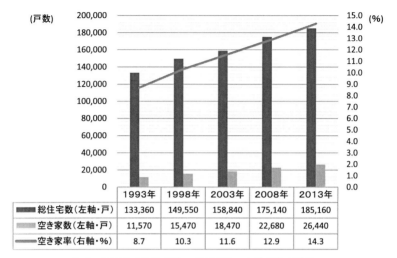

(戸数)	1993年	1998年	2003年	2008年	2013年
総住宅数（左軸・戸）	133,360	149,550	158,840	175,140	185,160
空き家数（左軸・戸）	11,570	15,470	18,470	22,680	26,440
空き家率（右軸・%）	8.7	10.3	11.6	12.9	14.3

図3　吹田市の総住宅数、空き家数、空き家率の推移

出典：2016年版吹田市統計書より筆者作成

7.3　千里ニュータウンの現状における課題

　2015年5月に空き家等対策の推進に関する特別措置法が全面施行されて、空き家等の実態調査が全国の市町村で進められている。そのため、吹田市においても担当部局（住宅政策室）が窓口となり、関係部局と連携して、固定資産税課税台帳などの活用により、早い段階で空き家等実態調査を実施することが望ましいと考えられている[7]。今後千里ニュータウンにおいて、高齢化が進行していくことにより、独居世帯が増加する傾向にある。その後において、住まいの管理が難しくなり、売却などに至ることで敷地分割の発生が想定されるであろう。なお、千里ニュータウン吹田市域では、戸建・低層住宅地域において、敷地分割をする際、地区整備計画区域および建築協定区域内で、敷地分割に関する規制（最低限度の面積を確保する必要がある。）を遵守しなければならない。さらに、近隣の住環境についても考えていく必要がある。

---

7)　吹田市の「市報すいた」2018年8月号のp13（2018年8月から10月中旬にかけて空き家等実態調査を実施する。市内の空き家と思われる建物を対象に、外観、表札、ポスト、電気などのメーター、敷地の状況を確認し、写真撮影などを行う。調査会社はゼンリンで、調査員は身分証・腕章・調査端末を携帯している。）より引用

8．空き家等の調査方法と実態調査結果

8.1　空き家等の調査方法

　最初に千里ニュータウン吹田市域の開発当初における区画数を把握するため、千里ニュータウンが開発された当初における一戸建ての区画を表した大阪府企業局作成（1980. 4. 1 現在）の千里ニュータウン土地番号図住居表示図を吹田市税務部資産税課で閲覧（2017. 6. 28）した。そこで拾い上げた全体の区画数（吹田市域）および 2012 年 1 月の住宅地図と 2017 年 1 月の住宅地図および地番参考図（吹田市税務部資産税課備え付け）から既存家屋等の情報を整理した。そのうえで、千里ニュータウンの開発当初の区画からどう変更しているのかという現状を把握するため、外観からの目視による方法（空き家等調査票により、建物を外観から目視で確認し、空き家となる項目（表札がない、水道・ガス・電気メーターの停止、売り物件などの看板）をチェックする方法）で、空き家等の実態調査を実施した。

8.2　空き家等の実態調査結果

　千里ニュータウンの開発当初における一戸建て住宅地域（吹田市域）の全体の区画数について、事前に上記調査方法で整理をして確認できた区画数が表 22 で示している 4,060 区画である。そこで、2017 年 7 月に外観からの目視による空き家等実態調査を実施した結果、敷地分割も含めた全体の区画数が 4,573 区画となり、千里ニュータウンのまちびらきから 55 年以上経過した現状では、当初より 513 区画増加している事実が明らかになった。その増加した区画数の多い地区は、津雲台 6 丁目の 47 区画、藤白台 4 丁目の 41 区画、古江台 1 丁目の 40 区画、藤白台 2 丁目の 39 区画などである。さらに、比較率の高い地区では、古江台 6 丁目の 240%（35 区画数増加）、佐竹台 4 丁目の 138%（38 区画数増加）などで、これらの 2 地区における増加理由の主な内容としては、元々企業等が所有していた広大な敷地を分割して、一般分譲したことによる影響が考えられる。その増加した区画数を見ると、古江台 6 丁目 3 番街区では、22 区画増加し、佐竹台 4 丁目 6 番街区では、14 区画増加していることがわかった。

表22　千里ニュータウンにおける戸建て住宅区画数

	府企業局作成図	2017年外観調査	比較	比較率
	区画数	区画数	区画数	
青山台2丁目	106	120	14	113%
青山台3丁目	399	429	30	108%
青山台4丁目	261	286	25	110%
藤白台2丁目	303	342	39	113%
藤白台4丁目	317	358	41	113%
古江台1丁目	324	364	40	112%
古江台2丁目	156	189	33	121%
古江台3丁目	106	125	19	118%
古江台6丁目	25	60	35	240%
佐竹台1丁目	9	11	2	122%
佐竹台3丁目	134	154	20	115%
佐竹台4丁目	99	137	38	138%
佐竹台5丁目	67	71	4	106%
佐竹台6丁目	126	138	12	110%
高野台2丁目	154	173	19	112%
高野台3丁目	244	276	32	113%
高野台5丁目	116	127	11	109%
津雲台2丁目	109	127	18	117%
津雲台3丁目	77	85	8	110%
津雲台4丁目	34	40	6	118%
津雲台5丁目	108	119	11	110%
津雲台6丁目	241	288	47	120%
竹見台2丁目	138	144	6	104%
桃山台3丁目	407	410	3	101%
計	4,060	4,573	513	113%

出典：府企業局作成図・千里 NT 土地番号住居表示図より筆者作成

　空き家等実態調査結果（表23）からまず空き家に関して見ると、千里ニュータウン吹田市域全体では確定空き家が81戸、推定空き家が63戸で、合計では144戸となり、総戸数4,430戸のうち空き家は3.25%を占める結果となった。

　その内訳は、確定空き家が1.83%で、推定空き家が1.42%である。また、推定空き家は空き家全体で見た場合、約44%存在しており、今後推定空き家が確定空き家に変更されていくことが予見できるであろう。さらに、町丁別に空き家の詳細を見ると、確定空き家が最も多い地区は、青山台3丁目の16戸で、推定空き家が最も多い地区は、古江台1丁目の8戸である。一方、確定空き家および推定空き家が存在しない地区は、古江台6丁目、高野台2丁目である。

表 23　千里ニュータウン吹田市域における一戸建て地域の空き家等実態調査結果一覧

調査地区名	総戸数（戸）	空き家戸数（戸）			空き家率			管理状況調査項目に該当する戸数の割合							管理状況不十分点（点）			空き地
		確定空き家	推定空き家	合計	確定空き家	推定空き家	合計	郵便受けの停止	郵便物等の放置	庭草等の未手入れ	植栽物等の未手入れ	雨戸の状況	放置物あり	その他	確定空き家	推定空き家	平均	
青山台2丁目	123	2	0	2	1.63%	0.00%	1.63%	0.00%	0.00%	50.00%	50.00%	0.00%	0.00%	0.00%	1.00	0.00	1.00	0
青山台3丁目	407	16	4	20	3.93%	0.98%	4.91%	5.00%	0.00%	70.00%	70.00%	45.00%	5.00%	5.00%	1.81	2.75	2.00	14
青山台4丁目	282	4	5	9	1.42%	1.77%	3.19%	22.22%	0.00%	33.33%	33.33%	66.67%	11.11%	22.22%	1.25	2.40	1.89	4
藤白台2丁目	331	9	3	12	2.72%	0.91%	3.63%	16.67%	0.00%	41.67%	41.67%	83.33%	0.00%	0.00%	1.67	2.33	1.83	5
藤白台4丁目	344	8	7	15	2.33%	2.03%	4.36%	6.67%	0.00%	73.33%	73.33%	73.33%	20.00%	0.00%	2.25	2.71	2.47	12
古江台1丁目	351	4	8	12	1.14%	2.28%	3.42%	25.00%	25.00%	66.67%	91.67%	58.33%	0.00%	8.33%	2.75	2.63	2.67	16
古江台2丁目	175	3	3	6	1.71%	1.71%	3.43%	0.00%	0.00%	66.67%	83.33%	33.33%	0.00%	0.00%	1.00	2.67	1.83	11
古江台3丁目	117	2	3	5	1.71%	2.56%	4.27%	0.00%	0.00%	80.00%	80.00%	40.00%	0.00%	20.00%	1.00	3.33	2.40	3
古江台6丁目	57	0	0	0	0.00%	0.00%	0.00%	0.00%	0.00%	0.00%	0.00%	0.00%	0.00%	0.00%	0.00	0.00	0.00	0
佐竹台1丁目	11	0	1	1	0.00%	9.09%	9.09%	0.00%	0.00%	100.00%	100.00%	100.00%	0.00%	0.00%	0.00	4.00	4.00	0
佐竹台3丁目	147	0	2	2	0.00%	1.36%	1.36%	0.00%	0.00%	50.00%	50.00%	50.00%	0.00%	0.00%	3.00		3.00	5
佐竹台4丁目	137	2	3	5	1.46%	2.19%	3.65%	20.00%	0.00%	80.00%	80.00%	80.00%	40.00%	20.00%	2.50	3.67	3.20	4
佐竹台5丁目	69	2	0	2	2.90%	0.00%	2.90%	50.00%	0.00%	50.00%	50.00%	0.00%	0.00%	0.00%	1.50	0.00	1.50	0
佐竹台6丁目	130	2	6	8	1.54%	4.61%	6.15%	0.00%	0.00%	87.50%	87.50%	62.50%	0.00%	25.00%	1.50	3.00	2.63	2
高野台2丁目	172	0	0	0	0.00%	0.00%	0.00%											
高野台3丁目	275	3	0	3	1.09%	0.00%	1.09%	100.00%	66.67%	100.00%	100.00%	33.33%	66.67%		4.67		4.67	7
高野台5丁目	124	2	1	3	1.61%	0.81%	2.42%	33.33%	0.00%	66.67%	66.67%	66.67%	0.00%	0.00%	2.50	3.00	2.67	1
津雲台2丁目	125	1	0	1	0.80%	0.00%	0.80%											
津雲台3丁目	81	3	1	4	3.70%	1.24%	4.94%	0.00%	0.00%	50.00%	50.00%	25.00%	25.00%	0.00%	1.67		1.67	
津雲台4丁目	39	0	1	1	0.00%	2.56%	2.56%	100.00%	0.00%	100.00%	100.00%	100.00%	0.00%	0.00%		4.00	4.00	1
津雲台5丁目	116	4	3	7	3.45%	2.59%	6.03%	0.00%	0.00%	71.43%	71.43%	71.43%	14.29%	71.43%	3.00		3.00	1
津雲台6丁目	279	2	4	6	0.72%	1.43%	2.15%	33.33%	16.67%	83.33%	66.67%	66.67%	16.67%	33.33%	2.50	3.50	3.17	8
竹見台2丁目	139	3	4	7	2.16%	2.88%	5.04%	28.57%	14.29%	57.14%	57.14%				2.67	2.50	2.57	2
桃山台3丁目	399	7	6	13	1.76%	1.50%	3.26%	0.00%	7.69%	100.00%	100.00%	92.31%	15.38%	23.08%	3.43	3.33	3.38	5
合　　計	4,430	81	63	144	1.83%	1.42%	3.25%	13.89%	6.25%	70.14%	71.53%	63.89%	11.11%	12.50%	2.16	2.92	2.49	108

［注］　総戸数は、一画地に2住宅（2戸1を含む）の場合、カウントを2とする。また、空き家の数には、外観調査により空き家と推定した戸数および未入居家屋（確定空き家とする）を含む。なお、空き家率とは、空き家戸数を総戸数で除したものとする。管理状況不十分点とは、外観目視による空き家等調査票において、空き家と判定する調査項目から該当する項目に当てはめて、1項目につき1点として表したもの。

出典：空き家等実態調査結果より筆者作成

　空き家率を見ると、確定空き家では、0.00％（古江台6丁目、佐竹台1丁目、高野台2丁目、津雲台4丁目）から3.93％（青山台3丁目）で、推定空き家では、0.00％（青山台2丁目、古江台6丁目、佐竹台3丁目、佐竹台5丁目、高野台2丁目、高野台3丁目、津雲台2丁目）から9.09％（佐竹台1丁目）となり、それらの合計では、空き家率が0.00％から9.09％と幅があり、地域によって空き家のばらつきが見られた。

次に空き家の確定・推定別に見た管理状況では、空き家の管理状況調査項目に該
当する戸数の割合から、植栽未手入れ、庭草・雑草の未手入れ、雨戸の閉め切りが
比較的多く見られた。その他の項目としては、門扉が鎖などで閉じている、玄関前
等に放置物があるなどが見られた。

　空き地に関しては、千里ニュータウン吹田市域全体の戸建て地域の空き地数は
108 となった。空き地数の最も多い地域は古江台1丁目の16で、最も少ない地域
は青山台2丁目、佐竹台1丁目、佐竹台5丁目、津雲台4丁目の0である。

　千里ニュータウン吹田市域における一戸建て住宅地域の空き家に関して、実際に
実態調査をしてみて感じたことは、空き家となっているケースとしては、植栽未手
入れ、庭草・雑草の未手入れ、雨戸の閉めきり状態というのが多く見られた。しか
し、危険家屋はほとんど見当たらず、空き家のほぼ全てが危険家屋の基準には当て
はまらないということが明らかになった。ニュータウンの空き家対策について、危
険家屋対策だけでは不十分である。

9.　敷地分割による若年世帯の流入に関する検証

9.1　一戸建て住宅のみで構成した地区の住戸比較

　1995 年から 2015 年の国勢調査の小地域集計（総務省統計局）および 2017 年空
き家等実態調査結果を基に表 24 を見ると、1995 年から 2000 年にかけて 5 地区で
戸数が増加し、2005 年から 2017 年にかけて見ると、2010 年、2015 年、2017 年の
それぞれ 6 地区で住戸数が増加している事実が明らかになった。

表24　千里ニュータウンの一戸建て住宅のみで構成した地区の住戸の推移

	1995年	2000年	2005年	2010年	2015年	2017年
青山台3丁目	376	↑　385	↓　362	↑　375	↑　389	↑　407
藤白台4丁目	318	↑　338	↓　308	↑　341	↑　343	↑　344
古江台1丁目	321	↑　326	↓　321	↑　333	↑　345	↑　351
佐竹台3丁目	131	↑　138	↑　145	↑　155	↓　152	↓　147
佐竹台6丁目	131	↓　124	↑　125	↑　133	↓　128	↑　130
高野台3丁目	244	→　244	↓　242	↑　254	↑　272	↑　275
高野台5丁目	119	↑　126	↓　118	↓　116	↑　121	↑　124
桃山台3丁目	402	↓　400	↓　398	↓　393	↑　401	↓　399
合　　計	2,042	↑ 2,081	↓ 2,019	↑ 2,100	↑ 2,151	↑ 2,177

［注］1995 年から 2015 年の国勢調査の住戸数は、一戸建および長屋建から引用
出典：1995 年から 2015 年は、「国勢調査の小地域集計（総務省統計局）」、2017 年は、「空き家等実態調
　　　査結果」より筆者作成

9.2　建築年次から見た若年世帯の流入に関する検証

　既存研究では、大和団地の住民を対象に、若年齢層の新規居住への意識における調査項目で、この調査による住民の意識は、若年齢層の新規居住についてその必要性を感じ、かつ、積極的に誘導するべきとする意識が強いことが明らかになった。これは、少子高齢化に対する住民の強い危機感の表れといえようと分析している。（酒本ほか 2015）

　そこで、本研究では、千里ニュータウン吹田市域における一戸建て住宅のみで構成している 8 地区の中から、建築協定区域（抜粋）と合致している佐竹台 3 丁目地区で、敷地分割により年少人口および子育て世代が流入している実態があるのかについて、検証することとする。

　まず、図 4 の敷地分割後による建物の建築年次を把握[8]したところ、1970 年、1987 年、1992 年、1993 年、1994 年、1998 年はそれぞれ 1 件で、1999 年は 3 件であるが（国勢調査は 10 月 1 日現在、吹田市住民基本台帳は 9 月 30 日現在を基準にして、建築年次から入居時期について振り分けをした）、いずれの年次においても比較するデータが存在しないため、除外する。

　次に比較できるデータが存在している年次では、1995 年で 2 件、2000 年で 3 件、2002 年で 2 件、2003 年で 2 件、2005 年で 2 件、2007 年で 1 件、2009 年で 1 件、2011 年で 1 件、2012 年で 1 件、2013 年で 3 件、2014 年で 2 件、2015 年で 2 件、2016 年で 4 件、2017 年で 1 件である。この建築年次について、表 25 の年少人口および子育て世代の欄に照らし合わせると、5 年毎の集計ではあまり変化を感じることはないが、単年度で比較すると、年少人口では、2000 年、2002 年、2005 年、2014 年、2016 年、2017 年については、前年に比べ増加しており、子育て世代では、2000 年、2002 年、2009 年、2012 年、2014 年については、前年に比べ増加している事実が明らかになった。

　特に年少人口が 2014 年から 2017 年にかけて（2015 年を除いて）、増加している事実が明らかになった。以上から、一戸建て住宅のみで構成している地域について検証した結果、敷地分割によって、建物が建築され、そこに若年世帯が流入している可能性が高いと推測される。

---

8)　2017 年 10 月 31 日、吹田市税務部資産税課担当職員に依頼し、確認した。

表25 佐竹台3丁目地区の年少人口および子育て世代の推移

		1995年	2000年	2001年~2005年の計	左の5年間の平均	2006年~2010年	左の5年間の平均	2011年~2015年	左の5年間の平均	2016年	2017年
佐竹台3丁目年少人口	0~4歳	11	↑ 21	75	↓ 15	52	↓ 10	45	↓ 9	→ 9	↑ 12
	5~9歳	13	↑ 19	106	↑ 21	81	↓ 16	67	↓ 13	↑ 15	↑ 18
	10~14歳	12	↑ 19	89	↓ 18	129	↑ 26	109	↓ 22	↓ 19	↓ 16
	計	36	↑ 59	270	↓ 54	262	↓ 52	221	↓ 44	↓ 43	↑ 46
佐竹台3丁目子育て世代	20~24歳	27	↓ 21	124	↑ 25	124	→ 25	111	↓ 22	↑ 27	↓ 26
	25~29歳	27	→ 27	130	↓ 26	81	↓ 16	91	↑ 18	↓ 14	↓ 10
	30~34歳	18	↑ 31	128	↓ 26	81	↓ 16	69	↓ 14	↑ 17	↑ 19
	35~39歳	15	↑ 25	148	↑ 30	113	↓ 23	97	↓ 19	↓ 12	↑ 16
	40~44歳	16	↑ 28	134	↓ 27	163	↑ 33	144	↓ 29	↓ 28	↓ 25
	45~49歳	26	↓ 24	142	↑ 28	141	→ 28	176	↑ 35	↑ 40	↓ 37
	計	129	↑ 156	806	↑ 161	703	↓ 141	688	↓ 138	→ 138	↓ 133

［注］1995 年から 2001 年は、各年 10 月 1 日現在、2002 年から 2017 年は、各年 9 月 30 日現在
出典：1995 年から 2000 年は、「国勢調査の小地域集計（総務省統計局）」、2001 年から 2003 年は、「吹田市総務部資料提供」、2004 年から 2017 年は、「吹田市住民基本台帳」より筆者作成

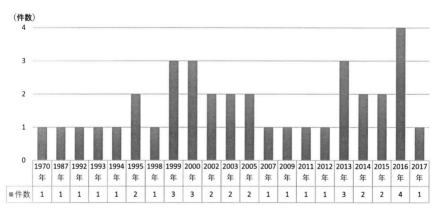

図4 一戸建て住宅のみで構成している佐竹台3丁目地区で敷地分割に伴う建物の建築年次一覧
出典：担当部局で建築年次を把握し、筆者作成

10. 千里ニュータウン吹田市域の戸建て住宅における住環境規制および敷地分割の実態

10.1　地区計画について

　地区計画とは[9]、身近な地区の問題や将来のまちのあり方などについて、地区の住民が主体となり、建物の用途、高さ、色などの制限や、地区の道路、公園などについて、地区の特性にあったルールを決めることができる都市計画法に基づいた制度である。

　千里ニュータウン地区の地区計画において、位置を示すと[10]、吹田市青山台1～4丁目、藤白台1～5丁目、古江台1～6丁目、佐竹台1～6丁目、高野台1～5丁目、津雲台1～7丁目、竹見台1～4丁目、桃山台1～5丁目、佐井寺3丁目、山田西2～4丁目地内であり、地区計画の面積は、約746 ha となっている。地区計画区域の中に地区整備計画区域があり、敷地分割に関する規制の有無に焦点をあてて戸建・低層住宅地区に絞って見てみることとする。

　建築物等に関する事項で、建築物等の敷地面積の最低限度を 200 m^2 と定めている地区は、青山台3丁目A、青山台4丁目B、青山台4丁目C、青山台4丁目Dの4地区である。

　一方、建築物等の敷地面積の最低限度を定めていない地区は、津雲台5丁目A、古江台2丁目B、佐竹台5丁目Cおよび6丁目Dの4地区である。千里ニュータウン地区計画区域においては、規制として、吹田市開発事業の手続等に関する条例（愛称：好いたすまいる条例 2004/3/31 制定）で、第1種低層住居専用地域における一戸建て住宅は、1区画の敷地面積の最低限度を 150 m^2 と定めており、この規定を必ず遵守することとなる。

　また、千里ニュータウンのまちづくり指針（良好な住環境をつくるガイドライン 2004/4/1 制定）を活用して、まちづくりに取り組み、みどり豊かでゆとりのある良好な住環境が保てることなどを吹田市として指導している。なお、地区計画の構成については、図5のとおり地区計画の中に地区整備計画があり、地区計画の方針に従って、地区計画区域の全部または一部に必要に応じて、道路、公園などの配置

---

9)　吹田市 HP「地区計画について地区計画とは」https://www.city.suita.osaka.jp/home/soshiki/div-toshikeikaku/toshikeikaku/_74389/chikukei.html　2017 年 8 月 8 日閲覧

10)　吹田市 HP「北部大阪都市計画地区計画の決定（吹田市決定）」https://www.city.suita.osaka.jp/liblary/toshiseibishitsu/keikaku/chikukei/…/NTkeikaku.pdt　2017 年 8 月 8 日閲覧

や構築物、土地利用に関する制限などを詳しく定めている。その項目の⑤のところ
で、建築物の敷地面積の最低限度を定めることができるとしている。

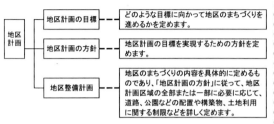

図5　地区計画の構成

出典：2017年度吹田市都市計画部事業概要より筆者作成

　以上を踏まえて、地区整備計画区域の戸建・低層住宅地域において、地区整備計
画の建築物に関する事項で、建築物の敷地面積の最低限度を200 m²と定めている
4地区で、敷地分割に対する規制が守られているのかということについて、表26
のとおり検証を行ったところ、敷地分割が行われていない場合や都市計画決定前に
敷地分割をしており、問題ないことが明らかになった。

表26　建築物の敷地面積の最低限度を200 m²と定めている4地区

地区名	都市計画決定	地区の面積	区画数	実態	判定
青山台3丁目A	2016/12/20	約1.1 ha	2	敷地分割なし	○
青山台4丁目B	2010/1/28	約1.1 ha	21	2009/8 分筆	○
青山台4丁目C	2012/12/28	約0.8 ha	18	敷地分割なし	○
青山台4丁目D	2016/12/20	約0.8 ha	1	敷地分割なし	○

出典：空き家等実態調査結果より筆者作成

10.2　建築協定について

　建築協定は、住民同士の民事的な協定であって、敷地単位で締結し、締結後は住
民が自主的に運営していく建築基準法に基づいた制度である。また、建築物を建築
する場合には、建築基準法などで、用途、構造などいろいろな基準が定められてい
るが、それらはみな一律の基準であり、その地域に応じた住みよい環境づくり、個
性あるまちづくりをするためには必ずしも十分とは言えない。そこで、良好なまち

づくりを行うため「建築協定」という制度が設けられている。千里ニュータウン吹田市域の建築協定は、2017年10月31日現在で10件ある。それぞれの協定書の中で、「建築物等に関する基準」のうち、敷地分割に関する事項に焦点をあてて、協定区域および丁目区域全体が合致している佐竹台3丁目地区建築協定地区を抜粋し、空き家等実態調査結果を参考にして検証を行った。佐竹台3丁目地区建築協定書では、第7条の建築物等に関する基準で、第2号に定められている建築物の敷地は、協定締結時の別添区域図（図6）に示す区画とし、敷地の分割はできないものとする。ただし、分割後の区画面積が1区画について165 m² 以上確保される場合はこの限りでないとしている。

図6　佐竹台3丁目地区建築協定区域図

［注］□は建築協定区域、●は敷地分割があるところ

出典：吹田市 web ページ（2017.11.20 閲覧）より筆者作成

　佐竹台3丁目地区建築協定区域において、空き家等実態調査結果より、佐竹台3丁目A地区で2か所（4区画）、B地区で2か所（5区画）それぞれ敷地分割している事実が判明した。

　また、佐竹台3丁目地区建築協定区域隣接地では、佐竹台3丁目C地区で3か所（6区画）、D地区で4か所（9区画）、E地区で3か所（6区画）、F地区で1か

所（2区画）、G地区で2か所（4区画）、H地区で1か所（2区画）それぞれ敷地分割している事実が判明した。

なお、佐竹台3丁目地区建築協定の認可は、1996年1月17日で、区画は1.4 ha で31区画ある。そこで、建築協定区域で敷地分割が起きている場合、建築協定区域隣接地で敷地分割が起きている場合をそれぞれ次により検証を行った。

10.2.1　佐竹台3丁目地区建築協定区域での敷地分割

敷地分割に関する地区建築協定書の規制が守られているのかどうかについて、検証を行ったところ、表27のとおり敷地分割後において、165 m² 以上確保している場合や建築協定の認可以前に敷地を分割しており、問題ないことが明らかになった。

表27　建築協定区域での敷地分割

地 区 名	敷地分割後の区画数	実　　　　態		判　定
		分筆年月日	分筆面積	
佐竹台3丁目 A 地区	2	1999/2/18	180.06 m²、175.08 m²	○（認可前）
	2	2016/9/20	212.62 m²、242.31 m²	○
佐竹台3丁目 B 地区	3	1983/7/21、1994/11/7	342.70 m²、158.10 m²、158.70 m²	○（認可前）
	2	2015/12/22	200.00 m²、279.72 m²	○

出典：空き家等実態調査結果より筆者作成

10.2.2　佐竹台3丁目地区建築協定区域隣接地での敷地分割

敷地分割における規制（吹田市開発事業の手続等に関する条例および千里ニュータウンのまちづくり指針）が守られているのかどうかについて、検証を行ったところ、表28のとおり条例および指針の制定以前に敷地分割をしている場合、敷地分割後において、条例・指針の規制を守っている場合がある。しかし、佐竹台3丁目 D・E・G 地区の敷地分割については、千里ニュータウンまちづくり指針の第1種低層住居専用地域における、敷地分割が原則 200 m² という規制は守られていないが、条例の 150 m² は遵守されていることがわかる。

表 28　建築協定区域隣接地での敷地分割

地 区 名	敷地分割後の区画数	実　態		判　定	
		分筆年月日	分筆面積	条例 (150 m²)	指針 (原則 200 m²)
佐竹台3丁目 C 地区	4	1996/4/16、 2001/6/19分筆	226.36 m²、226.36 m²、264.75 m²、226.89 m²	○ (制定以前に分筆)	○ (制定以前に分筆)
	2	2010/9/3分筆 後200 m²以上確保	228.38 m²、251.25 m²	○	○
佐竹台3丁目 D 地区	5	1999/4/2、 2003/12/12分筆	170.42 m²、167.47 m²、167.62 m²、172.59 m²、173.00 m²	○ (制定以前に分筆)	○ (制定以前に分筆)
	4	2012/5/18分筆 後150 m²以上確保	192.20 m²、188.62 m²、202.14 m²、182.39 m²	○	× (1区画○)
佐竹台3丁目 E 地区	4	1992/12/24、 2001/6/19分筆	254.74 m²、257.81 m²、234.76 m²、232.77 m²	○ (制定以前に分筆)	○ (制定以前に分筆)
	2	2006/11/28分筆 後150 m²以上確保	166.20 m²、172.94 m²	○	×
佐竹台3丁目 F 地区	2	1976/10/14分筆	177.47 m²、250.81 m²	○ (制定以前に分筆)	○ (制定以前に分筆)
佐竹台3丁目 G 地区	2	1999/8/19分筆	186.44 m²、237.47 m²	○ (制定以前に分筆)	○ (制定以前に分筆)
	2	2015/2/9分筆 後150 m²以上確保	359.86 m²、188.27 m²	○	× (1区画○)
佐竹台3丁目 H 地区	2	1984/8/3分筆	200.05 m²、200.00 m²	○ (制定以前に分筆)	○ (制定以前に分筆)

出典：空き家等実態調査結果より筆者作成

10.3　吹田市開発事業の手続等に関する条例（愛称：好いたすまいる条例）

　吹田市では、土地利用における良好な住環境の形成・保全、安全で快適な都市環境の創造を実現することを目的に、「吹田市開発事業の手続等に関する条例」を2004年7月1日から施行している。この条例を身近な条例として、市民や事業者に親しんでもらおうと、愛称を「好いたすまいる条例」（吹田に、スマイル・笑顔で住み続けられる）とし、この愛称にふさわしいまちづくりに、吹田市として取組んでいる。

　好いたすまいる条例（制定：2004年3月31日・最近改正：2015年12月28日）で、第4章開発事業の基準等、第3節予定建築物の敷地面積の基準等において、一戸建ての住宅の敷地面積の最低限度等を、第40条第1項で次のように定めている。

　事業者は、一戸建ての住宅または長屋（テラスハウスを含む）を建築する場合は、別表第1（表29）に定めるところによらなければならないとされている。

表29 別表第1（第40条関係） 1区画の敷地面積の最低限度表

用途地域	1区画の敷地面積の最低限度
第1種低層住居専用地域	150平方メートル
第2種低層住居専用地域	100平方メートル
第1種中高層住居専用地域	
第2種中高層住居専用地域	
その他の地域	70平方メートル

［注1］ 既存の住宅の用に供している敷地において住宅の建替えをする場合は、この表を適用しないものとする。

［注2］ 事業区域のうち1区画の敷地が2以上の用途地域の区分に応じ、それぞれこの表に定める敷地面積（次項の規定により緩和する場合を含む）に当該敷地における当該用途地域に属する部分の割合をそれぞれ乗じて得た面積の合計とするものとする。

［注3］ 1区画の敷地面積の最低限度は、市長がやむを得ないと認める場合は、別に定める基準により緩和することができる。

出典：吹田市都市計画部開発審査室のホームページ閲覧（2017年8月8日）により、筆者作成

10.4 敷地分割による住宅以外の建築物

敷地分割で建築できる住宅以外の建物について、吹田市の千里ニュータウン地区地区計画の方針としては、良好な住環境の保全や、ゆとりあるまち並みの形成を目指すとしており、地域別のまちづくりの取組みとしては、建築協定が現在7地区（2017年7月18日現在では、10地区）で締結されている。

建築協定の建築物の用途の基準では、専用住宅とするものもあれば、居住環境を損なわない範囲で、2戸から4戸までの共同住宅や、個人指導の各種教室、個人経営の各種事務所、小規模のアトリエや工房などの兼用住宅を認めるものあり、地域固有のニーズに応じながら、住環境を維持する考え方や、敷地分割基準の考え方など7地区（2017年7月18日現在では、10地区）においても違いがある。

したがって、千里ニュータウンの第1種低層住居専用地域全体に、統一的な建築基準法以上の要件を課すことは、難しいところであり、まず、地域ごとに建築協定を住民合意でつくり、また、地区計画の整備基準を定めることが有効である（2011年3月定例会の都市整備部長答弁より引用）。

なお、参考として、表30の比較表がある。

表30　地区計画と建築協定の比較

2015 年 7 月

		地区計画	建築協定
根拠法		都市計画法	建築基準法
性格		公的な「都市計画」	私的な契約
区域指定の考え方		一定規模の（地区街区）単位で区域指定	土地所有者等の敷地単位で一定の区域を指定
メリット		都市計画決定後は市が運営	・協定に合意した者のみで契約できる ・地区計画に比べ多くの内容について取り決めできる
デメリット		・一定の地区で指定するため、地区内の住民全員の理解を得る必要がある ・都市計画決定の手続きが必要で、決定までに期間を要し、また容易に改廃できない	・指定後の運営は住民で行うため、住民の負担が大きい ・年数が経つにつれ、運営が難しくなることが多い
決定主体		土地所有者等の意見を反映させて市が決定する	土地所有者
成立の要件		地区住民全員の合意が理想的	協定内容に合意した土地所有者等が締結
改廃の要件		都市計画の変更手続きが必要	変更：全員の合意 廃止：過半数の協定者の合意が必要
有効期間		特になし（半永久的）	協定者が任意に設定（一般に 10 年）
運営主体		市	地元の建築協定運営委員会
決めることができる内容	地区施設（地区内の道路、公園等）	○	×
	建築物 用途	○	○
	容積率	○	○
	建ぺい率	○（最高限度）	○
	敷地の最低面積	○	○
	壁面の位置	○	○
	高さ	○	○（階数）
	形態・意匠	○	○
	垣またはさくの構造	○	○
	構造	×	○
	設備	×	○
	工作物	○（用途・高さ・意匠・色）	原則として×
	緑地の保全など	○	×
市の担当窓口		都市整備室	開発審査室

出典：吹田市都市計画部開発審査室のホームページ閲覧（2017 年 8 月 8 日）により、筆者作成

10.5　小括

　地区計画および建築協定に関して、千里ニュータウン吹田市域で見ると、地区整備計画区域および建築協定区域で、敷地分割の規制が定められているが、地区により取り決めが異なっていることがわかる。

　地区整備計画区域では、敷地面積の最低限度を 200 m² と定めている場合、敷地面積の最低限度を定めていない場合の2タイプがある。

　建築協定区域では、敷地分割禁止のみを定めている場合、原則敷地分割禁止でただし書きに条件を付けている場合、敷地分割禁止について定めていない場合の3タイプがある。

　さらに、千里ニュータウンのまちづくり指針（良好な住環境をつくるガイドライン）に沿って、まちづくりの重要性について再認識したうえで、まちなみの調和に配慮し、建物、工作物等の形状や住環境を重視したまちづくりを進めるとともに、利便性やコミュニティなどの面から、まちの活性化など総合的な観点から、永く住み続けられるまちづくりを考える必要がある。

　また、敷地分割の規定で定めていない場合は、開発審査室では、最低でも吹田市開発事業の手続等に関する条例（愛称：好いたすまいる条例）による1区画の敷地面積の最低限度150平方メートルを順守することとの説明である。

　以上についてまとめると、千里ニュータウン吹田市域の戸建て住宅地域における敷地分割に関し、地区整備計画区域で4地区、抜粋した建築協定区域の2地区について、それぞれ住環境等のルールが守られているかどうか検証したところ、地区整備計画区域では、敷地分割が行われていないことや、都市計画決定以前に土地を分筆している（分筆後 200 m² 以上確保している）ため、敷地分割に関する規制が守られている事実が確認できた。

　また、建築協定区域においても、敷地分割が行われているが、敷地分割に関する規制が守られており、さらに建築協定の認可以前に土地を分筆しているため、地区整備計画区域同様に規制が守られており、敷地分割し難い状況であることがわかる。

　しかし、建築協定区域隣接地（建築協定の効力は及ばない）では、建築協定を結んでいないため、敷地分割が多数発生している事実が明らかになった。

　その内容として、建築協定を締結している区画数が少ない佐竹台3丁目地区建築協定区域から見ると、全体の敷地分割における区画数は38区画であり、建築協定を締結している場合の区画数は9区画（23.7%）で、建築協定を締結していない場

合の区画数は 29 区画（76.3％）という結果になった。このことから、建築協定を締結している区画数が少ない建築協定区域については、建築協定を締結していない区画において、敷地分割が容易にできることが明らかとなった。同様に建築協定区域外でも、敷地分割が多数発生している状況である。

11.　おわりに

　本章では、初期に開発された大規模ニュータウンにおいて、共同住宅とともに計画され、ニュータウンを抱える自治体にとって財政的には欠かせない税収を支える上で重要な戸建て住宅地域に着目して、千里ニュータウン吹田市域の一戸建て住宅を対象に空き家等の実態調査結果の内容から、空き家等の現状、敷地分割に対する規制の影響などについて分析を行った。

　まず、空き家等の実態調査では、開発当初から区画数が当初より 513 区画増加していることが確認できた。

　空き地においては、千里ニュータウン吹田市域全体で 108 区画確認できた。

　空き家においては、総戸数 4,430 戸のうち 144 戸（3.25％）が空き家である。その空き家となった管理状況では、空き家の管理状況調査項目に該当する戸数の割合から、植栽未手入れ、庭草・雑草の未手入れ、雨戸の閉めきりが比較的多く見られ、その他の項目では、門扉の鎖などでの閉鎖、玄関前等に放置物があるなどが見られた。

　さらに、千里ニュータウン一戸建て地域（吹田市域）の空き家は、実態調査において管理上（植栽未手入れなど）の問題で、空き家として存在している物件が大多数であり、今にも壊れそうな危険家屋という空き家については見当たらない。

　次に一戸建て住宅のみで構成した地区（8 地区）の住戸比較では、1995 年から 2000 年にかけて 5 地区で戸数が増加し、2010 年から 2017 年にかけて 6 地区で住戸数が増加している事実が明らかになった。

　建築年次から見た若年世帯の流入に関して、年少人口では、2000 年、2002 年、2005 年、2014 年、2016 年、2017 年について前年に比べ増加しており、子育て世代では、2000 年、2002 年、2009 年、2012 年、2014 年について前年に比べ増加している事実が明らかになった。特に年少人口が 2014 年から 2017 年にかけて（2015 年を除いて）、増加している事実が明らかになった。以上から、一戸建て住宅のみで構成している地域について検証した結果、敷地分割によって、建物が建築され、そこに若年世帯が流入している可能性が高いと推測される。

次に敷地分割を見ると地区整備計画区域では、敷地面積の最低限度を 200 m² と定めている場合、敷地面積の最低限度を定めていない場合の 2 タイプがある。建築協定区域では、敷地分割禁止のみを定めている場合、原則敷地分割禁止で、ただし書きに条件を付けている場合、敷地分割禁止について定めていない場合の 3 タイプがある。そこで、空き家等実態調査結果を基に千里ニュータウン吹田市域の戸建て住宅地区における敷地分割に関し、地区整備計画区域の 4 地区、建築協定区域の 1 地区（抜粋）について、それぞれ住環境等のルールが守られているのかどうか検証したところ、地区整備計画区域では、敷地分割が行われていないことや、都市計画決定以前に土地を分筆している（分筆後 200 m² 以上確保している）ため、敷地分割に関する規制が守られている事実が確認できた。次に建築協定区域では、敷地分割が行われているが、敷地分割に関する規制が守られていることや建築協定の認可以前に土地を分筆しているため、敷地分割し難い状況であることがわかった。

　しかし、建築協定区域隣接地では、建築協定を結んでいないため、敷地分割が多数発生している事実が明らかになった。結果として、地区整備計画区域および建築協定区域での敷地分割については、それぞれの規制において、近隣の住環境保全等が図られている事実が明らかになった。一方、建築協定区域隣接地においては、建築協定区域に比べ、敷地分割が多く発生していることから、建築協定の敷地分割に対する抑制効果は高いと言わざるを得ない。

　以上、敷地分割の実態把握より規制がある地区整備計画区域および建築協定区域では、敷地分割についての抑制効果があることが推測される。ただし、このことは、住環境の悪化に結びつくものとして批判される可能性もある。と言うのも、千里ニュータウンの戸建て住宅地では長年にわたってゆとりのある空間とそれに伴う緑地が維持されてきており、敷地分割後はそうした空間が失われるためである。今後高齢化の進行とともに現居住者の住宅の維持・管理が難しくなれば、敷地分割された土地に住宅が建築され、新規居住者の流入が見込まれる。こうした住環境に関する課題に対しては、居住者や行政、民間事業者などによる意見交換の機会を設け、うるおいのある豊かな緑、ゆとりある空間などの良好で質の高い住環境を維持する方法について考えていくことが重要であろう。

　また、千里ニュータウン吹田市域の戸建て住宅地域の空き家等実態調査を踏まえて、空き家となっているのは管理がなされていない空き家で、危険家屋はほとんど見当たらず、空き家のほぼ全てが危険家屋の基準にはあてはまらないということが明らかになった。

　ニュータウンの空き家対策というのは、危険家屋対策だけでは不十分であるということを指摘した。

　今後は、空き家の有効活用を促進させて、ニュータウンの再生に向けた活性化に繋げていける施策が必要となってくる。

⟨ 第 2 章 ⟩

ニュータウンの再生に向けた取組みの違いについて

1．問題意識

　日本では、高度経済成長期の人口の都市集中による住宅需要に応えるため、各地にニュータウンが開発された。しかし初期に開発されたニュータウンは、短期間に大量の住宅等が供給され、同世代が一斉に入居したことにより、居住者の高齢化が進行し、空き家の増加などに繋がっている。

　千里ニュータウンを事例に見ると、1962 年のまちびらきから 50 年以上が経過し、時代の流れと共に社会環境の変化や住民ニーズの多様化が進んでいる。そのため、人口の減少、急激な少子高齢化の進展、ライフスタイルの変化、住宅施設の老朽化、小学校の統廃合等様々な課題が顕在化してきている。

　このような課題に対して、ニュータウン再生に向けたまちづくりの取組みが、千里ニュータウンを皮切りに行われている状況である。

　こうした状況の中でニュータウン再生において、重要な部分を占めるのが住宅の所有形態（団地型マンションと戸建て住宅地）が異なる点である。団地型マンションの再生については、土地および建物の共有者である区分所有間の合意形成が必要になる。初期に建設された分譲型のマンションの建替えについては、2002 年度に区分所有法が改正され、マンションの建替えに関し法律が制定されるなど、一定の法制度の整備が進められてきた。千里ニュータウンや多摩ニュータウンでは、大規模住宅団地の建替えが進んでいる。このような集合住宅団地の建替えでは、余剰地の区分所有の土地を一部売却して、建替えられた新しいマンションに従来の住民が居住できる。さらに増加した住戸に新しい住民（子育て世帯等）が入居することにより、活性化に繋がっている。一方、戸建て住宅地については、区分所有の団地型マンションとは異なっており、個々の住宅の建替えは、その所有者の判断に委ねられて更新されるため、行政が入りづらい面がある。さらに、敷地分割等に関する住環境については、自治会申し合わせによる一部地域において、地区計画や建築協定で街並みを保っている。

---

11)　国土交通省国土技術政策総合研究所（2009）「人口減少社会に対応した郊外住宅地等の再生・再編手法の開発」国総研プロジェクト研究報告第 26 号　2020 年 10 月 10 日閲覧

　参考に国土技術政策総合研究所プロジェクト研究報告では[11]、「戸建て住宅地という一定の「エリア」の再生にあたっては、住宅地内での空き地や空き家の適切な管理や利活用、施設や公共空間の改善等に関して居住者間の住環境マネジメントに係る意思決定が求められるが、本来的に土地や建物を共有していない個々の所有者間の間には、エリアの再生を進めることについてのインセンティブが乏しく、またその意思決定を行う法制度上の権原や仕組みが確立されていない。また、空き地・空き家の増加が懸念されるような郊外戸建て住宅地の再生にあたっては、地域住民の主体的取組みが基本となるべきであるが、地域住民の自助努力だけでは再生は困難であり、行政（地方公共団体）による一定の支援が不可欠であると考えられる。しかし、行政（特に、住宅行政や都市計画行政）にとっては、戸建て持ち家の集合体であり、最低限のインフラが整備されている戸建て住宅地に対して支援をする公益性が確立していないのが現状である」と指摘している。

　山本（2013）は、「ニュータウンの多くは、建設から数十年を経て、住宅・設備の老朽化、人口の減少と高齢化、空き家・空き地の増大などのいわゆる「オールドタウン化」の問題を抱えるようになった」と指摘している。さらに、「千里ニュータウンは、都心に近い立地条件などもあり、この15〜20年を経て、建物の更新、人口の増大と若返り、コミュニティの活性化などの「再生」を実現し、市民・行政・大学・ＮＰＯ、事業者の協働によって今日まで進められてきた。千里ニュータウンで経験したことを他のニュータウンに即適応できないが、学べる点はあるに違いない」と述べている。

　以上の指摘では、「オールドタウン化したニュータウンの建物を更新することにより若年世帯が流入し、その結果として人口が増加する」という因果メカニズムが想定されている。ただし、その際に、都心との距離や更新の時期、コミュニティのあり方などの条件についても言及がなされている。こうした条件はニュータウン毎に異なることが予想され、上記の因果メカニズムがどのニュータウンにもあてはまるものかどうかは明らかにされていない。

　先行研究では規模（計画人口、開発面積）とその他の面（鉄道網、開発手法など）といった初期条件がニュータウン再生に向けた取組みの違いを生む要因とされている。しかし、公的賃貸住宅の建替えや小学校の統廃合による有効活用など初期条件ではない要素も再生に向けた取組みの違いを生む要因だと考えられる。

　この章の目的として、一戸建て住宅地域を含むニュータウン再生の取組みの違いを考察して、その取組みの内容が何かいいアイデアがないかなどを探っていくこと

が目的ではなく、三大ニュータウンにおいて、どのようにこの戸建て住宅地域の再生というのが考えられていたのかということを、見ていく章である。

2．先行研究

　高蔵寺ニュータウン再生における大都市郊外住宅地のまちづくりに関する研究で、曽田（2013）は、一様に密度を下げるのではなく、サービスコストなどが少なく済むよう部分的に高低をつけ、うまく関連づけるような計画にすべきと提案している。さらに、高齢者が転出した後の空き家に、子育て期にある若年世帯の転入を促すため、転入者への家賃補助などの仕組みを構築することも考慮されるべきと論じている。一方、多摩ニュータウンの再生に関する研究で、秋元（2013）は、公的賃貸住宅団地内の一部に定期借地権を設定し、民間マンションを建設して分譲する手法を提案している。

　ニュータウンの再生に関する研究では、ニュータウンの再生は、地域の特性、居住者の特性を活かしていく重要性に関しての研究（佐藤 2018）、戸建て住宅を対象にアンケート調査を実施し、ＮＴの再生に向けて、高齢者のＮＴからの住み替えや若年者のＮＴへの住み替えと中古住宅流通の状況を明らかにし、住み替えと中古住宅の活用による世代交代の可能性に関した研究（松村ほか 2014）、多摩ニュータウンの初期開発地区に立地する集合住宅団地を対象として、高齢者の地区内での住み替えと子育て世帯の転入による地域再生の可能性を考察した研究（藤谷 2017）などがある。

3．本研究の目的

　本研究では、開発から 50 年前後経過した日本を代表する三大ニュータウンである千里ニュータウン（吹田市、豊中市）、高蔵寺ニュータウン（春日井市）、多摩ニュータウン（多摩市、稲城市、八王子市、町田市）に着目した。少子高齢化、住宅団地の建物などによる老朽化の影響により、公的賃貸住宅の建替え、改修、小・中学校の統廃合に伴う既存建物の有効活用、多様な住宅供給や団地再生による若い世代の流入促進といった（初期条件ではない要素）それぞれのニュータウンにおける再生に向けた取組みの違いが生じる。そこで、開発時期、計画人口、交通網などが異なる三大ニュータウンを比較することで、ニュータウン再生に向けた取組みの違いが明確になる。特に一戸建て住宅地域については、高齢化が進行し、空き家が増加傾向にある。利用者がいない、使われていない空き家・空き地というものをい

かに有効活用して、新しい人に使ってもらうことで、ニュータウンの活性化や再生に繋がっていくことになる。その結果、三大ニュータウン以外で、開発から数十年経過したニュータウンが再生に取組む際、今後の方向性を見出すことに繋がり、ニュータウンを抱える自治体等の一助になることを目的とする。

4．三大ニュータウンの高齢化率の比較

　戦後日本で初めて本格的な大規模ニュータウンとして大阪府吹田市、豊中市にまたがる千里丘陵に計画・開発された千里ニュータウンは、1962年にまちびらきが行われた。最初に吹田市佐竹台地区から入居が始まり、すでに57年が経過している。次に、愛知県春日井市の高蔵寺ニュータウンは、1968年に藤山台地区から入居が始まり、51年経過している状況である。次に、東京都多摩市、稲城市、八王子市、町田市にまたがる多摩ニュータウンは、全国最大規模のニュータウンとなった。1971年に多摩市諏訪、永山地区で入居が開始されて、すでに48年が経過している。これらのニュータウンでは、開発当初に集中して入居を開始した同年代の核家族が定住し、時間の経過とともに高齢化が進行している状況であると推察する。そこで、三大ニュータウンの高齢化率を比較（図7）すると、2018年では、高蔵寺

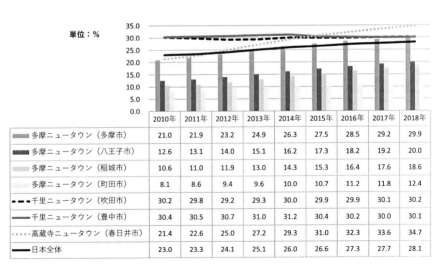

単位：%

	2010年	2011年	2012年	2013年	2014年	2015年	2016年	2017年	2018年
多摩ニュータウン（多摩市）	21.0	21.9	23.2	24.9	26.3	27.5	28.5	29.2	29.9
多摩ニュータウン（八王子市）	12.6	13.1	14.0	15.1	16.2	17.3	18.2	19.2	20.0
多摩ニュータウン（稲城市）	10.6	11.0	11.9	13.0	14.3	15.3	16.4	17.6	18.6
多摩ニュータウン（町田市）	8.1	8.6	9.4	9.6	10.0	10.7	11.2	11.8	12.4
千里ニュータウン（吹田市）	30.2	29.8	29.2	29.3	30.0	29.9	29.9	30.1	30.2
千里ニュータウン（豊中市）	30.4	30.5	30.7	31.0	31.2	30.4	30.2	30.0	30.1
高蔵寺ニュータウン（春日井市）	21.4	22.6	25.0	27.2	29.3	31.0	32.3	33.6	34.7
日本全体	23.0	23.3	24.1	25.1	26.0	26.6	27.3	27.7	28.1

図7　三大ニュータウンの高齢化率の比較

［注］高蔵寺ニュータウンの2011年・2012年は4月1日現在、千里ニュータウン吹田市域は9月末日現在、その他は10月1日現在
出典：住民基本台帳、多摩ニュータウン学会誌、総務省統計局より筆者作成

ニュータウンの 34.7％が最も高く、次いで千里ニュータウン（吹田市 30.2％、豊中市 30.1％）である。

　一方、多摩ニュータウンの 4 市のうち多摩市については、29.9％と高齢化率が最も高い状況である。ただし、多摩ニュータウン内では、地区の整備・入居時期などにより人口構成に偏りがみられる。また、高齢化率の推移を見ると、千里ニュータウン（吹田市、豊中市）は、ほぼ横ばい状態であるが、多摩ニュータウン（多摩市、八王子市、稲城市、町田市）および高蔵寺ニュータウン（春日井市）、さらに日本全体においては、高齢化率が右肩上がりとなっている。したがって、今後も高齢化率が上昇を続けていくであろう。

5．三大ニュータウンの人口の比較

　総務省報道資料（2019 年 4 月 12 日発表）によると [12]、日本の総人口は 2010 年の 1 億 2,805 万 7 千人から 2018 年には 1 億 2,644 万 3 千人に減少している。一方、住民基本台帳、多摩ニュータウン学会誌、総務省統計局の資料から、各ニュータウンの人口を 2018 年と 2017 年の前年比で見ると、多摩ニュータウンの多摩市域は 280 人減少、八王子市域は 384 人減少、稲城市域は 254 人減少、町田市域は 144 人増加である。次に千里ニュータウンの吹田市域では、349 人増加、豊中市域は 131 人減少となっている。次に高蔵寺ニュータウン（春日井市）では、571 人減少、最後に日本全体では、263 千人減少している。特に三大ニュータウン（千里、高蔵寺、多摩）の 7 市域のうち、5 市域（千里ニュータウン豊中市域、多摩ニュータウン（多摩市域、八王子市域、稲城市域）、高蔵寺ニュータウン（春日井市））が前年に比べて人口減少となっている。一方、千里ニュータウン吹田市域および多摩ニュータウン町田市域の 2 市域については、前年に比べて人口増加となっていることが確認できる。（図 8）

12）総務省統計局人口推計（2018 年（平成 30 年）10 月 1 日現在）、2019 年 4 月 12 日発表
　　https://www.stat.go.jp/data/jinsui/2018np/index.html　2019 年 10 月 10 日閲覧

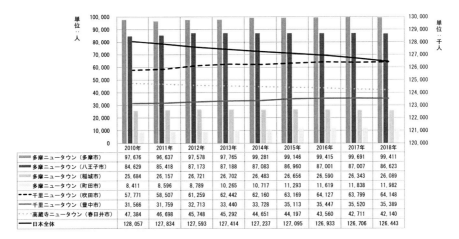

	2010年	2011年	2012年	2013年	2014年	2015年	2016年	2017年	2018年
多摩ニュータウン（多摩市）	97,676	96,637	97,578	97,765	99,281	99,146	99,415	99,691	99,411
多摩ニュータウン（八王子市）	84,629	85,418	87,173	87,188	87,083	86,960	87,001	87,007	86,623
多摩ニュータウン（稲城市）	25,684	26,157	26,721	26,702	26,483	26,656	26,590	26,343	26,089
多摩ニュータウン（町田市）	8,411	8,596	8,789	10,265	10,717	11,293	11,619	11,838	11,982
千里ニュータウン（吹田市）	57,771	58,507	61,259	62,442	62,160	63,169	64,127	63,799	64,148
千里ニュータウン（豊中市）	31,566	31,759	32,713	33,440	33,728	35,113	35,447	35,520	35,389
高蔵寺ニュータウン（春日井市）	47,384	46,698	45,748	45,292	44,651	44,197	43,560	42,711	42,140
日本全体	128,057	127,834	127,593	127,414	127,237	127,095	126,933	126,706	126,443

図 8　三大ニュータウンの市域別人口の比較

［注］高蔵寺ニュータウンの 2011 年・2012 年は 4 月 1 日現在、千里ニュータウン吹田市域は 9 月末日現
　　　在、その他は 10 月 1 日現在

出典：住民基本台帳、多摩ニュータウン学会誌、総務省統計局より筆者作成

6．三大ニュータウンの空き家数・空き家率

　2013 年住宅・土地統計調査（総務省統計局）による全国の総住宅数、空き家数、
空き家率はそれぞれ 60,631 千戸、8,196 千戸、13.5％である。

　千里ニュータウン吹田市域の戸建て住宅地域における空き家は、川端（2019）の
空き家等実態調査の結果（表 31）によると、地域により空き家のばらつきが見ら
れる。空き家総数が多い地域は、青山台 3 丁目（20 戸）、藤白台 4 丁目（15 戸）、
桃山台 3 丁目（13 戸）などである。次に空き家率の高い地域は、佐竹台 1 丁目
（9.1％）、佐竹台 6 丁目（6.2％）、津雲台 5 丁目（6.0％）などである。この背景を
見ると、千里ニュータウンの入居時期が最も早い地域であることがわかる。さらに、
空き家となっているケースでは、植栽未手入れ、庭草・雑草の未手入れなどによる
建物の管理に関してである。これは、高齢化による独居世帯等が増加して、管理が
行き届いていない空き家が増えているものと考えられる。

　一方、吹田市全体と千里ニュータウン吹田市域の空き家率を比較すると、千里
ニュータウン吹田市域の方が 1.1 ポイント高くなっていることがわかる（表 31）。

表 31　千里ニュータウン吹田市域の地区別の空き家状況（戸建て住宅）

地区名		① 空家総数（戸）	② 戸建て住宅の 住宅数（戸）	③ 空家率（％） ①／②
千里NT吹田市域	青山台2丁目	2	123	1.6%
	青山台3丁目	20	407	4.9%
	青山台4丁目	9	282	3.2%
	藤白台2丁目	12	331	3.6%
	藤白台4丁目	15	344	4.4%
	古江台1丁目	12	351	3.4%
	古江台2丁目	6	175	3.4%
	古江台3丁目	5	117	4.3%
	古江台6丁目	0	57	0.0%
	佐竹台1丁目	1	11	9.1%
	佐竹台3丁目	2	147	1.4%
	佐竹台4丁目	5	137	3.7%
	佐竹台5丁目	2	69	2.9%
	佐竹台6丁目	8	130	6.2%
	高野台2丁目	0	172	0.0%
	高野台3丁目	3	275	1.1%
	高野台5丁目	3	124	2.4%
	津雲台2丁目	1	125	0.8%
	津雲台3丁目	4	81	4.9%
	津雲台4丁目	1	39	2.6%
	津雲台5丁目	7	116	6.0%
	津雲台6丁目	6	279	2.2%
	竹見台2丁目	7	139	5.0%
	桃山台3丁目	13	399	3.3%
千里 NT 吹田市域 計		144	4,430	3.3%
吹田市全体 合計		971	44,125	2.2%

出典：川端（2019）「戸建て住宅地区の空き家の現状と敷地分割に関する研究 − 千里ニュータウン吹田
　　市域を対象として −」より筆者作成
吹田市全体合計：吹田市空家実態調査報告書（2019 年 3 月）より引用（一部加工修正）

　高蔵寺ニュータウンの空き家の実態を見ると、千里ニュータウン吹田市域と同様
に、全体的に入居が早い地域において、空き家率が高くなっている（表 32）。
　また、三大ニュータウンのなかでは、空き家率が一番高くなっている。この理由
は、三大ニュータウンのなかで、高蔵寺ニュータウンが一番多い戸建て住宅の住宅
数を占めているものであると考えられる。

表 32　高蔵寺ニュータウン地区別の空き家状況（戸建て住宅）

地区名		① 空家総数（戸）	② 戸建て住宅の 住宅数（戸）	③ 空家率（％） ① / ②
NT地域	藤山台	47	1,188	4.0%
	岩成台	62	1,458	4.3%
	高座台	7	445	1.6%
	高森台	68	2,042	3.3%
	中央台	17	709	2.4%
	石尾台	65	1,760	3.7%
	押沢台	27	1,433	1.9%
	その他	0	72	0.0%
NT 地域 計		293	9,107	3.2%

［注］戸建て住宅の戸数は、戸建＋タウンハウスの戸数となつている
出典：高蔵寺ニュータウンの現状（資料）より筆者作成　https://www.city.kasugai.lg.jp/_res/projects/
　　　default_project/_page_/001/008/952/sanko1.pdf　2020 年 10 月 10 日閲覧

　多摩ニュータウンの多摩市ニュータウン区域における空き家の実態をみると、全体的に空き家数および空き家率は低いと感じられる（表 33）。

　この理由は、多摩ニュータウンで共同住宅の建築戸数が多いため、戸建て住宅に占める割合が少ないのが、特徴となって表れている。

表 33　多摩市ニュータウン地区別の空き家状況（戸建て住宅）

地区名		① 空家総数（戸）	② 戸建て住宅の 住宅数（戸）	③ 空家率（％） ① / ②
NT地域	聖ヶ丘	30	1,503	2.0%
	馬引沢	7	266	2.6%
	山王下	0	53	0.0%
	中沢	1	318	0.3%
	唐木田	2	429	0.5%
	諏訪	8	615	1.3%
	永山	7	756	0.9%
	買取（NT）	4	241	1.7%
	豊ヶ丘	3	501	0.6%
	落合	3	362	0.8%
	鶴牧	10	605	1.7%
	南野	5	307	1.6%
	東寺方（NT）	0	0	0.0%
	和田（NT）	0	30	0.0%
	愛宕	2	209	1.0%
NT 地域 計		82	6,195	1.3%
多摩市全体 合計		190	15,438	1.2%

出典：多摩市空家等実態調査報告書（平成 29 年 3 月）より引用（一部筆者加工修正）

7．三大ニュータウンの再生に向けた取組み

　本研究で取り上げた三大ニュータウン（千里、高蔵寺、多摩）の再生に向けた取組み一覧（表34）を見ると、それぞれの開発の時期などが異なるため、再生に向けた取組みも自ずと違ってくる。そこで、三大ニュータウンの再生に向けた取組みに至るまでの経緯などを把握して、団地建替えなどによる人口増加や小学校統廃合後の有効活用などの取組みについて、検証する。

表34　三大ニュータウンの再生に向けた取組み一覧

ニュータウンの名称	千里ニュータウン	高蔵寺ニュータウン	多摩ニュータウン	
再生の名称等	千里ニュータウン再生指針2018	高蔵寺リ・ニュータウン計画	多摩ニュータウン地域再生ガイドライン	多摩市ニュータウン再生方針（多摩市として）
施工者	大阪府企業局	日本住宅公団	東京都、日本住宅公団、東京都住宅供給公社	
策定年月など	大阪府・豊中市・吹田市・独立行政法人都市再生機構・大阪府住宅供給公社・一般財団法人大阪府タウン管理財団（2018年3月改定）	春日井市（2016年3月・2019年3月一部改正）	東京都（2018年3月）	多摩市（2016年3月）
背景	社会環境の変化や住民ニーズの多様化が進むとともに、人口の減少、少子・高齢化の進行、住宅や施設の老朽化等、様々な課題がみられるようになった	人口減少は、主に都市再生機構賃貸住宅の居住者の減少が影響している。戸建て住宅の割合が高い地区で高齢化率が高く、石尾台地区では40%を超えている。	初期入居地区（多摩市の諏訪、永山、貝取、豊ヶ丘、落合、和田、東寺方、愛宕、八王子市の松が谷、鹿島）を中心に、高齢者人口の増加と少子化、住宅や施設の老朽化などの問題が顕在化している。	初期入居：均質な団地による大量の住宅供給バブル期：団地環境を再評価して住み続ける（住替えビジョンの停滞）その後：人と団地・インフラが一斉に高齢化
再生に向けた取組み方針およびまちづくりの視点	・住環境をまもり・つくるルール ・地区センターの活性化 ・複合的かつ柔軟な土地利用の推進 ・近隣センターの活性化 ・多様な暮らしを実現する住宅の供給 ・まちづくりをリードする集合住宅の建替え・改修 ・歩いて暮らせるまちづくりのための交通環境の充実 ・豊かなみどりの保全とオープンスペースの活用 ・広域ネットワークの形成 ・都市基盤の適切な更新 ・地域の防犯・防災力の充実 ・子育て世帯・高齢者・障がい者等への福祉サービスの充実 ・健康を支えるサービスや仕組みの充実 ・情報の蓄積と発信 ・多様な機関や人材の交流と連携 ・千里ニュータウン再生を推進する仕組みづくり	・住宅・土地の流通促進と良好な環境の保全・創造 ・身近な買い物環境の整備と多様な移動手段の確保 ・多世代の共生・交流と子育て・医療・福祉の安心の向上 ・既存資産（ストック）の有効活用による多様な活動の促進 ・高蔵寺ニュータウンを超えた広域的なまちづくりの推進	・地域のニーズに合わせた生活基盤の更新 ・団地再生の促進 ・少子高齢化への対応 ・身近な公共施設の維持管理 ・防災力の強化 ・イノベーションの創出 ・環境への対応 ・広域的な交通インフラの充実 ・技術革新への対応	全体方針 ・持続可能なまちを実現する、まち全体のあり方や方向性を共有して行動する 個別方針 ・まちの基盤や多様な拠点をコンパクトに再編・強化する ・多様な世代が住み続けられる住まい・住環境へと再生する ・コミュニティ活動や生活を豊かにする取り組みで循環型のサービスを展開する

出典：各ニュータウン再生指針等の内容を基に筆者作成

7.1　千里ニュータウンの再生に向けた取組み

千里ニュータウンについて概観すると、計画人口は 15 万人、開発面積は 1,160 ha、事業期間は 1960 年から 1970 年である。地形は丘陵地の地形を活かして設計され、歩車分離を形成している。インフラでは、道路、公園・緑地などの公共施設用地が約 44 ％と最も多く、特に「公園・緑地」は約 20 ％あり、緑豊かなニュータウンを特徴づけている。

さらに、交通網が整備され、利便性が良い。千里ニュータウンは、1962 年にまちびらきし現在に至るまで、人々が暮らしを営み、様々な地域活動や市民活動が展開され、みどりが育つなどまちとして大きく成長してきた。一方で、開発期間が 10 年と短く、社会環境の変化や住民ニーズの多様化が進むとともに、人口の減少、少子高齢化の進行、住宅や施設の老朽化等、様々な課題が見られるようになった。このような中、2001 年 11 月 30 日に千里ニュータウン再生連絡協議会が設立された [13]。この協議会は、①千里ニュータウンの今後の方向性に関すること、②公共賃貸住宅等の建替え・改善等に関することについて、協議・情報交換・調査等を行い、千里ニュータウンの再生に資することを目的としている。また、協議会の構成団体は、大阪府、豊中市、吹田市、独立行政法人都市再生機構、大阪府住宅供給公社、財団法人大阪府タウン管理財団の 6 団体である。

さらに、千里ニュータウンの再生のあり方や方向性について検討するため、2006 年 8 月 31 日に千里ニュータウン再生のあり方検討委員会が設置された [14]。委員会の組織は、学識経験者、住民代表、市民活動団体の代表者などの委員で構成されている。

開催された会議を見ると、第 1 回（2006 年 9 月 13 日）、第 2 回（2006 年 10 月 30 日）、第 3 回（2006 年 12 月 4 日）、第 4 回（2007 年 1 月 15 日）、第 5 回（2007 年 3 月 26 日）、第 6 回（2007 年 6 月 7 日）と 6 回行われている。会議の主な議題は、土地利用、住宅・住宅地、都市像、実現のための視点、都市基盤、ニュータウン推進体制、基本方針策定に向けた提言（案）、取組み方針策定に向けた提案の表現・構成、近隣センターの活性化、千里ニュータウン再生を担う人と組織づくり、リ

---

13)　大阪府 HP「千里ニュータウン再生連絡協議会」https://www.pref.osaka.lg.jp/attach/3158/00010838/kyougikai.pdf　2019 年 10 月 10 日閲覧

14)　大阪府 HP「千里ニュータウン再生あり方検討委員会　https://www.pref.osaka.lg.jp/jumachi/senri/arikatasiryou.html　2019 年 10 月 10 日閲覧

ザーブ用地、再生指針の進行管理等、千里ニュータウン再生指針の策定に向けた提言（案）についてなどである。

　委員の意見の主なものとして、①開発が短期間であり、再生を考える場合、20年、30年かけて進める必要がある、②公的な賃貸住宅の建替えにおいて、若い人を入れていく仕掛け、仕組が必要である、③公的集合住宅の建替時の余剰地は、住民の意見を反映する必要がある、④公園・緑地だけでなく、団地の中の緑などの保全を考えていくべきという意見などである。千里ニュータウンの再生に取組む特徴として、開発期間が短期であり、少子高齢化がいち早く到来した。住宅団地などの老朽化に伴い、建替えなどの取組みに繋がっている。以上を踏まえて、2007年6月に千里ニュータウン再生のあり方検討委員会では、各委員の意見や思いを集約して、この提言を取りまとめた。

　千里ニュータウン再生連絡協議会では、本委員会からの提言等を尊重し、千里ニュータウン再生指針（案）を取りまとめた。2007年10月に、千里ニュータウン再生連絡協議会は、千里ニュータウン再生のあり方検討委員会の提言を踏まえ、千里ニュータウン再生指針を策定した[15]。

　千里ニュータウン再生連絡協議会は、2012年度で再生指針策定から5年が経過し、再生指針に位置付けた20の取組み項目のうち、短期（必要性の高い取組みや概ね5年以内に取組むことが予想される取組み項目）に位置付けている項目があるため、取組み全般の進捗状況を点検した。また、住民による千里ニュータウンの活性化に関するアンケート調査（2013年1月11日～1月25日）の結果等も参考に、取組み状況の評価を行った。

　千里ニュータウン再生連絡協議会は、千里ニュータウン再生指針を策定し、まちの課題解決に向けて市民とともに取組んできた。再生指針策定後10年が経過し、今後10年間で取組むべき方向性を示す新たな指針を策定するため、2017年8月1日に千里ニュータウン新再生指針意見聴取会議を設置した[16]。

　なお、委員については、学識経験者委員（大阪府からの推薦3名）、市民公募委員（市民委員選考委員会により選出4名）、市民活動団体（吹田市、豊中市から推

15）　大阪府HP「千里ニュータウン再生指針」https://www.pref.osaka.lg.jp/attach/3158/00000000/03shishin.pdf　2019年10月10日閲覧

16）　大阪府HP「千里ニュータウン新再生指針意見聴取会議」https://www.pref.osaka.lg.jp/jumachi/senri/ikennchoushukaigi.html　2019年10月10日閲覧

薦 4 名）で構成されている。

　開催された会議を見ると、第 1 回（2017 年 10 月 3 日）、第 2 回（2017 年 11 月 10 日）、第 3 回（2018 年 2 月 5 日）と 3 回行われている。会議の主な議題は、新再生指針の方向性、千里ニュータウンの現状についてなどである。

　千里ニュータウン再生指針 2018（案）に対するパブリックコメントは、2018 年 2 月 27 日から 2018 年 3 月 19 日まで募集した結果、2 名から 2 件の意見・提言が寄せられた。

　千里ニュータウン新再生指針意見聴取会議の第 3 回で配布された千里ニュータウン新再生指針（素案）では、今後も、超高齢社会への対応、住民ニーズに応じた新たな施設の導入、住民交流の活性化など、千里ニュータウン再生を推進する取組みを進めるとともに、千里ニュータウンの整った都市基盤や周辺の高度な都市機能を活かして、まちの活性化を図ることが必要であるとしている。このような背景のもと、千里ニュータウン再生連絡協議会は、千里ニュータウンが引き続き持続的に発展するよう、これまでの取組みを点検し、学識経験者等からなる「千里ニュータウン新再生指針意見聴取会議（会長加藤晃規関西学院大学名誉教授)」の意見および府民の意見等を踏まえ、今後 10 年間で取組むべき方向性を示す「千里ニュータウン再生指針 2018」を 2018 年 3 月に策定した [17]。

　千里ニュータウン再生指針 2018 における基本方針の構成は、再生の目標、めざすべき都市像、再生に向けた千里ニュータウンのあり方、新たな再生の視点、実現のための視点を基本方針としている。これに基づき、具体的な取組項目を示す取組方針の 2 つの方針で構成している（図 9）。

　また、2007 年 10 月に策定した千里ニュータウン再生指針と 2018 年 3 月に策定した千里ニュータウン再生指針 2018 の取組方針を比較すると、20 項目から 16 項目に整理されている。これは、基本的な考え方は変えておらず、取組みを集約した形にしており、おおむね考え方や理念は触らずに、新たな再生の視点（4 つ）を組み込みながら、16 項目に集約したものであると大阪府担当職員の説明を受けた [18]。

---

17)　大阪府 HP「千里ニュータウン再生指針 2018」https://www.pref.osaka.lg.jp/attach/3158/00000000/saiseisisin2018.pdf　2019 年 10 月 10 日閲覧

18)　「以下の内容は大阪府都市居住課ニュータウン再生グループ担当岡澤グループ長、妻井主査へのヒアリングによる。なお、誤りは筆者に帰するものである。」大阪府、ヒアリング調査、2019 年 11 月 13 日

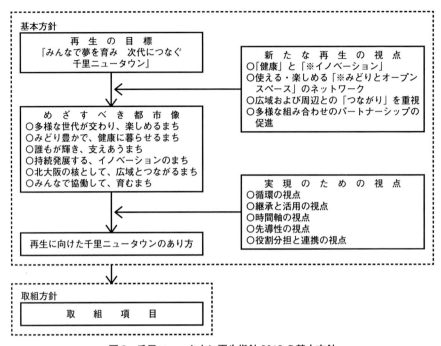

基本方針

再 生 の 目 標
『みんなで夢を育み　次代につなぐ
千里ニュータウン』

新 た な 再 生 の 視 点
○「健康」と「※イノベーション」
○使える・楽しめる「※みどりとオープン
　スペース」のネットワーク
○広域および周辺との「つながり」を重視
○多様な組み合わせのパートナーシップの
　促進

め ざ す べ き 都 市 像
○多様な世代が交わり、楽しめるまち
○みどり豊かで、健康に暮らせるまち
○誰もが輝き、支えあうまち
○持続発展する、イノベーションのまち
○北大阪の核として、広域とつながるまち
○みんなで協働して、育むまち

実 現 の た め の 視 点
○循環の視点
○継承と活用の視点
○時間軸の視点
○先導性の視点
○役割分担と連携の視点

再生に向けた千里ニュータウンのあり方

取組方針

取 組 項 目

図9　千里ニュータウン再生指針 2018 の基本方針

出典：千里ニュータウン再生指針 2018（2018 年 3 月）より筆者作成

　次に基本方針の「再生に向けた千里ニュータウンのあり方」では、主にどの「あり方」に関係しているかを示している。その種類としては、「土地利用」、「住宅・住宅地」、「都市基盤」、「安全・安心」、「暮らしやすさ」、「文化と交流」、「再生の推進体制」の7つの「あり方」に分かれている（表35）。

　なお、取組項目については、千里ニュータウン再生連絡協議会において、「点検」、「評価」を実施する。

表 35　千里ニュータウン再生指針 2018 の取組み方針

再生に向けた取組		土地利用	住宅・住宅地	都市基盤	安全・安心	暮らしやすさ	文化と交流	推進体制
取組 1	住環境をまもり・つくるルール	○	○					
取組 2	地区センターの活性化	○						
取組 3	複合的かつ柔軟な土地利用の推進	○	○					○
取組 4	近隣センターの活性化	○						
取組 5	多様な暮らしを実現する住宅の供給		○					
取組 6	まちづくりをリードする集合住宅の建替え・改修		○	○				
取組 7	歩いて暮らせるまちづくりのための交通環境の充実			○				
取組 8	豊かなみどりの保全とオープンスペースの活用	○	○	○				
取組 9	広域ネットワークの形成	○		○			○	
取組 10	都市基盤の適切な更新			○	○			
取組 11	地域の防犯・防災力の充実		○		○	○		
取組 12	子育て世帯・高齢者・障がい者等への福祉サービスの充実				○	○		
取組 13	健康を支えるサービスや仕組みの充実				○	○		
取組 14	情報の蓄積と発信						○	
取組 15	多様な機関や人材の交流と連携						○	○
取組 16	千里ニュータウン再生を推進する仕組みづくり	○	○					○

出典：千里ニュータウン再生指針 2018（2018 年 3 月）より筆者作成

7.2　高蔵寺ニュータウンの再生に向けた取組み

　高蔵寺ニュータウンについて概観すると、計画人口は 8 万 1,000 人、開発面積は 702 ha、事業期間は 1965 年から 1981 年である。地形は比較的なだらかな丘陵地が存在し、国有地や県有地が多かったこと等が挙げられる。インフラでは、都市再生機構賃貸住宅等の老朽化対策や小学校の統廃合、公共交通（バス）が挙げられる。

　高蔵寺ニュータウンは、日本住宅公団単独の開発である。一部に県営住宅があるほか、公的住宅は都市再生機構賃貸住宅が大半を占めている。再生の主体としては、都市再生機構に期待が集まる傾向にある。他のニュータウンが複数の行政区域にまたがっているのに対して、春日井市域内で完結するため、国や県が広域的な行政課題として取り上げる機会が少なかった。

　さらに、高蔵寺ニュータウン内は、公共交通をバスが担っており、区域内に鉄道

駅がないことから、通勤・通学などを考慮すると民間開発の誘導が進まない傾向にある。その点では、千里および多摩ニュータウンと異なり、高蔵寺ニュータウンが抱える構造的な特性（バスを中心とした交通環境）であり、再生に向けての取組みの違いとなっている。

そこで、春日井市は、2006年度に高蔵寺ニュータウン活性化施策検討会を設立した。

構成員は、春日井市、愛知県、ＵＲ、高蔵寺ニュータウンセンター開発（株）である。

地域団体と春日井市がニュータウンミーティングを開催し、地域団体（区、町内会、自治会、地区社会福祉協議会、地区コミュニティ）からの参加者が、グループに分かれて意見を出し合い、新たなまちづくりについて4つのテーマ（高齢化問題、ニュータウン活性化、安全で活力があり魅力のある環境づくり、交通を考える）を設定し、意見交換を行っている[19]。

開催された会議を見ると、第1回（2009年7月16日）、第2回（2009年8月27日）、第3回（2009年9月30日）、第4回（2009年11月20日）と4回行われている。会議の主な議題は、高蔵寺ニュータウンのこれからを考えるアンケート調査報告、かすがいシティバスの路線の見直し等、提案書提出、報告書の作成についてなどである。この会議の交通を考えるというテーマにおいて、インフラの公共交通（バス）が取組みに挙っている。

高蔵寺ニュータウンが「いつまでも安心して快適に住むことができるまち」であり続けるために、多様な問題に対応し、実現性が高いプロジェクトと夢や希望を抱くことができる展望を併せ持つ計画として、高蔵寺ニュータウンの未来プランを策定し、有識者、市民、関係団体等で構成する外部委員組織「春日井市高蔵寺ニュータウン未来プラン策定検討委員会」を、2015年4月1日に設置した[20]。

さらに、未来プランの原案の検討および未来プランに掲げる取組みを推進するため、組織横断的な内部組織として高蔵寺リ・ニュータウン推進本部を設置した。

策定検討委員会の会議は、第1回（2015年7月9日）、第2回（2015年10月23日）、

---

19)　春日井市 HP「ニュータウンミーティング報告書」https://www.city.kasugai.lg.jp/shisei/machi/new town/1008965.html　2019年10月10日閲覧

20)　春日井市 HP「春日井市高蔵寺ニュータウン未来プラン策定検討委員会」https://www.city.kasugai.lg.jp/shisei/gyousei/jouhoukoukai/kaigikoukai/huzoku/1007034.html　2019年10月10日閲覧

第3回（2016年1月8日）と3回行われている。会議の主な議題は、高蔵寺ニュータウンの現状と課題、（仮称）高蔵寺リ・ニュータウン計画（案）についてなどである。

主な検討事項では、①藤山台地区の小学校施設を活用したまちづくりの推進、②高蔵寺における高度なバス交通システムの導入、③健康未来都市を目指した団地再生などである。

専門部会の会議は、第1回（2015年8月21日）、第2回（2015年12月6日）と2回行われている。会議の主な議題は、（仮称）高蔵寺リ・ニュータウン計画骨子案、（仮称）高蔵寺リ・ニュータウン計画（案）についてである。

高蔵寺ニュータウン未来プランワークショップ（公募の34名参加）を、2015年9月19日と9月26日の2日間実施した。また、高蔵寺ニュータウン未来プラン意見交換会（7か所開催、165名参加）を、2015年11月から12月まで実施した。

高蔵寺リ・ニュータウン計画（案）に対するパブリックコメントは、2016年2月6日から3月7日まで募集した結果、18名から50件の意見等が寄せられた。その後、2016年3月に高蔵寺リ・ニュータウン計画を策定した[21]。

春日井市高蔵寺リ・ニュータウン推進会議は、2017年4月1日に設置され[22]、委員の構成は、①優れた識見を有する者、②公共的団体等の代表者または推薦を受けたもの、③公募による市民、④春日井市副市長、⑤その他市長が必要と認める者である。

開催された会議を見ると、2017年度では、第1回（2017年7月28日）、第2回（2018年2月7日）と2回行われている。2018年度では、第1回（2018年7月27日）、第2回（2018年10月19日）、第3回（2019年1月21日）と3回行われている。2019年度では、第1回（2019年7月8日）と1回行われている。会議の主な議題は、高蔵寺リ・ニュータウン計画の推進状況、先行プロジェクト等の推進状況、高蔵寺リ・ニュータウン計画の見直し（最終案）についてなどである。

高蔵寺リ・ニュータウン計画案に対する市民意見公募（2018年11月1日から2018年11月30日）では、4人から14件提出された。

---

21)　春日井市HP「高蔵寺リ・ニュータウン計画」https://www.city.kasugai.lg.jp/shisei/machi/new_town/1008973.html　2019年10月10日閲覧
22)　春日井市HP「春日井市高蔵寺リ・ニュータウン推進会議」https://www.city.kasugai.lg.jp/shisei/gyousei/jouhoukoukai/kaigikoukai/huzoku/1008100/index.html　2019年10月10日閲覧

高蔵寺リ・ニュータウン計画策定から2年が経過した2018年度に、新たなプロジェクトとして位置付けることが適当な事項等について、春日井市高蔵寺リ・ニュータウン推進会議において、計画の部分的な見直し作業を行い、2019年3月に一部改訂した。

　高蔵寺リ・ニュータウンの基本理念は、計画的に整備されたニュータウンの成熟した資産（ストック）を活かしつつ、更新（リノベーション）を重ねながら、新たな若い世代への居住の魅力と全ての住民への安らぎを提供し続けるために、「ほっとできるふるさとでありながら、新たな価値を提供し続ける"まち"であり続けること」（リ・ニュータウン）を目指すとしている。

　この基本理念は、リ・ニュータウンのまちづくりを推進するため、次の7つの基本的な理念に分類されている。①成熟した資産の継承、②公共施設・生活利便施設の集約化とネットワークの構築、③暮らしと仕事の多様性の確保、④住民・事業者・市の協働の推進、⑤持続可能な都市経営の仕組みの構築、⑥高蔵寺ニュータウンを核とした周辺・広域との連携強化、⑦まちの新たなブランド力の創造と発信である。

　高蔵寺リ・ニュータウン計画をできる限り早く実現するために、先導的な主要プロジェクトが3つある。先導的な主要プロジェクトは、2年以内に着手する「先行プロジェクト」と先行プロジェクトの効果を検証して展開を図る「展開プロジェクト」、プロジェクトおよび施策の実施状況を内外に積極的に発信する「情報発信プロジェクト」である。

　さらに、高蔵寺リ・ニュータウン計画の取組みを加速するための主要プロジェクトとして、7つ（2019年3月一部改定により、6つから7つに変更）定めている。このうち、2年以内に着手する「先行プロジェクト」として、①旧小学校施設（旧藤山台東小学校）を活用した多世代交流拠点の整備、②民間活力を導入したJR高蔵寺駅周辺の再整備、③旧西藤山台小学校施設への生活利便施設の誘致による整備（2019年3月追加）の3つである。

　このうち、①については、旧藤山台東小学校施設のリノベーションを経て、2018年4月1日にグルッポふじとう（高蔵寺まなびと交流センター）が、多くの人が集うにぎわいの場として開所した。

　次に、展開プロジェクトは、①交通拠点をつなぐ快適移動ネットワークの構築、②センター地区の商業空間の魅力向上と公共サービスの充実、③スマートウェルネスを目指した団地再生の推進の3つである。

　次に、情報発信プロジェクトは、①ニュータウン・プロモーション、②ニュータウンまるごとミュージアムの２つである。

　また、課題に応じた主要な施策として、表36のとおり５つの施策分野を設定し、課題の解決に向けて具体的な取組みを推進することとしている。

表36　高蔵寺リ・ニュータウン計画の課題に応じた主要な施策

施　　策	実　現　を　目　指　す　生　活　の　イ　メ　ー　ジ
住宅・土地の流通促進と良好な環境の保全・創造	子育て世帯等の若い世代が、よりニーズにあった中古住宅や土地が購入しやすくなり、高蔵寺ニュータウンを居住地として選ぶようになる。静かでゆったりとした住環境が整っている場所では、地域の住民の希望により、質の高い暮らしを維持し続けることができる。
身近な買い物環境の整備と多様な移動手段の確保	歩いていくことができる場所に新しい店ができたり、移動販売車が来ることで気軽に買い物をしたり、サービスを受けたり、近所の友達とおしゃべりをしたりすることができる。遠くへ買い物等に出かけたい時に、少し歩けば公共交通が利用できる。
多世代の共生・交流と子育て・医療・福祉の安心の向上	若い世代から老後を過ごす世代まで、多様な住民がともに暮らすまちになる。住民が得意なことを活かして、子育て、生活のサポート、介護等を互いに協力し合うまちになる。多くの人の目で見守ることにより、子どもや高齢者の問題にいち早く気付き、問題が大きくなることを防ぐことができる。
既存資産（ストック）の有効活用による多様な活動の促進	住宅・道路、公園等を新しく造るのではなく、これまでに造られた既存資産（ストック）を直したり、きれいにしたりしながら、みんなで使える場所を数多く生みだして、いきいきとした活動があちこちで行われるようになる。
高蔵寺ニュータウンを超えた広域的なまちづくりの推進	高蔵寺ニュータウン周辺の住民も利用したくなる店舗や施設が充実することで、質の高い商品やサービスが提供され続ける。高蔵寺ニュータウンを中心に名古屋市の東方エリアが住まいのブランドとして認識され、多くの人々が高蔵寺ニュータウンに質の高い住まいを求めて移り住むようになる。

出典：高蔵寺リ・ニュータウン計画概要版（2018年３月・2019年３月一部改定）より筆者作成

7.3　多摩ニュータウンの再生に向けた取組み

　多摩ニュータウンについて概観すると、計画人口は30万人、開発面積は2,853 ha、事業期間は、1966年から2006年の40年間である。

　多摩ニュータウンは、入居開始から40年以上経過し、少子高齢化や施設の老朽化などの課題が顕在化している。一方、広域的な観点から見ると、リニア中央新幹線の新駅の計画、圏央道の開通など、周辺地域に大きな動きが見られる。このような状況を踏まえ、東京都は、多摩ニュータウン全体の再生に向けた「多摩ニュータウン地域再生ガイドライン（仮称）」を策定することを目的として、2016年７月11

---

23)　東京都HP「多摩ニュータウン地域再生検討委員会」https://www.toshiseibi.metro.tokyo.lg.jp/bosai/tama/kentou_iinkai.html　2019年10月10日閲覧

日に「多摩ニュータウン地域再生検討委員会」を設置した[23]。

　委員会の組織は、学識経験者、東京都都市整備局次長、東京都都市整備局（都市づくりグランドデザイン担当部長、民間住宅施策推進担当部長、都市基盤部長、多摩ニュータウン事業担当部長、再編利活用推進担当部長）、東京都福祉保健局企画担当部長、東京都産業労働局産業企画担当部長、東京都建設局企画担当部長、副市長（八王子市、町田市、多摩市、稲城市）、独立行政法人都市再生機構東日本賃貸住宅本部ストック事業推進部長・多摩エリア経営部長、東京都住宅供給公社住宅計画部長である。

　開催された会議を見ると、第1回（2016年7月29日）、第2回（2016年12月16日）、第3回（2017年3月29日）、第4回（2018年1月17日）と4回行われている。会議の主な議題は、多摩ニュータウンの現状・課題、ガイドラインの果たす役割、多摩ニュータウンが目指す2040年代の都市像・生活像、多摩ニュータウン再生基本戦略・取組メニュー、ガイドライン中間のまとめ（案）、多摩ニュータウン地域再生ガイドラインについてなどである。会議の主な意見として、事業期間に関し、住区毎に整備時期・住民特性・管理主体が異なり、単一のアウトプットを出すことは難しいため、汎用性のある施策の引き出しのようなアウトプットとするなどがある。

　多摩ニュータウン地域再生ガイドライン（素案）に対するパブリックコメント（2017年11月29日から12月13日）を実施した。寄せられた意見書の総数は14通（意見総数27件）である。

　東京都は、まちづくりにおける様々な課題に対応するため、多摩ニュータウン全体の再生に向けた「多摩ニュータウン地域再生ガイドライン」を2018年2月に策定した[24]。

　本ガイドラインは、多摩ニュータウンの抱える課題や目指すべき将来像を再生の担い手となる各主体と共有するとともに、多摩ニュータウン再生に向けたまちづくりの方針や都の基本的考え方を示すことにより、地元市（多摩ニュータウンを構成する八王子市、町田市、多摩市、稲城市）などによるまちづくりを技術支援していくためのものである。また、多摩ニュータウン再生に向けたまちづくりの方針では、2040年代の社会変化を見据え、多摩ニュータウン再生への課題を解決し、目指す

24）　東京都HP「多摩ニュータウン地域再生ガイドライン」https://www.toshiseibi.metro.tokyo.lg.jp/bosai/tama/saisei/guidelines.html　2019年10月10日閲覧

べき将来像を実現していくため、「再生に向けたまちづくりの視点」とその取組み方針を表 37 に示した。

　さらに、多摩ニュータウン再生の理念を踏まえ、多様な世代が豊かに暮らせる活力あるまちを実現し、今後のニュータウン再生のモデルとするため、再生に向けたまちづくりへの東京都の基本的な考え方と取組みについて、次のように示している。

　①住宅や生活基盤などのストックを時代に合わせてリニューアルするという考え方と豊かな緑など多摩ニュータウンの強みを活かしながら、古くなった住宅や生活基盤などのストックを時代のニーズに合わせてリニューアルし、誰もが生活しやすい合理的なまちに再生するという取組みである。

　②大規模な低未利用地などを有効に活用し、多摩イノベーション交流ゾーンの一翼を担うという考え方と大規模な低未利用地や近隣センターの空きスペース、住宅団地や団地建替えによる創出用地など様々なストックを有効に活用し、多様なイノ

表 37　多摩ニュータウンのまちづくりの視点および再生に向けた取組み方針

まちづくりの視点	再生に向けた取組み方針
地域のニーズに合わせた生活基盤の更新	駅周辺や道路沿道に生活機能を集積するなど都市機能の適正配置を進めるとともに、地形の高低差に対応した高齢者の移動円滑化を図り、地域ニーズに合った住みやすいまちに転換する。
団地再生の促進	老朽化した住宅については、建て替えるとともに、既存住宅の改修などによりストックとして生かしきり、多世代が安心して住むことができるまちづくりを推進する。
少子高齢化への対応	偏った世代構成を平準化し、ライフスタイルの多様化に対応することにより、子育て世代や高齢者が地域の人々とふれあいながら安心して暮らせるまちを実現する。
身近な公共施設の維持管理	整備された公園の緑や街路樹、歩行者専用道路など生活インフラを適切に維持管理し、健全に使い続ける。
防災力の強化	大規模災害時にも生活を継続できるよう、生活基盤施設の更なる機能強化などにより防災力を高め、安全・安心に暮らせるまちをつくる。
イノベーションの創出	低未利用地などを活用し、新たなイノベーションを創出する産業の立地誘導により、職住近接を実現するとともに、大学の国際化を支援するまちづくりを進め、新たな価値を生み出していく。
環境への対応	緑豊かな環境を生かし、エネルギー利用の効率化などの新たな技術も活用し、低炭素社会の実現に向けた都市を構築する。
広域的な交通インフラの充実	隣接する地域も含めて幹線道路や公共交通などの道路・交通ネットワークの整備拡充を推進し、活力に満ちたまちを実現する。
技術革新への対応	多摩ニュータウンの高質なインフラを有効に活用し、技術革新に対応したフィールドとして位置付け、まちづくりに先進的な技術を取り入れていく。

出典：多摩ニュータウン地域再生ガイドライン（2018 年 2 月）より筆者作成

ベーションを生み出す活気あるまちをつくるという取組みである。

　③充実する道路・交通ネットワークの効果を最大限に活かしたまちづくりを進める
るという考え方と広域的な道路ネットワークやリニア中央新幹線整備の効果を活か
し、業務・商業などの立地を促進することにより、魅力ある都市センターや地区セン
ターを形成し、多摩ニュータウンの価値を高めていくという取組みである。

7.4　多摩市ニュータウンの再生に向けた取組み

　多摩ニュータウンは、全21住区のうち、10住区が多摩市である。地形（多摩市）
では、谷戸の部分に鉄道や主要道路が配置され、駅から離れるほど高地である。イ
ンフラ（多摩市）の主なものとして、住区と住区を繋ぐ遊歩道が整備され、徹底し
た歩車分離がなされている。

　多摩市は、多摩ニュータウン再生に係る今後の方向性、具体的な取組み等につい
て検討するため、多摩ニュータウン再生検討会議を2013年7月3日に設置した[25]。

　委員の構成は、学識経験者、東京都都市整備局（景観・プロジェクト担当部長、
住宅政策担当部長、多摩ニュータウン事業担当部長）、独立行政法人都市再生機構
東日本賃貸住宅本部エリアマネージャー、多摩市（企画政策部長、都市整備部長）
である。

　開催された会議を見ると、2013年度では、第1回（2013年7月22日）、第2回（2013
年10月28日）、第3回（2014年1月28日）、第4回（2014年3月25日）と4回行っ
ている。2014年度では、第1回（2014年8月7日）、第2回（2014年11月17日）、
第3回（2015年3月20日）と3回行っている。2015年度では、第1回（2015年
10月30日）、第2回（2016年1月21日）と2回行っている。会議の主な議題は、
多摩ニュータウンの現状と課題、多摩ニュータウン再生に関する取組み、多摩
ニュータウン再生シナリオ案、多摩ニュータウンの住環境に係る住民アンケートの
分析結果、多摩ニュータウン再生方針（案）たたき台、リーディングプロジェクト、
多摩ニュータウン再生方針についてなどである。

　この会議の主な検討項目は、①まちの構造の検討、②インフラの維持、更新とバ
リアフリー化、③多様な需要に対応した住宅更新、④ストック活用による住み替え、
⑤高齢者や子育て世代などへの生活サービスの充実などである。

---

25)　多摩市HP「多摩ニュータウン再生検討会議」https://www.city.tama.lg.jp/category/2-5-14-3-0.
　　html　2019年10月10日閲覧

　多摩ニュータウン（多摩市域）は、1971 年に諏訪、永山地区の入居開始以来発展を続け、域内人口のピークとなる約 10 万人の規模を、ここ 20 数年にわたり保っている。しかし、その間にも時代の移り変わりとともに、建物の老朽化や少子高齢化などに伴う課題が顕在化してきた。こうした中、多摩市は 2013 年 7 月、多摩ニュータウン再生検討会議を設置し、その専門的見地から、まちの再生に向けた方向性や具体の取組みなどについて、検討を進めてきた。

　その後、2015 年 10 月に多摩ニュータウン再生検討会議がまとめた「多摩ニュータウン再生方針」が提言された。多摩市では、この提言を受け、2016 年 3 月に市としての再生方針「多摩市ニュータウン再生方針」を策定した[26]。

　多摩ニュータウンの再生を推進するため、多摩市ニュータウン再生推進会議（委員は、学識経験者、東京都都市整備局の職員、独立行政法人都市再生機構の職員、東京都住宅供給公社の職員、市民、多摩市企画政策部長、多摩市都市整備部長により構成）（専門委員は、京王電鉄株式会社、新都市センター開発株式会社、小田急電鉄株式会社により構成）を 2016 年 5 月 19 日に設置した[27]。

　開催された会議を見ると、2016 年度では、第 1 回（2016 年 8 月 30 日）、第 2 回（2017 年 1 月 23 日）と 2 回行われている。2017 年度では、第 1 回（2017 年 8 月 30 日）、第 2 回（2017 年 11 月 27 日）、第 3 回（2018 年 2 月 22 日）と 3 回行われている。2018 年度では、第 1 回（2018 年 8 月 22 日）、第 2 回（2018 年 11 月 29 日）と 2 回行われている。2019 年度では、第 1 回（2019 年 8 月 27 日）、第 2 回（2019 年 11 月 13 日）と 2 回行われている。会議の主な議題は、検討体制、各プロジェクト、諏訪・永山地区まちづくり計画の検討状況、諏訪・永山まちづくり計画（案）、多摩市ニュータウン全体計画の検討、全体計画のまとめ（提言）に向けた検討、地区別まちづくり方針の検討、全体計画（素案）、（たたき案）の検討についてなどである。

　次に、多摩市ニュータウン再生における目標については、全体目標で 1 つ、個別目標で 3 つ掲げている（表 38）。

26)　多摩市 HP「多摩市ニュータウン再生方針」https://www.city.tama.lg.jp/cmsfiles/contents/0000003/3185/tamashisaiseihoushin.pdf.pdf　2019 年 10 月 10 日閲覧
27)　多摩市 HP「多摩市ニュータウン再生推進会議」https://www.city.tama.lg.jp/0000003156.html　2019 年 10 月 10 日閲覧

表 38　多摩市ニュータウン再生の目標

全体目標	再活性化＋持続化による多摩ニュータウンの再生
個別目標	①まちの持続化 　〜人と環境に優しい都市基盤・拠点構造へ再編する
	②若い世帯の流入と居住継続 　〜惹きつけられ、住み続けられるまちを実現する
	③活力の集約と循環 　〜多様な主体が協働して循環型の地域サービスを育む

出典：多摩市ニュータウン再生方針（2016 年 3 月）より筆者作成

　また、多摩市ニュータウン再生に向けた取組み方針では、全体方針で 1 つ、個別方針で 3 つ掲げている（表 34 参照）。さらに、取組み方針では、全体方針における取組み方針で 2 つ、個別方針 1 では取組み方針で 5 つ、個別方針 2 では取組み方針で 4 つ、個別方針 3 では取組み方針で 4 つあり、個別方針（1、2、3）の取組み方針の合計数は、13 になる。

　再生方針で示された将来像の実現に向けては、再生方針を各関係主体が共有する「まちづくりの道しるべ」として活かしながら、各地区のまちづくり計画などにより個別の取組みを具体化することが求められている。そこで、2015 年度に策定された 2 つの再生方針（多摩ニュータウン再生方針（提言）、多摩ニュータウン再生方針）を踏まえ、具体化に向けた地区別のまちづくり計画として、多摩ニュータウン リ・デザイン 諏訪・永山まちづくり計画を、2018 年 2 月に策定した[28]。諏訪・永山地区においては、地区全体における 2040 年代の都市構造を描くとともに、実現に向けた取組みとして 6 つのリーディングプロジェクトを示す。計画の具体化・事業化に向けては、各関係主体と連携のもと取組んでいる。

　なお、本計画については、人口・世帯、社会情勢、法制度等の変化を捉えて、適宜見直しを図り、取組みの状況を再生方針にフィードバックする（図 10）。

28)　多摩市 HP「多摩ニュータウン リ・デザイン　諏訪・永山まちづくり計画」https://www.city.tama.lg.jp/0000004426.html　2019 年 10 月 10 日閲覧

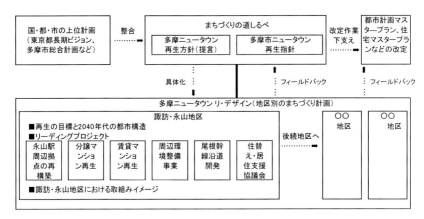

図 10　諏訪・永山まちづくり計画の位置づけ
出典：多摩ニュータウン　リ・デザイン　諏訪・永山まちづくり計画より筆者作成

7.5　共同住宅と戸建て住宅に関する再生に取組む意見等からの実証

　先行研究において、佐藤（2018）の調査レポートで[29]、三重県名張市（桔梗が丘団地などの戸建て住宅）で見られるような課題に関して、ベットタウンとして発展した多くの自治体にも当てはまることで、住宅団地として存続が厳しい局面を迎えているにも関わらず、地域において団地存続に向けた取組みが十分進んでいるとは言えないと指摘している。

　今後、団地の住民と密着して、様々な取組を試し、地域に合う再生方法を見つけていくことの必要性について言及している。そこで、三大ニュータウンの再生にあたり、各ニュータウンで立ち上げた検討委員会等の議事録の中から、会議において発言している委員等の意見を拾い上げる。対象は戸建て住宅地域に関して、施策がなされていないことを確認し、そうした指摘は千里ニュータウンなどにも当てはまるだろう。

　千里ニュータウンについて、①千里ニュータウン再生のあり方検討委員会、②千里ニュータウン新再生指針意見聴取会議の議事録の中から、戸建て住宅部分に関した発言を抜粋してみると、

───────────
29)　MIE TOPICS 2018.10 No. 94　三十三総研調査部研究員佐藤総一郎調査レポート「様々な問題が顕在化する住宅団地について〜住民のコミュニティの形成が再生のカギ〜」https://www.miebank. co.jp/33ir/chousa/201810_c1.pdf　2020 年 11 月 6 日閲覧

①千里ニュータウン再生のあり方検討委員会の第2回開催分（2006/10/30）から抜粋

・戸建住宅は住宅双六の上がりでなくなっている。防犯面などマンションの方が安全で便利という価値観もある。

②千里ニュータウン新再生指針意見聴取会議の第1回開催分（2017/10/3）から抜粋

・住宅街を歩いていると、空き家、空き地がそこそこあり、使われていないガレージや庭もあり、まちの中で使われていない場所が多いと感じている。

・資料をみると、戸建て住宅の所有者の高齢化率が高く、驚いている。また、30～40歳代の所有者は、8.6％しかおらず、私自身がローンを組んで戸建てを所有する勇気が持てない。

・地域の中で必要なものが買えるという場面が少ないと思う。千里は土地の価格も高く、土地利用しにくい面があるので、閉ざされた形に対して手を打つべきである。

・戸建て住宅地区では、住環境の質を維持しながら、生活利便性をどうカバーするのかを考える必要性。千里ニュータウンの吹田市域の地区計画には、街角に出店できる地区区分も設定しているが、まだ実際には出てきていない。

　高蔵寺ニュータウンについて、③ニュータウンミーティング、④春日井市高蔵寺ニュータウン未来プラン策定検討委員会、⑤専門部会、⑥春日井市高蔵寺リ・ニュータウン推進会議の議事録の中から、戸建て住宅部分に関した発言を抜粋してみると、

③ニュータウンミーティングの第3回開催分（2009/9/30）から抜粋

・空き家になった住宅情報を市が集約して提供してはどうか。

③ニュータウンミーティングの第4回開催分（2009/11/20）のニュータウンミーティング報告書（案）から抜粋

・若い人に住宅を貸すなど、安心して住宅を預けられる第3セクターの設置。

④春日井市高蔵寺ニュータウン未来プラン策定検討委員会の第1回開催分（2015/7/9）から抜粋

・敷地を小割りにすると若者が入るようになるが、地価が上がり200平方メートルや300平方メートルの土地の売買が難しくなる。土地を小割することが良いかは、地権者の意見なども聞いて決める必要がある。

④春日井市高蔵寺ニュータウン未来プラン策定検討委員会の第2回開催分

（2015/10/23）から抜粋

・最低敷地面積については、200平方メートル以上の敷地規模があるので、高蔵寺ニュータウンに移住してきた人もおり、賛否両論がある。このあたりにも配慮して慎重に検討を進めてほしい。

④春日井市高蔵寺ニュータウン未来プラン策定検討委員会の第3回開催分（2016/1/8）から抜粋

・中古住宅については、住宅ローン減税なども手厚い時期なので、最低敷地面積の引き下げなど、市場の活性化に向けた対策も充実していくべきだと思う。

⑤専門部会の第2回開催分（2015/12/6）から抜粋

・最低敷地面積の見直しにおいて、住環境保全のため地区計画は必要だが、面積の総量規制のようなものがあるべきではないか。

・住宅地ではなく、住宅のブランド化ができないか。住宅そのものの価値をうまく伝える。その価値を活かしながらリニューアルしていくことができるとよい。

⑥春日井市高蔵寺リ・ニュータウン推進会議の第2回開催分（2018/2/7）から抜粋

・空き家の流通について、ニュータウンの高齢で外出の少ない方は、外に出てもらってみんなと話をしたりするのが一つの重要な要素であるが、場所がないのでそういった使い道もあることを頭に入れて空き家問題を考えてみたらと思う。

多摩ニュータウンについて、⑦多摩ニュータウン地域再生検討委員会、⑧多摩ニュータウン再生検討会議の議事録の中から、戸建て住宅部分に関した発言を抜粋してみると、

⑦多摩ニュータウン地域再生検討委員会の第3回開催分（2017/3/29）から抜粋

・現在多摩NTに住んでいる人がいるが、地域によって入居時期が異なるため、それぞれ状況も異なる。今後地域住民から意見を伺っていくようなことは考えられているのか。また、空き家の活用についても期待したい。

⑧多摩ニュータウン再生検討会議の第2回開催分（2013/10/28）から抜粋

・多摩ニュータウンでは戸建て住宅よりも中層住宅が多い。

　上記の議事録において、会議等の中でも共同住宅の建替えに関する意見が大半を占めており、戸建て住宅に関する意見と言うのはあまり出てこないし、出てきたと

しても実際に実現されていない。

　結論として、三重県名張市（桔梗が丘団地など）を取り上げた先行研究で、地域において団地存続に向けた取組みが十分進んでいるとは言えないという指摘は、三大ニュータウン（千里ニュータウン、高蔵寺ニュータウン、多摩ニュータウン）の戸建て住宅地域にそれぞれあてはまるものと考えられる。

7.6　小括

　三大ニュータウンの再生に向けた取組みの違いが生じている要因は、三大ニュータウンの計画人口、開発面積、開発に要する期間、地形、インフラの5点の違いである。

　千里ニュータウンは、全体が丘陵地の地形を活かして設計されており、鉄道網（阪急千里線、北大阪急行線、大阪モノレール）が整備され、大阪都心部まで約15 km の位置にあり、非常に利便性が良く、大阪府企業局施工で当初一団地の住宅施設経営事業から新住宅市街地開発事業により開発された。高蔵寺ニュータウンは、比較的なだらかな丘陵地がまとまって存在し、開発地域はほとんどが山林、原野であり、土地区画整理事業で日本住宅公団が実施した最初のニュータウンである。区域内に鉄道駅はなく公共交通はバスが担っており、名古屋市の中心部から約17 km の位置にある。多摩ニュータウンは、東京都西南部の多摩丘陵に位置し、八王子、町田、多摩、稲城の4市にわたり南西 14 km、南北 2 ～ 3 km の地域で、東京都、日本住宅公団、東京都住宅供給公社の施工で新住宅市街地開発事業、土地区画整理事業により開発された。鉄道網（京王相模原線、小田急多摩線、多摩都市モノレール）が整備され、東京都心部まで約 25 ～ 30 km の位置にある。

　次に取組み事例を見ると、千里ニュータウンは開発期間が短いため、住宅や施設の老朽化および少子高齢化が進行したことにより、いち早く再生に向けた取組み（公的賃貸住宅の建替えなど）を進めてきた結果、人口が減少期から増加するなどまちは活性化しつつある。この理由は、千里ニュータウン再生指針 2018（資料編）を見ると [30]、人口は、2005 年まで減少していたが、この 10 年間（2005 年から2015 年）で 7,425 人増加している。さらに、2007 年 11 月以降の 10 年間で分譲マンションが 7,239 戸供給（民間所有地 2,138 戸、公社・府営活用地 2,804 戸、公社・

---

30)　大阪府 HP「千里ニュータウン再生指針 2018（資料編）https://www.pref.osaka.lg.jp/attach/3158/
　　00000000/saiseisisin2018siryouhen.pdf　2019 年 10 月 10 日閲覧

公団分譲 2,297 戸）され、そのうち約 2,800 戸が公的賃貸住宅の建替事業により創出された活用地等で建設されている。次に高蔵寺ニュータウンは、全体戸数の42％を戸建住宅と 36％の都市再生機構賃貸住宅で占めており、高齢化が顕著に進行している。また、少子化により、児童数が減少し、2つの小学校が統廃合により閉校した。この2つの小学校跡地を有効活用して、リノベーションを行い、そのうちの1つが 2018 年4月1日に開所した多世代交流拠点グルッポふじとう（旧藤山台東小学校）である。また、民間活力を導入した JR 高蔵寺駅前を再整備して活性化することや、旧西藤山台小学校施設への生活利便施設（スーパーなど）の誘致による整備を進めている。

　次に多摩ニュータウンは、全体の事業期間が 40 年に及ぶため、住区毎に住宅の種類、建築年次、人口構成などが相違しており、各住区の特性を活かした再生が進められている。特に多摩ニュータウンの中心である多摩市のニュータウンでは、初期入居による団地建て替え（諏訪2丁目）や多摩センター駅近辺エリア（落合、鶴牧）での民間分譲マンション建設に伴い、子育て世代などが流入することで人口増加に繋がり、年少人口率が高くなっている。今後の課題としては、地域内で住み替えできる循環構造を構築する必要があり、そのための具体化として、若い世帯（子育て世帯）を惹きつけることが重要となってくる。

　なお、ニュータウン計画段階において、共同住宅と同時期に計画した地方自治体にとってニュータウンの税収を支える重要な部分である戸建て住宅地域に関しては、共同住宅の建替えなどによる活性化に比べて、ほとんど対策がされてこなかった。その結果として、現在では高齢化が進行し、独居世帯が増え、空き家が増加傾向にあることを指摘した。

8．三大ニュータウンの課題

　各ニュータウンの担当者にヒアリング調査を行った中で、それぞれのニュータウンの課題を整理すると、千里ニュータウンでは、①住民世帯の高齢化により、高齢独居世帯の増加が進んでいる[31]、②近隣センターの空き店舗の有効活用で、地権者との合意形成が難しい点が課題である[18]。

　高蔵寺ニュータウンでは、①交通結節点の JR 高蔵寺駅前を活用・発展させるべ

31)　「以下の内容は吹田市計画調整室まちづくり担当堺氏、柿崎氏へのヒアリングによる。なお、誤りは筆者に帰するものである。」吹田市、ヒアリング調査、2019 年7月 22 日

き点、②老朽化しつつある集合住宅を活用・再生すべき点、③ SNS との連携で、若い世代が流入する仕組みづくり、④バスの交通網で、天候等により発生する交通渋滞をいかに緩和するかが課題である [32]。

多摩ニュータウン（多摩市ニュータウン）では、①人口の横ばいに対し、高齢者が増加傾向である点、②児童・生徒数の減少、③近隣センターの空き店舗に伴う機能低下、④住区と住区を繋ぐ遊歩道の維持管理費用の増加が課題である [33]。

さらに、三大ニュータウンの戸建て住宅地域において、現状では目が向いていないし、ほとんど空き家対策に関し有効な施策が打たれていない。

9．おわりに

2 章の 7.1 では、千里ニュータウン再生連絡協議会が設立されたことに伴い、その後千里ニュータウン再生のあり方検討委員会が設置された。そこで検討された方向性についての考え方（例えば集合住宅の建替えなど）がニュータウン再生指針の策定に繋がり、影響を及ぼしていることがわかる。

2 章の 7.2 では、高蔵寺ニュータウン活性化施策検討会が設立されたことに伴い、ニュータウンミーティングを実施して、その後春日井市高蔵寺ニュータウン未来プラン策定委員会が設置され、主な検討事項（例えば小学校施設を活用したまちづくりなど）が高蔵寺リ・ニュータウン計画の策定へと繋がっている。

2 章の 7.3 では、多摩ニュータウン地域再生検討委員会が設置され、主な意見（住宅供給の状況について、団地の整備主体も確認する必要があるなど）等が多摩ニュータウン地域再生ガイドライン策定に繋がっている。

2 章の 7.4 では、多摩ニュータウン再生検討会議を設置し、まちの再生に向けた方向性や具体の取組み（例えば住替え支援など）などについて検討を進めて、多摩ニュータウン再生方針の策定に繋がっている。

従って三大ニュータウン検討事項等の主な要因（公的賃貸住宅等の老朽化（千里）、年少人口の減少（高蔵寺）、住区毎に管理主体等の異なり（多摩全体）、幅広い団地再生（多摩市））がそれぞれの再生に向けた取組みの違いに表れていると考

---

32) 「以下の内容は春日井市ニュータウン創生課松尾氏、大脇氏へのヒアリングによる。なお、誤りは筆者に帰するものである。」春日井市、ヒアリング調査、2019 年 9 月 6 日

33) 「以下の内容は多摩市都市計画課竹井係長、志方主査、江澤氏、大内氏へのヒアリングによる。なお、誤りは筆者に帰するものである。」多摩市、ヒアリング調査、2019 年 9 月 9 日

えられる。

　また、開発から50年前後経過した日本を代表する三大ニュータウンである千里ニュータウン（吹田市、豊中市）、高蔵寺ニュータウン（春日井市）、多摩ニュータウン（多摩市、稲城市、八王子市、町田市）に着目して、それぞれのニュータウン再生に向けた取組みについて、比較分析を行った。ニュータウン開発の初期条件ではない要素（少子高齢化・住宅団地の建物などによる老朽化の影響、小・中学校の統廃合に伴う既存建物の有効活用、多様な世代が住み続けられる住まい・住環境）が、それぞれのニュータウンにおける再生に向けた取組みの違いとなっていることを確認した。また、計画人口などが異なる三大ニュータウンについて、担当者にヒアリング調査を実施した。さらに、ニュータウン再生に向けたニュータウン再生のあり方検討委員会などの立ち上げからの経過を追ったうえで、関係資料などと併せて比較分析を行った。

　なお、因果メカニズム（オールドタウン化したニュータウンの建物を更新することにより若年世帯が流入し、その結果として人口が増加する）について、担当者が抱く課題（高齢者の増加、児童数の減少など）に関する認識において、現状では財政面が厳しい状況である。しかしながら、政策の選択において、公的賃貸住宅の建替えに伴う活用用地の有効活用などを進めた結果、人口が減少期から増加しつつあることを確認した。一方、ニュータウン計画段階において、共同住宅と同時期に計画した地方自治体にとってニュータウンの税収を支える重要な部分である戸建て住宅地域に関しては、共同住宅の建替えなどによる活性化に比べて、ほとんど対策がされてこなかった。その結果として、現在では高齢化が進行し、独居世帯が増え空き家が増加傾向にあることを指摘した。

　今後において、高齢化が進行するニュータウンでは、地域コミュニティ・まちの魅力づくりの担い手となる若年世帯等の居住を積極的に誘導していく施策が必要である。

　さらに、住宅の建替え・改修・住替えにおいては、若年世帯をはじめ様々な世代向けの住宅など多様な住宅を供給していく必要がある。

─────〈 第 3 章 〉─────

空き家対策の法制度

1．問題意識

　日本の空き家等の現状をみると、平成 31 年 4 月 26 日付の総務省報道資料の平成
30 年住宅・土地統計調査住宅数概数集計結果（平成 30 年に総務省が実施した住宅・
土地統計調査）では[34]、全国の総住宅数は 6,242 万戸と平成 25 年の住宅・土地統
計調査結果と比べて 179 万戸（3.0％）の増加となった。このうち空き家数は 846
万戸で平成 25 年の前回調査時に比べて、26 万戸（3.2％）の増加となった。さらに
空き家率（総住宅数に占める空き家の割合）については、13.6％と平成 25 年の前
回調査時に比べて、0.1 ポイント上昇し、過去最高となっている。また、過去の空
き家数および空き家率をみると、1963 年では、空き家数 52 万戸、空き家率 2.5％で、
2013 年では空き家数 820 万戸、空き家率 13.5％である。5 年ごとに行われている住
宅・土地統計調査の推移において、空き家数および空き家率とも 50 年以上右肩上
がりに上昇を続けており、今後も増加傾向が続くものと予測される。

　また、空家等に関する施策を総合的かつ計画的に実施するための基本的な指針の
背景において[35]、空家等の中には、適切な管理が行われていない結果として安全
性の低下、公衆衛生の悪化、景観の阻害等多岐にわたる問題を生じさせ、ひいては
地域住民の生活環境に深刻な影響を及ぼしているものがある。今後、空家等が増加
すれば、それがもたらす問題が一層深刻化することが懸念されるところである。こ
のような状況から、市町村等の地方公共団体は、適切な管理が行われていない空家
等に対して既存法や条例に基づき必要な助言・指導、勧告、命令等を行い適切な管
理を促すとともに、それぞれの地域の活性化等の観点から、国の財政上の支援措置
等を利用しながら空家等を地域資源として有効活用するなど地域の実情に応じた空
家等に関する施策を実施している。

　しかしながら、空家等がもたらす問題が多岐にわたる一方で、空家等の所有者ま

---

34)　総務省（平成 30 年住宅・土地統計調査住宅数概数集計結果）より　https://www.stat.go.jp/data/
　　ivutaku/2018/tvousake.html　2020 年 4 月 6 日閲覧
35)　空家等に関する施策を総合的かつ計画的に実施するための基本的な指針（平成 27 年 2 月 26 日付
　　け総務省・国土交通省告示第 1 号）より抜粋　https://www.mlit.go.jp/common/001080563.pdf　2020
　　年 4 月 6 日閲覧

たは管理者の特定が困難な場合があること等解決すべき課題が多いことを踏まえると、空家等がもたらす問題に総合的に対応するための施策の更なる充実を図ることが求められるところであるとしている。

　以上のことから、この章の目的は、空家等対策の推進に関する特別措置法に基づく空家等対策に関し、国の諸制度等を参考にして、国の財政上の支援措置等を利用しながら、様々な助成制度を立ち上げている多くの地方自治体の中から、無作為に条件をつけて抜粋した5市（岐阜県高山市、千葉県佐倉市、山口県下関市、岡山県岡山市、兵庫県神戸市）について、それぞれの地方自治体が実施している助成制度を取り上げる。

　その中で、空き家対策は、危険家屋対策を中心とした施策になっていないかなどについて、見ていくものである。

２．先行研究

　空き家対策の法制度に関する研究では、空家対策を中心とした人口減少社会で求められる空き家対策と住宅政策に関する研究（中山 2018）、空き家問題の法的課題と対応策に関するの研究（下村 2014）、空き家に関する諸問題を整理し、地域の実情に合わせた解決を図るために条例の必要性に言及した研究（矢吹 2014）、空き家条例と空家法に関する研究（庄村 2018）、空家等対策の推進に関する特別措置法における措置命令など直接的に是正を講じるような制度に関する研究（平瀬 2016）、空き家管理条例に関し、行政による空き家の全数調査の必要性についての研究（野村ほか 2014）などがある。

　空き家対策の取り組みに関する研究では、鳥取市の総合的な空き家対策の取り組みに関する研究（岡垣 2016）などがある。

　以上について整理をすると、空き家対策として、住宅政策の確立や健全な住宅市場の育成、市町村を十分にサポートする財政支援の確立、固定資産税の住宅用地特例に関する地方税法の一部改正、民間や司法、住民等の協力の必要性や空き家の利活用について、今後進めていくうえで、重要であることがわかる。

　一方、空き家問題に関して齊藤（2019）は、空き家発生の背景にある理由として、住宅政策そして住宅・不動産の産業が本当の意味でフロー体制からストック体制に転換していないからである。住宅が余っているといいながらも継続的に新たな供給が行われている。その数は年間約100万戸であり、いまだに実態として既存住宅より新築住宅の方が市場では有利である。ゆえに新築住宅に市場で負けた既存住宅が

空き家化することになると述べている。

　先行研究との違いについては、空き家対策の取組みの助成制度において、本研究は危険家屋対策を中心とした施策の助成制度確立、空き家の利活用による施策の展開に着目した研究である。

　今後は、空き家を取り壊す方向よりも、利活用（例えば、リノベーションなど）する方向に目を向けて、新しい人に使ってもらい、子育て世代等が流入しやすい施策を構築していくことにより、人口増加等に繋がるので、ニュータウン戸建て住宅地域にも当てはまると考えられる。

３．空家等対策の推進に関する特別措置法の概要

　平成 26 年 11 月 27 日に公布された、空家等対策の推進に関する特別措置法の概要の背景では [36]、適切な管理が行われていない空家等が防災、衛生、景観等の地域住民の生活環境に深刻な影響を及ぼしており、地域住民の生命・身体・財産の保護、生活環境の保全、空家等の活用のため対応が必要（1条）であるとしている。

　さらに、空家等対策の推進に関する特別措置法（平成 26 年法律第 127 号）を見てみると [37]、空家等対策の推進に関する特別措置法の目的（法第 1 条）は、地域住民の生命、身体または財産の保護、生活環境の保全を図り、空家等の活用を促進するため、国による基本指針の策定および市町村による空家等対策計画の作成など公共の福祉の増進と地域の振興に寄与することである。

　空家等特別措置法において、「空家等」（法第 2 条第 1 項）とは、常時使用しない状態である建築物、工作物およびその敷地をいうと定義している。さらに、「特定空家等」（法第 2 条第 2 項）とは、そのまま放置すれば著しく保安上危険となるおそれのある状態または著しく衛生上有害となるおそれのある状態、適切な管理が行われていないことにより景観を損なっている状態にあると認められる空家等をいうと定義している。

　市町村の責務（法第 4 条）では、市町村は、空家等対策計画の作成およびこれに基づく空家等に関する対策の実施その他の空家等に関する必要な措置を適切に講ずるよう努めるものとするという規定も設けられた。

---

36)　空家等対策の推進に関する特別措置法の概要　https://www.mlit.go.jp/common/001080534.pdf　2020 年 4 月 6 日閲覧

37)　空家等対策の推進に関する特別措置法　https://www.mlit.go.jp/common/001080536.pdf　2020 年 4 月 6 日閲覧

　空家等対策計画（法第 6 条）では、市町村は、国土交通大臣および総務大臣が定める基本指針に即して、空家等に関する対策についての計画を定めることができる。

　協議会（法第 7 条）では、市町村は、空家等対策計画の作成、変更、実施に関する協議を行うための協議会を組織することができる。

　この空家等対策計画の策定および協議会の設置については任意であるが、国土交通省（2019 年 3 月 31 日時点）の空家等対策の推進に関する特別措置法の施行状況等調査において、空家等対策計画の策定状況では、1,741 市区町村のうち既に策定済み 1,051（60％）、策定予定あり 519（30％）となっている。また、法定協議会の設置状況では、1,741 市区町村のうち設置済み 735（42％）、設置予定あり 415（24％）となっている。

　空家等および空家等の跡地の活用等（法第 13 条）では、市町村は、空家等および空家等の跡地に関する情報の提供その他これらの活用のために必要な対策を講ずるよう努める。

　特定空家等に対する措置（法第 14 条）では、市町村長は、特定空家等の所有者等に対し、当該特定空家等に関し、除却、修繕、立木竹の伐採その他周辺の生活環境の保全を図るために必要な措置をとるよう助言または指導をすることができ、命令不履行の場合（法第 14 条第 9 項）では、市町村長は、第 3 項の規定により必要な措置を命じた場合において、行政代執行法（昭和 23 年法律第 43 号）ができることを規定した。

　その他で、都道府県による援助（法第 8 条）、空家等の所有者等に関する情報の利用等（法第 10 条）、空家等に関するデータベースの整備等（法第 11 条）、財政上の措置および税制上の措置等（法第 15 条）、過料（法第 16 条）が規定されている。

　空家等対策の推進に関する特別措置法（附則第一項ただし書に規定する規定を除く）の施行期日は平成 27 年 2 月 26 日とし、同項ただし書に規定する規定の施行期日は同年 5 月 26 日とする。と謳われている。

4．空家等の増加抑制策、利活用施策、除却等に対する支援施策等 [38]

　空家等対策に係る関連施策等（施策等一覧）（平成 31 年 4 月　国土交通省・総務

---

[38]　空家等対策に係る関連施策等（施策等一覧）、（個票）「空家等に関する施策を総合的かつ計画的に実施するための基本的な指針」（平成 27 年 2 月 26 日付け総務省・国土交通省告示第 1 号）【参考資料】https://www.mlit.go.jp/common/001283721.pdf（施策等一覧）https://www.mlit.go.jp/common/001283720.pdf（個票）　2020 年 3 月 3 日閲覧

省）の各施策等について、地方公共団体が、空家等対策の推進に関する特別措置法（平成 26 年法律第 127 号）に基づく空家等対策に取組むに当たり、参考となる主な関連施策や諸制度等について、基本指針の参考資料として取りまとめた中から、上記空家等の増加抑制策、利活用施策、除却等に対する支援施策等について着目し、空家等対策に係る関連施策等（個票）を用いて、その主な施策を抜粋した。さらに、地方自治体において、この施策を参考にして、様々な助成制度をその自治体が立ち上げており、本研究の目的であるニュータウン一戸建て地域の空き家等の有効活用を図り、再生に向けた活性化を促進していくうえで重要であると思われるため、その制度について見ていくものである。

4.1 空家等の発生または増加の抑制等に資する施策等
4.1.1 高齢者等の住み替え支援事業
制度の概要は、高齢者等の所有する戸建て住宅等を広い住宅を必要とする子育て世帯等へ賃貸することを円滑化する制度により、子育て世帯等に広い住生活空間を提供するとともに、高齢者の高齢期の生活に適した住宅への住み替え等を促進するとなっている。

対象者については、50 歳以上の方および両者の共同生活者であり、対象住宅については、利用者が単独所有または第三者と共同所有する日本国内にある住宅で、所定の条件を満たすもので、一戸建て、共同建て、マンション等の集合住宅のいずれも対象（現在居住しなくても可）である。

制度根拠は、住宅市場整備推進等事業費補助金交付要綱であり、所管については、国土交通省住宅局住宅総合整備課住環境整備室である。

4.1.2 空き家の発生を抑制するための特例措置（空き家の譲渡所得の 3,000 万円特別控除）
制度の概要は、空き家が放置されることによる周辺の生活環境への悪影響を未然に防ぐ観点から、空き家の最大の要因である「相続」に由来する古い空き家（除却後の敷地を含む。）の有効活用を促進することにより、空き家の発生を抑制する。

相続日から起算して 3 年を経過する日の属する年の 12 月 31 日までに、被相続人の居住の用に供していた家屋を相続した相続人が、当該家屋（耐震性のない場合は耐震リフォームをしたものに限り、その敷地を含む。）または取壊し後の土地を譲渡した場合には、当該家屋または土地の譲渡所得から 3,000 万円を特別控除すると

なっている。

　制度根拠は租税特別措置法第 35 条であり、所管については、国土交通省住宅局住宅総合整備課である。

　この制度は、相続して一定の期間内に空き家を売却すると、譲渡所得税の特別控除が受けられるようになった。この点は、空き家の流通、有効活用等を促進するうえでは、今後有効な施策になるであろう。

4.2　空家等の利活用、除却等に対する支援施策等に資する施策等

4.2.1　空き家対策総合支援事業

　制度の概要は、空家等対策計画に基づき実施する空き家の活用や除却などを地域のまちづくりの柱として実施する市町村に対して、国が重点的・効率的な支援を行うため、社会資本整備総合交付金とは別枠で措置するとなっている。

　補助対象市区町村では、空家対策特別措置法に基づく「空家等対策計画」を策定している、空家対策特別措置法に基づく「協議会」を設置するなど、地域の民間事業者等との連携体制があるなどである。

　補助対象事業では、空家等対策計画に基づく事業として、空き家の活用（例：空き家を地域活性化のための観光交流施設に活用）、空き家の除却（例：ポケットパークとして利用するための空き家の解体）、関連する事業（例：周辺建物の外観整備）などがある。

　事業主体は、市区町村等であり、補助率は 1/2 等である。

　制度根拠は、住宅市街地総合整備事業制度要綱であり、所管については、国土交通省住宅局住宅総合整備課住環境整備策である。

4.2.2　空家の除却等を促進するための土地に係る固定資産税等に関する所要の措置（固定資産税等）

　制度の概要は、空家の全国的な増加が懸念される中、空家の除却・適正管理を促進し、市町村による空家対策を支援する観点から、空家の存する敷地に係る固定資産税等について必要な措置を講ずるとなっており、「空家等対策の推進に関する特別措置法」（平成 26 年法律第 127 号）の規定に基づき、市町村長が特定空家等（周辺の生活環境の保全を図るために放置することが不適切な状態にある空家等）の所有者等に対して周辺の生活環境の保全を図るために必要な措置をとることを勧告した場合は、当該特定空家等に係る敷地について固定資産税等の住宅用地特例（現行

の住宅用地特例は、固定資産税の課税標準を小規模住宅用地（200 m² 以下の部分）
は 1/6 に減額、一般住宅用地（200 m² を超える部分）は 1/3 に減額）の対象から
除外するとしている。

　制度根拠は、地方税法第 349 条の 3 の 2、第 702 条の 3 であり、所管については、
国土交通省住宅局住宅総合整備課である。

4.2.3　地方公共団体の空き家対策に対する地方財政措置

　制度の概要では、空き家に関するデータベースの整備、空き家相談窓口の設置、
空家等対策計画（空家等対策の推進に関する特別措置法第 6 条第 1 項に基づき市町
村が策定する計画）に基づき取り組む空き家の活用・除却等の地方公共団体が行う
空き家対策について、特別交付税措置を講じている。

　対象経費について、市町村が行う取組に係る地方負担について特別交付税措置
（措置率 0.5、財政力に応じて補正）は、次のとおりである。

　①空き家対策のために必要な調査
　　・空き家等の所有者特定のための調査
　　・空家等対策計画の策定等のために必要な空き家住宅等の実態把握
　②空き家対策を講ずるうえで必要な体制整備
　　・空き家に関するデータベースの整備
　　・空き家相談窓口の設置等
　③空家等対策計画の策定
　④空き家の利活用
　　・空き家バンクの設置
　　・空き家の入居者への家賃補助等
　⑤危険な空き家の除却・改修
　なお、①および③については、国庫補助事業の地方負担分に限る。

　制度根拠は、特別交付税に関する省令であり、所管については、総務省自治行政
局地域振興室である。

5．補助金助成制度

　前節の国による空家等対策に係る関連施策等に関し、空き家対策等に関する補助
金助成制度を実施している多くの地方自治体の中から無作為に抜粋することとす
る。対象となる市の選定理由は、インターネットなどの活用の方法により、地域性

および人口規模を参考に助成制度が複数実施していることも考慮にいれて選考した。人口 10 万人前後の市として岐阜県高山市、人口 20 万人前後の市として千葉県佐倉市、人口 30 万人前後の市として山口県下関市、人口 75 万人前後の市として岡山県岡山市、人口 150 万人前後の市として兵庫県神戸市を抜粋して、それぞれの市が実施している助成制度の内容を取り上げる。

　地方公共団体が、空家等対策の推進に関する特別措置法（平成 26 年法律第 127 号）に基づく空家等対策に取組むに当たり、参考となる主な関連施策や諸制度等に基づいて、様々な助成制度をその自治体が立ち上げており、本研究の目的であるニュータウン一戸建て地域の空き家等の有効活用を図り、ニュータウン活性化の促進に向けて、次の新しい人が入居して、ニュータウン再生に繋がる施策等が重要であると思われるため、その助成制度に関して、抜粋した 5 市の地方自治体について見ていくものである。

5.1　岐阜県高山市の助成制度

　岐阜県高山市の概要を見ると [39]、岐阜県の北部、飛騨地方の中央に位置し、周囲を飛騨市、下呂市、郡上市、大野郡白川村、長野県、福井県、石川県に囲まれている。高山市は、東西に約 81 km、南北に約 55 km あり、面積は 2,177.61 km^2 の日本一広い市である。面積の約 92.1% は森林で占められ、山や川、渓谷、峠などで地理的に分断され、標高差も 2,000 m を超えるなど、地形的に大きな変化に富んでいる。北東部には槍ヶ岳、乗鞍岳、穂高連峰などの飛騨山脈（北アルプス）を擁し、中央部には宮川が南から北へ流れ、南部には飛騨川が北から南へ流れ、南西部には庄川が南から北へ流れている。標高の最高は奥穂高岳の 3,190 m、最低は上宝吉野の 436 m である。

　なお、2020 年 4 月 1 日現在の人口は 86,905 人、世帯数は 35,733 世帯である。

　岐阜県高山市では、空き家対策に関する助成制度として、主に次の 7 つの制度を実施している。

(1)　老朽空家等除却支援事業補助金 [40]
　高山市では、老朽化して倒壊等のおそれのある危険な空家等の除却を促進し、地

39)　http://www.city.takayama.lg.jp/shisei/1000058/index.html　2020 年 5 月 1 日閲覧
40)　https://www.city.takayama.lg.jp/kurashi/1000022/1007295/1007300.html　2020 年 5 月 1 日閲覧

域の住環境の向上を図るため、空家等の除却にかかる費用の一部を助成する。

対象家屋は、市内にある個人が所有する老朽化した空家、これに附属する塀や倉庫なであり、助成の対象となる方は、空家等の所有者またはその相続人であること等である。

補助金の交付の対象となる経費については、補助対象空家の現地調査費、除却工事費、廃材処理費、施工管理費等である。

補助金の額は、対象経費の2分の1（限度額100万円）である。

髙山市建築住宅課の資料において、この補助金制度の設置時期は、2018年10月である。老朽空家等除却支援事業補助金における予算を見ると、2018年度で5,000千円、2019年度で3,000千円である。

一方、決算を見ると、2018年度で737千円（1件）、2019年度で3,350千円（4件）となり、前年度の比較において、約4.5倍のアップ率である。今後においては、ますます空き家の増加が見込まれ、補助件数が伸びていくものと考えられる。

(2) 空家等活用促進モデル事業補助金 41)

管理不全な空家の発生を抑制し、および空家の活用を促進するため、空家の改修に要する費用の一部を助成する制度である。

対象となるのは、空家活用コンテストで受賞した提案とその建築物であり、補助金交付決定前に工事着手された場合は、補助金の対象外となる。補助金の額は、増改築・改修に必要な工事および設計・監理費の2分の1（限度額1,000千円）である。

この補助金制度の設置時期は、2019年10月である。空家等活用促進モデル事業補助金における予算を見ると、2019年度で2,000千円である。一方、決算を見ると、半年間での決算内容により、補助実績なしとなっている。

(3) 飛騨高山ふるさと暮らし・移住促進事業補助金 42)

都市住民の移住を促進し、都市住民と地域住民との交流の場を増加させ移住者の知識、経験等を活かした新たな地域づくりによって地域力の向上を図るため、本市に移住する者に対し、予算の範囲内において飛騨高山ふるさと暮らし・移住促進事

---

41) https://www.city.takayama.lg.jp/kurashi/1000022/1007295/1007300.html　2020年5月1日閲覧

42) https://www.city.takayama.lg/jp/_res/projects/default_project/_page_/　001/003/942/youkou 28.4.1.pdf　2020年5月1日閲覧

業補助金を交付するものである。

　補助対象者は、移住する予定のため住民登録をした者で、住民登録をした日から 1 年を経過していない者等である。

　補助金について、①借家等賃借料補助金は、賃借料の月額の合計額の 3 分の 1 以内の額で、15,000 円を超えない額。ただし、算出した補助金の額に千円未満の端数があるときは、これを切り捨てるものとする、②空家取得費・改修費補助金は、取得費および改修費の合計額の 2 分の 1 以内の額で、1 軒につき 100 万円を超えない額。ただし、算出した補助金の額に千円未満の端数があるときは、これを切り捨てるものとする。

　この補助金制度の設置時期は、2008 年 4 月である。借家等賃借料補助金では、2018 年度と 2019 年度の決算による比較で 2 件減少し、空家取得費・改修費補助金では、同様に 6 件減少している。決算額の比較では、5,936 千円の減となっている。

（4）多世代同居促進事業補助金 [43]

　高山市では、多世代世帯による子育て支援などを目的に、市内で新たに 3 世代以上で同居等をするために、住宅を新築、改修、取得などをする場合、費用の一部を助成している。

　対象者の要件は、新たに多世代世帯で同居または近居をするための住宅の新築、増改築、取得、改修工事で、多世代（親・子・孫などの 3 世代以上）で構成され、事業補助金交付申請時に中学生以下の子（出産予定の子どもも含む）がいる世帯などである。

　対象経費は、住宅取得費や建築工事費（いずれも 50 万円以上が対象）などで、補助金額は、対象経費の 2 分の 1（限度額 100 万円）である。

　この補助金制度の設置時期は、2015 年 7 月である。多世代同居促進事業補助金における予算を見ると、2018 年度および 2019 年度はそれぞれ 40,000 千円である。一方、決算を見ると、2018 年度は 19,500 千円（21 件）、2019 年度は 27,000 千円（31 件）であり、2018 年度の決算では、実績件数 21 件のうち、1 件は空き家が活用されている。

---

43)　https://www.city.takayama.lg.jp/kurashi/1000019/1000112/1007198.html　2020 年 5 月 1 日閲覧

（5）高山市若者定住促進事業補助金[44]

　高山市では、若者の地元への定住促進を図るため、35歳未満のＵ・Ｉ・Ｊター
ン就職者で住民登録等をして、民間の賃貸住宅・借家（勤務事業所の官舎、社宅、
社員寮や雇用促進住宅等の公共的な住宅は除く）を借りられた方に補助する。

　定義として、市内に所在する事業所または新たな個人が市内に開業する事業所
（公務員は除く）、高山市出身者でＵターン就職者、高山市以外の出身者でＩターン
就職者、高山市以外の出身者でＪターン就職者である。

　補助金の額と交付期間については、支払った月額の家賃（共益費等を除く）と当
該借家等に附属する駐車場の借上げ料の合算額の３分の１以内の額（15,000円を限
度）を限度に最大３年間補助する。

　この補助金制度の設置時期は、1996年４月である。高山市若者定住促進事業補
助金における予算を見ると、2018年度で39,000千円、2019年度で45,000千円であ
る。一方、決算を見ると、2018年度は38,109千円（293件）、2019年度は40,523
千円（307件）となり、補助金額および実績件数は前年度に対して微増（2,414千円、
14件）に留まっている。

（6）高山市奨学金返済支援事業補助金[45]

　ＵＩＪターンにより高山市内の事業所に就職した若者に対して、奨学金返済支援
事業補助金を支給することにより、将来の高山市を担う若者の地元への就職・定住
を促進する。対象者については、①奨学金を返済中の方、②高山市外から高山市内
に住民登録地を移した方、③高山市内の事業所にＵＩＪターン就職または就業した
35歳未満の方、④ ②か③のいずれか早い日から１年を経過していない方、⑤公務
員でない方である。

　支援内容については、奨学金返済額のうち年額24万円を限度に最大５年間助成する。

　この補助金制度の設置時期は、2016年４月である。高山市奨学金返済支援事業
補助金の予算を見ると、2018年度で37,000千円、2019年度で55,000千円である。
一方、決算を見ると、2018年度は34,266千円（242件）、2019年度は47,580千円（311
件）となり、実績件数は前年度に対して69件（約1.3倍）増加している。

44）　https://www.city.takayama.lg.jp/shisei/1000067/1002790/1002803/1002804.html　2020年5月1日
　　　閲覧

45）　https://www.city.takayama.lg.jp/shisei/1003917/1010426.html　2020年5月1日閲覧

（7）まちなか定住促進事業補助金[46]

中心市街地区域内に移住する方がある場合に自己居住用の住宅の新築・取得・改修に要する経費の一部を補助する。

対象経費については、住宅の新築・取得・改修に要する費用であり、補助金額については、対象経費の 2 分の 1（限度額 100 万円、市外からの移住者の場合は限度額 150 万円）で、2020 年 9 月〜 2022 年 3 月まで、新築・改修にかかるものについては、対象経費の 3 分の 2（限度額 133 万 3 千円、市外からの移住の場合は限度額 200 万円）である。

この補助金制度の設置時期は、2010 年 6 月である。まちなか定住促進事業補助金の予算を見ると、2018 年度および 2019 年度はそれぞれ 7,000 千円である。一方、決算を見ると、2018 年度で 5,000 千円（4 件）、2019 年度で 7,300 千円（7 件）である。補助実績では、前年度に対して 3 件の増加となっている。なお、補助金の交付は市から直接補助ではなく、まちづくり会社を通じた補助である。

表 39　高山市空き家対策等に関する補助金一覧

制 度 名	設置時期	予 算（千円）		決 算（千円）		補助実績（件）		備考（特徴など）
		2018年度	2019年度	2018年度	2019年度	2018年度	2019年度	
老朽空家等除却支援事業補助金	2018年10月	5,000	3,000	737	3,350	1	4	
空家等活用促進モデル事業補助金	2019年10月	—	2,000	—	0	—	0	空家活用コンテストの提案を実現するための補助
飛騨高山ふるさと暮らし・移住促進事業補助金	2008年4月	8,000	8,000	14,193	8,257	家賃：20	家賃：22	予算(2018、2019)は当初取得・改修12（2018）取得・改修6（2019）
多世代同居促進事業補助金	2015年7月	40,000	40,000	19,500	27,000	21	31	2018の実績値21件（うち空き家1件）2019の実績値31件（うち空き家0件）
髙山市若者定住促進事業補助金	1996年4月	39,000	45,000	38,109	40,523	293	307	2020年度の制度内容
髙山市奨学金返済支援事業補助金	2016年4月	37,000	55,000	34,266	47,580	242	311	2020年度の制度内容
まちなか定住促進事業補助金	2010年6月	7,000	7,000	5,000	7,300	4	7	補助金は市から直接補助ではなく、まちづくり会社を通じた補助であるため、予算はまちづくり会社における金額

出典：高山市建築住宅課の資料による（一部筆者修正）（2021/3/3 回答）

---

[46]　https://www.machidukuri-hidatakayama.com/hojoippan/machinakateijyuu/　2020 年 5 月 1 日閲覧

岐阜県高山市の助成制度は、様々な事業を展開しており、特に移住やＵＩＪター
ンにより、若者の居住に力を注いでいるのが特徴的である。さらに、多世代世帯に
よる子育て支援などを目的に、市内で新たに３世代以上で同居するために、住宅を
新築、改修、取得などをする場合、費用の一部を助成しており、人口増加において、
積極的に助成制度を活用していることがわかる。

　一方、老朽空家等除却支援事業補助金について、補助実績を見ると、2018 年度
は１件で、2019 年度は４件に増加しており、決算額では前年度に対して約 4.5 倍増
加している。今後においても、空き家の増加が見込まれ、補助金額が増加していく
ものと推察できる。

5.2　千葉県佐倉市の助成制度

　千葉県佐倉市の概要を見ると [47)]、千葉県北部、下総合地の中央部に位置し、都
心から 40 キロメートルの距離にある。成田国際空港へは東へ 15 キロメートル県庁
所在地の千葉市へは南西へ 20 キロメートル、市北部には印旛沼が広がり、面積は
103.69 平方メートルである。佐倉市の市域は、印旛沼の南に広がる台地、傾斜地か
らなっており、その間を鹿島川や高崎川、小竹川などが流れ、印旛沼に注いでいる。
標高 30 メートル前後の台地は北から南へ向かうほど高くなる。年間の平均気温は
15℃前後で、比較的温暖な気候に恵まれている。印旛沼周辺、佐倉城址周辺、また
東部、南部の農村地帯などには豊かな自然が残っている。京成電鉄本線、JR 総武
本線・成田線が市の東西を貫き、都心までおよそ 60 分、成田空港と千葉へはそれ
ぞれ 20 分である。また市内には新交通システムによるユーカリが丘線が運航し、
バス路線とともに各駅と住宅地を結ぶ市民の足となっている。

　一方、道路は市の南部に東関東自動車道（高速道路）と、国道 51 号線が走り、
それぞれ東京と成田を結ぶほか、国道 296 号が市を横断する主要な生活道路となっ
ている。

　なお、2020 年 3 月 31 日現在の人口は 174,695 人で、世帯数は 78,329 世帯である。

　千葉県佐倉市では、空き家対策に関する助成制度として、次の９つの制度を実施
している。

---

47)　https://www.city.sakura.lg.jp/0000001225.html　2020 年 5 月 1 日閲覧

(1)　空き家バンク契約奨励補助事業補助金 [48]

佐倉市では、定住化人口の維持増加の促進を図り、地域の活性化に資することを目的とし、空き家バンク事業をより効果的に推進するため空き家バンク登録物件の売買が成立した場合に成約の奨励金を交付する。空き家を売買しやすい環境をつくり、人口の維持増加・地域の活性化を図る。

補助対象者については、空き家バンクに登録されている売買物件を売却した所有者、空き家バンクに登録されている売買物件を購入した利用者である。

補助対象となる費用は、売買契約に係る諸経費（仲介手数料・登記費用等）であり、契約日から 2 年以内の申請が必要である。

補助金額については、2 分の 1 以内（上限額 5 万円）である。

佐倉市住宅課の資料（別途補助金別予算額決算額まとめの資料あり）において、2017 年度および 2018 年度の予算はそれぞれ 1,000 千円で、2019 年度の予算は 700 千円である。

一方、決算額から見る実績値では、2017 年度および 2018 年度は 500 千円（10 件）、2019 年度は 350 千円（7 件）の結果となり、この 3 年間すべて予算額の半分が実績となっていることがわかる。

(2)　空き家バンク改修工事補助事業補助金 [49]

佐倉市では、空き家バンク登録物件のリフォームおよび家財道具の処分の費用の一部を補助する。空き家を賃貸しやすい環境をつくり、人口の維持増加・地域の活性化を図る。

補助対象者については、空き家バンクに登録されている賃貸物件の所有者、空き家バンクに登録されている賃貸物件を賃貸した利用者で、法人は対象外である。

対象となる費用については、建物内部の改修・修繕などに係る工事（水回り・畳、襖交換、内装・外壁・屋根・ガス釜交換等）および家財道具の処分費（ただし、所有者のみ）である。

補助金額については、住宅改修工事費用および家財道具処分費の 2 分の 1 以内（上限額 30 万円）である。

---

48)　https://www.city.sakura.lg.jp/cmsfiles/contents/0000016/16875/R2seiyakugaiyou.pdf　2020 年 5 月 1 日閲覧

49)　https://www.city.sakura.lg.jp/cmsfiles/contents/0000016/16874/R2bankrefomgaiyou2.pdf　2020 年 5 月 1 日閲覧

2017 年度および 2018 年度の予算はそれぞれ 3,000 千円で、2019 年度の予算は 2,700 千円である。一方、決算額から見る実績値では、2017 年度は 987 千円（4 件）、2018 年度は 702 千円（3 件）、2019 年度は 1,965 千円（7 件）の結果となっている。この理由については、空き家バンクの物件登録数の多さによる影響だと思われる。

(3) 戸建賃貸住宅家賃補助事業補助金 [50]

若者世帯の定住化人口の維持増加の促進並びに健全なコミュニティの維持および発展と空き家の抑制および中古住宅の利用促進を図るため戸建ての住宅を新たに賃貸契約した若者世帯・子育て世帯の家賃について補助する。

補助対象者については、①新たに戸建て住宅を賃貸契約した方（申請時において契約から 1 年以内）、② 2002 年 4 月 2 日以降に生まれた子どもを育てている世帯、③または 2020 年 4 月 1 日時点において夫婦どちらかが 40 歳未満の世帯であり、契約更新は対象外となる。

補助金額については、毎月の家賃の 3 分の 1 以内（上限額 2 万円）× 24 か月（最長）であり、毎年度補助申請が必要となる。

2017 年度の予算は 4,800 千円、2018 年度の予算は 7,200 千円、2019 年度の予算は 7,940 千円である。一方、決算額から見る実績値では、2017 年度は 2,367 千円（16 件）、2018 年度は 5,622 千円（30 件）、2019 年度は 6,254 千円（41 件）と毎年増加傾向にあり、空き家の抑制に繋がっているものと思われる。

(4) 中古住宅リフォーム支援事業補助金 [51]

佐倉市では、市内の空き家の利活用を促進し、定住人口の維持・増加と地域の活性化を図ることを目的に、中古住宅を購入しリフォームを行う方に、費用の一部を補助する。

補助対象者については、申請者が佐倉市内で自ら居住するために、親族以外から取得した中古住宅（購入してから 1 年 2 か月以内）を、2020 年 4 月以降（これから行うもの）にリフォームを行おうとする方で、同一世帯に市税を滞納している方

---

50) https://www.city.sakura.lg.jp/cmsfiles/contents/0000016/16944/R2kodatechintaigaiyou.pdf　2020 年 5 月 1 日閲覧
51) https://www.city.sakura.lg.jp/cmsfiles/contents/0000017/17115/R2refomgaiyou.pdf　2020 年 5 月 1 日閲覧

がいないことおよび 2021 年 3 月 31 日までに住所移転が完了する方である。

　対象となるリフォームは、増築・改築・改装・修繕などに係る工事（外構工事を除く）であり、補助金額については、リフォームに係る経費の 2 分の 1 以内（上限額 50 万円）である。

　2015 年度の予算は 6,500 千円、2016 年度の予算は 7,000 千円、2017 年度および 2018 年度の予算は 30,000 千円、2019 年度の予算は 39,500 千円である。一方、決算額から見る実績値では、2015 年度は 6,497 千円（13 件）、2016 年度は 7,000 千円（15 件）、2017 年度は 23,812 千円（52 件）、2018 年度は 25,302 千円（52 件）、2019 年度は 38,352 千円（83 件）と毎年増加傾向にあり、特に 2016 年度から 2017 年度にかけては、大きく伸びており、この結果空き家の減少に繋がっているものと思われる。

（5）近居・同居住替支援事業補助金 [52]

　佐倉市では、親と子が近居・同居する際の住宅取得費用の一部を補助する。親世帯と子世帯が近居・同居することで、親が育児や子育てのサポートをし、また、子が介護や見りのサポートをするなど、お互いの不安や負担を軽減し、高齢期・子育て期を安心して過ごすことができる。

　補助対象者については、①2019 年 12 月 28 日～ 2021 年 3 月 31 日までに移転（住民票の移動も含む）が完了する方、②住宅取得契約日から 1 年以内に移転すること、③子世帯が、2002 年 4 月 2 日以降に生まれた子どもを育てている世帯、または 2020 年 4 月 1 日時点において夫婦どちらかが 40 歳未満の世帯、④補助金の交付を受けた翌年度から 10 年間住宅を使用することである。

　補助金額については、住宅取得費用の 2 分の 1 以内（上限額 50 万円）であり、子世帯が同一の世帯の子ども（2002 年 4 月 2 日以降に生まれた子）を 3 人以上扶養している場合、10 万円加算となる。

　2016 年度の予算は 7,000 千円、2017 年度の予算は 30,000 千円、2018 年度の予算は 36,982 千円、2019 年度の予算は 65,400 千円である。一方、決算額から見る実績値では、2016 年度は 7,000 千円（14 件）、2017 年度は 27,500 千円（55 件）、2018 年度は 42,000 千円（84 件）、2019 年度は 65,400 千円（130 件）と毎年増加傾向に

52）　https:// www.city.sakura.lg.jp/cmsfiles/contents/0000015/15038/R2kinkyogaiyou.pdf　2020 年 5 月 1 日閲覧

あることがわかる。この結果他市町村等からの移動による流入に繋がっているものと思われる。

（6）結婚新生活支援事業補助金[53]

若者世帯の定住化人口の維持増加の促進に資することを目的として経済的理由で結婚に踏み出せない者を対象に婚姻に伴う新生活を経済的に支援するため、引っ越し費用・住宅費用を補助する。

補助対象者については、①2021年1月1日以降に婚姻した方、②婚姻届出日において、夫婦ともに39歳以下の世帯、③夫婦の所得を合算した金額が400万円未満の方であり、貸与型奨学金の返済がある方はその年間返済額を所得から控除可能で、夫婦以外の方が同居する場合、その所得も合算する、④住宅を取得する際に要する費用として申請をする場合、取得した住宅の持分割合が最も多いことである。

補助金額については、上限30万円である。

2017年度から2019年度の予算は、それぞれ1,800千円である。一方、決算額から見る実績値では、2017年度は実績なし、2018年度は1,478千円（5件）、2019年度は1,579千円（6件）とここ2年間の比較では、微増（101千円、1件）に留まっている。

（7）小規模宅地隣接地取得支援事業補助金[54]

佐倉市では、敷地増しを促進し、ゆとりある良好な住環境の形成を図るため、小規模の宅地に居住している方が隣接地を購入する費用の一部を補助する。

対象者については、申請者が所有し引き続き1年以上居住している敷地面積135 m² 未満の住宅の隣接地を購入する方であり、補助金額については、購入費の10分の1以内（上限額30万円）である。

この補助金については、2020年度から設置したものであり、予算は500千円である。

53）https://www.city.sakura.lg.jp/cmsfiles/contents/0000018/18855/R3shinkongaiyou.pdf　2021年3月3日閲覧

54）https://www.city.sakura.lg.jp/cmsfiles/contents/0000026/26893/syoukibotakutigaiyou.pdf　2021年3月3日閲覧

(8)　中古住宅解体新築支援事業補助金[55]

　佐倉市では、住環境の向上、定住人口の維持・増加、地域の活性化を図ることを目的に、中古住宅を購入し、解体後新築、居住をする方に、解体費用の一部を補助する。（補助事業は事前申請となる。）

　対象者については、①申請者が佐倉市内で自ら居住するために、中古住宅を購入し、これから解体工事を行う方、②同一世帯に佐倉市税を滞納している世帯員がいない方、③解体後に新築住宅（床面積 50 m² 以上）を建築し、2023 年 3 月 31 日までに住所移転が完了する方、④ 2003 年 4 月 2 日以降に生まれた子どもを育てている世帯、または 2021 年 4 月 1 日時点において夫婦どちらかが 40 歳未満の世帯である。

　なお、新築工事は 2022 年 3 月 31 日までに着工することが条件となる。

　対象となる物件は、補助申請前 1 年以内に購入した物件、親族以外から取得した物件、1981 年 5 月 31 日以前に建築された床面積 50 m² 以上の建物であり、補助金額については、解体に係る経費の 2 分の 1 以内（上限額 30 万円）である。

　この補助金については、2020 年度から設置したものであり、予算は 2,500 千円である。

(9)　空家等地域貢献活用支援事業補助金[56]

　佐倉市では、市内の空家の活用を促進するため、地域交流の活性化、地域コミュニティの再生等の地域の課題を継続的に解決することを目的に、空家を活用する地域貢献活動団体に対して、空家の取得費、家賃、改修費などの費用の一部を補助する（補助事業は、市が企画を募集し採択された事業が対象となる）。

　対象者（地域貢献活動団体）については、市内で地域貢献活動を行う団体であって、自治会、町内会、区等の地方自治法（昭和 22 年法律第 67 号）第 260 条の 2 第 1 項に規定する地縁による団体として市に届出をしているものまたは①団体の運営および代表者の選考方法に関する規程が定められていること、②団体の財産がその構成員の財産とは別に管理されていること、③団体の活動が営利、政治、宗教、若

---

55)　https://www.city.sakura.lg.jp/cmsfiles/contents/0000026/26868/R3tyuukojyuutakukaitaipdf.pdf
　　2021 年 3 月 3 日閲覧

56)　https://www.city.sakura.lg.jp/cmsfiles/contents/0000026/26869/R3tiikikoukengaiyou.pdf　2021
　　年 3 月 3 日閲覧）

しくは特定のものの利害を図ることまたはこれに類するものでないこと、④具体的かつ継続的な活動の計画が策定されていること、⑤その他市長が必要と認める事項のいずれにも該当するものをいう。

　対象となる経費については、空家等の取得に係る費用、家賃、および改修費のうち、市長が適当と認めるものであり、補助金額については、補助金の対象となる経費の2分の1以内（上限額200万円）である。

　この補助金については、2020年度から設置したものであり、予算は2,000千円である。

表40　佐倉市住生活基本計画推進事業　補助事業年度別実績一覧

単位：千円

	2015年度		2016年度		2017年度		2018年度		2019年度		合計	
	交付金額	件数	交付金額	件数	交付金額	件数	交付金額	件数	交付金額	件数	交付金額	件数
空家バンク契約奨励補助事業補助金					500	10	500	10	350	7	1,350	27
空家バンク改修工事補助事業補助金					987	4	702	3	1,965	7	3,654	14
戸建賃貸住宅家賃補助事業補助金					2,367	16	5,622	30	6,254	41	14,243	87
中古住宅リフォーム支援事業補助金	6,497	13	7,000	15	23,812	52	25,302	52	38,352	83	100,963	215
近居・同居住替支援事業補助金			7,000	14	27,500	55	42,000	84	65,400	130	141,900	283
結婚新生活支援事業補助金					0	0	1,478	5	1,579	6	3,057	11
小規模宅地隣接地取得支援事業補助金											0	0
中古住宅解体新築支援事業補助金											0	0
空家等地域貢献活用支援事業補助金											0	0
合　　計	6,497	13	14,000	29	55,166	137	75,604	184	113,900	274	265,167	637

出典：佐倉市都市部住宅課の資料による（一部筆者修正）（2021/3/15回答）

　佐倉市の特徴については、1965年代、1975年代にかけて東京のベットタウンとして開発された古い戸建の団地が多く、周辺市町村に比べ戸建の持ち家率が高く、所有者の高齢化が顕著である。また、住宅建設計画法の時代に旧宅造法基準でつくられた団地と、バブル期前後につくられた団地があり住環境に地域格差がある。さらに、住宅・土地の流通に関して、団地ごとの格差が大きい。

　佐倉市の課題については、少子高齢化の問題と地域コミュティの低下、戸建住宅の老朽化の問題、将来見込まれる人口の減少による空き家の増加が予想される。

　各事業とも課題を見据えて事業化したものであり、中古住宅リフォーム支援事業、近居・同居住替支援事業の利用件数が右肩上がりの状態で、他市町村からの移動や市内移動も含め、5 年間で 454 世帯、1,359 人を定住化させている。

　中古住宅リフォーム支援事業は、予算の増加に伴い 52 件（2017 年度）、52 件（2018 年度）、83 件（2019 年度）と利用者も増え、住宅のリノベーションにより延命を図り、空き家の抑制策、定住化人口の維持・増加に寄与している。また、近居・同居住替支援事業は 55 件（2017 年度）、84 件（2018 年度）、130 件（2019 年度）と利用者も増え、若年層を対象とした事業であるため、定住化世帯 454 世帯中、子育て世帯が 278 世帯、若者世帯が 81 世帯と約 80％が若年層世帯であることから、定住化人口の維持・増加に対してそれなりの費用対効果は得られていると思われる。

5.3　岡山県岡山市の助成制度

　岡山県岡山市の概要を見ると [57]、旭川と吉井川が瀬戸内海に注ぐ岡山平野の中央に位置し、南部は地味豊かな沃野、北部は吉備高原の山並みが広がっている。

　温暖な瀬戸内海特有の風土により春秋は快晴の日が多く、冬は厳しい季節風を中国山地がさえぎって積雪を見ることはまれである。

　近畿と九州を結ぶ東西軸と、山陰と四国を結ぶ南北軸の結節点に位置し、鉄道・道路・空路などの交通網が集中する中枢拠点都市である。

　なお、2020 年 3 月末日現在の人口は 707,981 人で、世帯数は 320,044 世帯である。

　岡山県岡山市では、空き家対策に関する助成制度として、主に次の 8 つの制度を実施している。

（1）空家等適正管理支援事業（除却） [58]

　空き家の適正管理を促進するため、除却経費の一部を補助する。

　補助事業者については、①空き家の所有権者（個人）または所有権者（個人）の承諾を受けた者（個人）、②岡山市の税金を滞納していない者、③暴力団員（暴力

57）　https://www.city.okayama.jp/contents/000406273.pdf　2020 年 5 月 1 日閲覧
58）　https://www.city.okayama.jp/kurashi/cmsfiles/contents/0000006/6222/panfuret.pdf　2021 年 3 月
　　3 日閲覧

団員でなくなった日から5年を経過していない者を含む）でない者となっている。

補助事業については、除却工事（建築物およびこれに附属する工作物の全部の撤去に係る工事）、除却工事および附帯工事（敷地にある門扉、塀、立木等の撤去に係る工事）、応急措置（地域の住民等に危害を及ぼす等の危険な状態を回避するために必要な措置）である。

補助金額については、補助事業の工事等に要する金額の3分の1を補助する（千円未満切捨て）。

なお、上記除却工事、除却工事および附帯工事の上限額は50万円で、応急措置の上限額は10万円である。

岡山市建築指導課空家対策推進室の資料において、空家等適正管理支援事業の設置は、2016年度である。この（除却）における予算を見ると、2016年度で31,500千円、2017年度で33,101千円、2018年度から2020年度の3年間は、毎年22,672千円である。

一方決算を見ると、2016年度で21,878千円（51件）、2017年度で16,998千円（39件）、2018年度で21,834千円（48件）、2019年度で17,521千円（38件）、2020年度（12月末日時点）で11,675千円（24件）であり、岡山市助成制度の中では、最大である。

なお、岡山市が特定空家と認定した空家のみ補助対象である。

(2) 空家等適正管理支援事業（除却）［地域活性化］[59]
空き家の適正管理を促進するため、除却経費の一部を補助する。

補助事業者については、①空き家の所有権者（個人）または所有権者の承諾を受けた者、②岡山市の税金を滞納していない者、③暴力団員（暴力団員でなくなった日から5年を経過していない者を含む）でない者である。

補助事業については、除却工事（建築物およびこれに附属する工作物の全部の撤去に係る工事）、除却工事および附帯工事（敷地にある門扉、塀、立木等の撤去に係る工事）である。

なお、除却後の跡地は、最低でも10年間は地域の活性化に活用することや市内施工業者が行う工事等に限る。

---

59) https://www.city.okayama.jp/kurashi/cmsfiles/contents/0000006/6199/ panfuret.pdf 2021年3月3日閲覧

110

　補助金額については、補助事業の工事等に要する金額の 5 分の 4 を補助する（千円未満切捨て）。

　なお、上記除却工事、除却工事および附帯工事の上限額は 200 万円である。

　この（除却）【地域活性化】における予算を見ると、2016 年度で 2,000 千円、2017 年度から 2020 年度の 4 年間は、毎年それぞれ 4,000 千円である。

　一方決算を見ると、2020 年度（12 月末日時点）で 2,000 千円（1 件）であり、内容を見ると、空き家の除却後の空き地を町内会等が利用するポケットパークに活用予定である。

(3) 空家等適正管理支援事業（リフォーム）[60]

　空き家の再生活用を促進するため、改修経費の一部を補助する。

　補助事業者については、①空き家の所有権者（個人）または所有権者（個人）の承諾を受けた賃借人等（個人）、②岡山市の税金を滞納していない人、③暴力団員（暴力団員でなくなった日から 5 年を経過していない者を含む）でない人となっている。

　補助金額については、工事に要する金額（他の補助制度の対象となる工事を除く）の 3 分の 1 を補助する。（千円未満切捨て）

　なお、補助金の上限額は 50 万円である。

　この（リフォーム）における予算を見ると、2016 年度で 4,500 千円、2017 年度から 2020 年度の 4 年間は、毎年それぞれ 9,000 千円である。

　一方決算を見ると、2016 年度で 4,385 千円（10 件）、2017 年度で 8,437 千円（17 件）、2018 年度で 7,315 千円（15 件）、2019 年度で 6,514 千円（14 件）、2020 年度（12 月末日時点）で 7,569 千円（16 件）であり、2017 年度からの実績は、ほぼ横ばいで推移している。

　なお、特定空家以外の空き家も補助対象となるが、リフォーム後に活用する必要がある。

(4) 空家等適正管理支援事業（リフォーム）［地域活性化］[61]

　空き家の再生活用を促進するため、改修経費の一部を補助する。

---

60)　https://www.city.okayama.jp/kurashi/cmsfiles/contents/0000006/6210/panfureto.pdf　2021 年 3 月 3 日閲覧

61)　https://www.city.okayama.jp/kurashi/cmsfiles/contents/0000006/6177/panfureto.pdf　2021 年 3 月 3 日閲覧

補助事業者については、①空き家の所有権者または所有権者の承諾を受けた賃借人等、②岡山市の税金を滞納していない者、③暴力団員（暴力団員でなくなった日から 5 年を経過していない者を含む）でない人である。

補助金額については、工事に要する金額（他の補助制度の対象となる工事を除く）の 3 分の 2 を補助する（千円未満切捨て）。

なお、補助金の上限額は 150 万円である。

この（リフォーム）【地域活性化】における予算を見ると、2016 年度で 1,500 千円、2017 年度から 2020 年度の 4 年間は、毎年それぞれ 3,000 千円である。

一方決算を見ると、2018 年度で 1,500 千円（1 件）、2019 年度で 1,500 千円（1 件）である。

この制度の特徴を見ると、地域活性化に供する用途で、10 年間活用する必要があり、過去に申請があった空き家は、現在民泊等に活用されている。

(5) 空家等適正管理支援事業（空き家診断）[62]

空き家の活用を図るため、空き家診断経費の一部を補助する。

補助事業者については、①空き家の所有権者、②岡山市の税金を滞納していない者、③暴力団員（暴力団員でなくなった日から 5 年を経過していない者を含む）でない者である。

補助金額については、次のとおり補助事業に要する金額を定額補助する。

　　　【耐震診断等】（床面積が 200 m^2 以下のもの）

　　　　　耐震診断（一般診断）6 万円（定額）

　　　　　上記を精密診断で行う場合は、対象事業費 × 2/3　上限額は 8 万 8 千円

　　　【劣化診断】

　　　　　劣化診断　6 万円（定額）

この（空き家診断）における予算を見ると、2016 年度から 2017 年度の 2 年間は、毎年それぞれ 500 千円である。2018 年度から 2020 年度の 3 年間は、毎年それぞれ 328 千円である。

一方決算を見ると、この 5 年間では 2017 年度の 120 千円（1 件）のみであり、それ以降の 3 年間においては実績がなく活用されていない。

---

62)　https://www.city.okayama.jp/kurashi/cmsfiles/contents/0000006/6215/panfu.pdf　2021 年 3 月 3 日閲覧

(6)　移住支援金 [63]

岡山市への移住・定住の促進および中小企業等における人手不足を解消するため、東京圏から岡山市に移住し、岡山県が開設するマッチングサイトに移住支援金の対象として掲載する求人に就業した方、または起業支援金の交付決定を受けた方を対象に移住支援金を交付する。

対象者については、①移住元に関する要件、②移住先等に関する要件、③就業に関する要件、④世帯に関する要件がそれぞれ細かく定められている。

支給金額は、単身で移住した世帯については 60 万円、2 人以上で移住した世帯については 100 万円である。

岡山市市民協働企画総務課移住定住支援室の資料において、移住支援金の設置は、2019 年 7 月である。この移住支援金における予算を見ると、2019 年度で 12,200 千円、2000 年度で 48,800 千円である。

一方決算を見ると、2019 年度および 2020 年度において、実績がなく活用されていない。

(7)　県外から移住される方への家賃補助 [64]

県外から岡山市への移住で、対象の賃貸住宅を利用すると、家賃等の一部を補助する。

対象となる民間賃貸住宅において、賃貸借契約時に支払った仲介手数料・家賃保証料の一部、および入居してから補助対象期間終了後までに支払った家賃の一部を、補助金として支給する。

補助対象期間終了後も、住み続けることができる。ただし、場合によっては再契約が必要となる可能性がある。

敷金・礼金は必要なしである。ただし、再契約時や退去する際に原状回復費用が必要となる可能性があるので、賃貸契約の際によく確認すること。

光回線が住宅内に整備されている物件をテレワーカー向けお試し住宅として案内する。

なお、在宅勤務をされる方は、内覧の際に防音性など利用する上で問題ないかをよく確認すること。

---

63)　https://www.city.okayama.jp/kurashi/0000019760.html　2021 年 3 月 3 日閲覧
64)　https://www.city.okayama.jp/kurashi/0000016133.html　2020 年 3 月 3 日閲覧

対象者については、①１年以上岡山県外に在住していること、ＵＩＪターンの理由が転勤、結婚または進学以外であること、②官公庁から住宅に係る補助金や公的扶助を受けていないこと、③企業から住宅手当を受けていないこと、④岡山市税を滞納していないこと、⑤暴力団構成員（申込者だけでなく、同居者も含む）でないことである。

なお、入居に関する事前審査（家主もしくは不動産仲介業者による）がある。

補助内容については、①家賃（１か月あたり）について、家賃の一部を補助（上限額 33,000 円、自己負担額 15,000 円）である。家賃 15,000 円以内の物件は、全額自己負担である。家賃 48,000 円未満の物件は、家賃から自己負担額 15,000 円を差し引いた残額を補助する。家賃 48,000 円以上の物件は、上限額 33,000 円を補助し残額は自己負担となる、②仲介手数料について、上限額 48,000 円以内（消費税を含む）を補助する、③家賃保証保険保証料（必要な場合）について、上限額 48,000円以内を補助する。

県外から移住される方への家賃補助の設置は、2015 年度である。この県外から移住される方への家賃補助における予算を見ると、2015 年度から 2016 年度の２年間は、毎年それぞれ 11,760 千円である。2017 年度は 5,880 千円で、2018 年度から 2019 年度の２年間は、毎年それぞれ 5,800 千円である。2020 年度は 6,706 千円である。

一方決算を見ると、2015 年度で 3,326 千円（14 件）、2016 年度で 2,596 千円（13 件）、2017 年度で 2,535 千円（13 件）、2018 年度で 3,177 千円（18 件）、2019 年度で 4,927千円（27 件）であり、この３年間（2017 年度から 2019 年度）を見ると、右肩上がりに推移している。また、2020 年の中途からテレワーカー向けお試し住宅の提供を開始している。

(8) 移住のための就職・転職活動交通費助成 [65)]

岡山市へのＵＩＪターン希望者で、岡山県外在住の方を対象に、就職または転職活動における交通費の一部を補助する。

対象者については、①岡山市へのＵＩＪターンを希望している方、②岡山県外在住の方、③就職または転職活動の一環として、岡山市内にある企業の面接を受ける方で、公務員試験は原則対象外、④鉄道、飛行機および高速乗合バスを往復利用す

---

65) https://www.city.okayama.jp/kurashi/0000016144.html　2020 年 3 月 3 日閲覧

る方、⑤岡山市税を滞納していない方、⑥暴力団構成員ではない方、⑦面接終了後、アンケートにご協力いただける方である。

　補助内容については、岡山市内の企業面接を受ける際に利用した鉄道、飛行機および高速乗合バスの往復料金の半額を補助する（上限 16,000 円、下限 2,000 円、千円未満切捨）。

　移住のための就職・転職活動交通費助成の設置は、2015 年度である。この移住のための就職・転職活動交通費助成における予算を見ると、2015 年度から 2016 年度の 2 年間は毎年それぞれ 1,600 千円である。2017 年度から 2020 年度の 4 年間は、毎年それぞれ 800 千円である。

　一方決算を見ると、2015 年度で 118 千円（8 件）、2016 年度で 506 千円（33 件）、2017 年度で 387 千円（26 件）、2018 年度で 258 千円（17 件）、2019 年度で 310 千円（20 件）であり、2020 年から対象者を岡山県外に拡充している。

表 41　岡山市空家等適正管理支援事業一覧

制度名	設置時期	予 算（千円）					決 算（千円）					補助実績（件）					備考（特徴など）
		2016	2017	2018	2019	2020	2016	2017	2018	2019	2020	2016	2017	2018	2019	2020	
空家等適正管理支援事業（除却）	2016年度~	31,500	33,101	22,672	22,672	22,672	21,878	16,998	21,834	17,521	11,675	51	39	48	38	24	市が特定空家と認定した空家のみ補助対象。
空家等適正管理支援事業（除却）【地域活性化】	2016年度~	2,000	4,000	4,000	4,000	4,000	—	—	—	—	2,000	—	—	—	—	1	市が特定空家と認定した空家のみ補助対象。地域活性化に供する用途で 10 年間活用する必要あり。今年度申請のあった 1 件は、除却後の空き地を町内会等が利用するポケットパークに活用予定。
空家等適正管理支援事業（リフォーム）	2016年度~	4,500	9,000	9,000	9,000	9,000	4,385	8,437	7,315	6,514	7,569	10	17	15	14	16	特定空家以外の空き家も補助対象となるが、リフォーム後に活用する必要あり。
空家等適正管理支援事業（リフォーム）【地域活性化】	2016年度~	1,500	3,000	3,000	3,000	3,000	—	—	1,500	1,500	—	—	—	—	1	1	地域活性化に供する用途で、10 年間活用する必要あり。過去に申請があった空き家は現在民泊等に活用されている。
空家等適正管理支援事業（空き家診断）	2016年度~	500	500	328	328	328	—	120	—	—	—	—	1	—	—	—	国費は社会資本整備総合交付金を、県費は空き家診断事業費補助金をそれぞれ活用。

［注］補助実績で、空家等適正管理支援事業（除却）、（除却）【地域活性化】、（リフォーム）の 2020 は 12 月末日時点である。

出典：岡山市都市整備局建築指導課空家対策推進室の資料により筆者作成（2021/2/18 回答）

表42　岡山市移住関係補助金等一覧

制度名	設置時期	予　算（千円）							決　算（千円）							補助実績（件）							備考（特徴など）
		2015	2016	2017	2018	2019	2020	2021	2015	2016	2017	2018	2019	2020	2021	2015	2016	2017	2018	2019	2020	2021	
移住支援金	2019年7月~	–	–	–	–	12,200	48,800	8,000	–	–	–	–	0	0	–	–	–	–	–	0	0	–	
県外から移住される方への家賃補助	2015年~	11,760	11,760	5,680	5,800	5,800	6,706	14,000	3,326	2,596	2,535	3,177	4,927	–	–	14	13	13	18	27	–	–	2020年の中途からテレワーカー向けお試し住宅の提供を開始。
移住のための就職・転職活動交通費助成	2015年~	1,600	1,600	800	800	800	800	1,050	118	506	387	258	310	–	–	8 (7人)	33 (23人)	26 (16人)	17 (12人)	20 (16人)	–	–	2020年から対象者を岡山県外に拡充。

［注］2021の予算額は見込である。
出典：岡山市市民協働局市民協働企画総務課移住定住支援室の資料により一部筆者修正（2021/3/15回答）

　岡山県岡山市の助成制度を見ると、空家等適正管理支援事業（除却）における助成制度は、岡山市が特定空家と認定した空家のみ補助対象としており、予算額および決算額について、他の助成制度に比べて非常に多い活用であり、最大となっているのが特徴的である。

　また、空家等適正管理支援事業（リフォーム）については、特定空家以外の空き家も補助対象としており、活用も多くなっている。

　一方、岡山市への移住・定住の促進に関し力を注いでいるのが特徴的である。特に、県外から移住される方への家賃補助に関し、岡山市への移住相談件数が増加傾向にあり、高いニーズに応えるため、2015年から民間賃貸住宅を活用したお試し住宅制度（家賃補助制度）を実施している。さらに2020年の中途からテレワーカー向けお試し住宅の提供も開始している。

5.4　山口県下関市の助成制度

　山口県下関市の概要を見ると [66]、本州の最西端に位置する下関市は、豊かな自然環境に恵まれると共に、多くの歴史遺産を有する海峡のまちである。九州と船の往来を眼前に臨む関門海峡、中国地方屈指の人気観光地角島、数多くの温泉、フク（河豚）、ウニ、クジラ、アンコウ、イカの「五馳走」など、下関市が誇る豊かな自

---

66)　https://www.city.shimonoseki.lg.jp/www/contents/1354353622176/index.html　2020年5月1日閲覧

然、味覚は枚挙にいとまがない。また、下関市は、幾度も歴史の表舞台となってきた。源平壇ノ浦の合戦、宮本武蔵と佐々木小次郎の硫黄島の決闘、そして、明治維新。高杉晋作による奇兵隊の結成、下関四国艦隊砲撃事件、晋作の長府功山寺での挙兵など、下関の地を舞台に歴史は大きく動いていった。

なお、2020 年 3 月末日現在の人口は 259,346 人、世帯数は 130,077 世帯である。

山口県下関市では、空き家対策に関する助成制度として、主に次の 7 つの制度を実施している。

(1)　空き家居住促進改修事業補助金 [67]

良質な住宅ストックの形成を促進し、あわせて空き家への居住を促進することを目的として、下関市内の民間所有の空き家住宅等に係るエネルギーの使用の合理化の促進並びに高齢者および障害者への配慮に資する住宅改修を行う者に対し、空き家住宅等改修に要する費用の一部を補助する。

補助の対象となる方は、①購入した空き家住宅に居住予定の方、②空き家住宅を売却予定の方、③相続した空き家住宅に居住予定の方、④賃貸借契約を締結した、店舗または空き家住宅に居住予定の方、⑤空き家バンクに登録されている空き家住宅の所有者のいずれかに該当し、下関市の市税の滞納がない方、暴力団員でないまたは暴力団および暴力団員と密接な関係のない方（同居者を含む）のすべてに該当する方が対象である。

補助対象事業は、（省エネルギー化、バリアフリー化）改修を実施する工事、省エネルギー化改修とバリアフリー化改修の両方を実施する工事である。

補助金の額について、上限額は空き家住宅等の所在地により異なり、中心市街地に位置する空き家住宅等については上限 80 万円で、それ以外については上限 60 万円である。

下関市住宅政策課の資料において、この補助金の決算を見ると、2016 年度で 1,112 千円（2 件）、2017 年度で 583 千円（1 件）、2018 年度で 483 千円（1 件）、2019 年度で 2,713 千円（5 件）で推移しており、空き家の有効活用が進みつつあると思われる。

---

67)　https://www.city.shimonoseki.lg.jp/www/contents/1525670456076/index.html　2020 年 5 月 1 日閲覧

（2） 空家等跡地活用促進事業補助金 [68]

下関市内の市街化区域に存する空き家の除却を推進することにより、空き家の跡地の有効活用を促進し、もって当該区域のまちの更新および住環境の向上を図るため、跡地の活用につながる空き家の解体（除却）に要する費用の一部を補助する。

補助対象者については、①空き家または空き家の存する敷地の所有者、②法的相続人または財産管理人、③下関市の市税の滞納がなく、暴力団関係者でない方である。

補助対象経費については、市内の解体業者に依頼して行い、解体業者に支払った空き家の除却工事の費用（消費税および地方消費税相当額を除く）である。

補助額については、補助対象経費に2分の1を乗じて得た額で、上限30万円（事業内容によっては異なる）である。

この補助金の決算を見ると、2019年度において実績がなく、活用されていない。

（3） 空き家管理・流通促進支援事業補助金 [69]

宅地建物取引業者または管理業者に依頼して行う、空き家の外観調査、内部換気に要する費用の一部を補助する。

補助対象者（補助申請を行うことができる方）については、空き家の所有者または管理者（法人を除く）で、宅地建物取引業者または管理業者に当該空き家の管理を依頼しようとする方、上記の方から委任（様式第1号）を受けた市内の宅地建物取引業者または管理業者の方である。

補助金の額については、①外観調査を含む管理契約の場合は、税抜き月額の2分の1の額と2,000円を比較して安価な額を月額とし、補助の対象期間を乗じた額、②外観調査と内部換気を含む管理契約の場合は、税抜き月額の2分の1の額と5,000円を比較して安価な額を月額とし、補助の対象期間を乗じた額、③補助の対象期間は、管理契約の期間で2022年3月までの最大12か月間である。なお、次年度も引き続き補助対象事業を行う場合は、予算の範囲内かつ通算12か月間を限度に補助を受けることができる。なお、次年度の補助を確約するものではない。

68） https://www.city.shimonoseki.lg.jp/www/contents/1585014267335/index.html　2020年5月1日閲覧

69） https://www.city.shimonoseki.lg.jp/www/contents/1553752441497/index.html　2020年5月1日閲覧

　この補助金の決算を見ると、2015 度は実績がなく、2016 年度で 79 千円（3 件）、2017 年度で 197 千円（11 件）、2018 年度で 295 千円（18 件）、2019 年度で 381 千円（16 件）で推移しており、空き家の外観調査等の依頼が進みつつあると思われる。

（4）住宅活用支援事業補助金 [70]

　下関市内の住宅・空き家の利活用を促進し、良好な住環境の整備を図るため、住宅・空き家問題解決または利活用の促進に取り組む民間団体の活動を支援する。

　対象者については、2 人以上の者で組織された団体で、次のいずれにも該当する団体である。①住宅または空き家の問題解決または利活用の促進に取り組む団体であること、②団体の目的、事業、会員および役員、経理その他に関する事項が当該団体の定款、規約、規程、会則等において定められていること、③団体の代表者および所在地が現に定まっていること、④団体の構成員等が暴力団員でない者または暴力団若しくは暴力団員と密接な関係を有しない者であること、⑤団体（法人に限る）について、下関市の市税を滞納していないことである。

　補助対象経費については、事業の実施に要する経費（例：講師等の謝礼・旅費、消耗品費、印刷製本費、委託料等）である。

　補助額について、事業実施初年度は、補助対象経費の総額から補助対象事業に係る収入額を控除した額、2 年度目以降は、補助対象経費の総額から補助対象事業に係る収入額を控除した額の 2 分の 1 である。なお、最大 20 万円の補助となる。

　この補助金の決算を見ると、2019 年度において実績がなく、活用されていない。

（5）危険家屋除却推進事業補助金 [71]

　市民生活の安全・安心と良好な生活環境を確保し、土地の有効活用を通じ、持続可能で魅力あるまちづくりを図るため、危険家屋の解体に要する費用の一部を補助する。

　補助対象者については、①危険家屋または危険家屋の存する敷地の所有者、法定相続人または財産管理人、②下関市の市税の滞納がなく、暴力団関係者でない方で

70）　https://www.city.shimonoseki.lg.jp/www/contents/1559106737880/index.html　2020 年 5 月 1 日閲覧

71）　https://www.city.shimonoseki.lg.jp/www/contents/1590659425799/index_k.html　2021 年 4 月 8 日閲覧

ある。

　補助対象経費については、市内の解体業者に依頼して行う危険家屋の除却工事の費用である。(ただし、家屋の一部を解体する工事費用（長屋の一部を解体する工事は除く）、塀や樹木などの付属物の撤去費用、家財の処分費用等は補助対象経費にならない)

　補助金の額については、補助対象経費に2分の1を乗じて得た額で40万円が限度（危険家屋の敷地が重点対象地区に位置する場合は60万円が限度）である。

　ただし、補助対象経費が延床面積に国土交通省の定める除却（解体）工事費の単価を乗じた額を超える場合は、その乗じた額を補助対象経費とする。

　この補助金の決算を見ると、2013年度で8,533千円（19件）、2014年度で9,082千円（20件）、2015年度で5,922千円（13件）、2016年度で13,398千円（35件）、2017年度で12,286千円（32件）、2018年度で10,950千円（28件）、2019年度で8,101千円（21件）で推移している。さらに下関市は、空家等対策の推進に関する特別措置法の公布以前から取組んでおり、助成制度においても最大となっている。

(6) 空き家等対策事前相談支援事業補助金[72]

　空き家問題の解決に向けた、弁護士または司法書士への事前相談に要する費用の一部を補助する。補助対象者については、次のいずれかに関する事前相談（弁護士または司法書士と契約を締結する前に行う相談をいう。）を弁護士または司法書士に行おうとする方（法人は除く）。

　①空き家等（市内にある空き家およびその敷地で、建築物の各戸を含む。）の管理が不適切であることにより受けるおそれのある被害または実際に受けた被害への対処、②空き家等に係る相続、所有権移転、遺産分割協議書等である。

　補助対象経費については、事前相談費用に係る報酬として弁護士または司法書士に支払った費用（税抜き）である。

　補助金の額については、補助対象経費に2分の1を乗じて得た額で、事前相談回数（相談3回まで補助の対象）に5,000円を乗じて得た額を上限とする。

　この補助金の決算を見ると、2019年度で5千円（1件）の実績であり、ほとんど活用されていないと思われる。

---

72) https://www.city.shimonoseki.lg.jp/www/contents/1571200440567/index.html　2020年5月1日閲覧

（7）介護人材確保・空き家有効活用共同支援事業補助金 [73]

空き家の有効活用と介護人材不足の解消を図るため、建設部局と福祉部局が連携のうえ、宿舎整備支援事業および介護人材確保支援事業を実施する。

補助金については、次のとおりである。

①宿舎整備支援事業補助金の場合、空き家を購入して従業者の宿舎として整備する際の改修に要する費用の一部を補助する。補助金の額については、改修費の2分の1で、共同住宅は上限50万円/戸で、戸建て住宅は上限100万円/戸である。

②介護人材確保支援事業補助金の場合、宿舎整備支援事業補助金を用いて整備した空き家に住まう従業者を確保するための、就職面接会等に要する費用の一部を補助する。補助金の額については、経費の2分の1で、上限20万円である。

この補助金の決算を見ると、2018年度では実績はないが、2019年度では585千円（1件）の実績である。この事業は、介護人材確保と空き家有効活用の両面について、共同支援を行う目新しい事業である。

表 43　下関市空き家対策補助事業一覧表

制度名	年度別決算額（単位：千円）							年度別実績件数						
	2013	2014	2015	2016	2017	2018	2019	2013	2014	2015	2016	2017	2018	2019
空き家居住促進改修事業補助金	−	−	−	1,112	583	483	2,713	−	−	−	2	1	1	5
空家等跡地活用促進事業補助金	−	−	−	−	−	−	0	−	−	−	−	−	−	0
空き家管理・流通促進支援事業補助金	−	−	0	79	197	295	381	−	−	0	3	11	18	16
住宅活用支援事業補助金	−	−	−	−	−	−	0	−	−	−	−	−	−	0
危険家屋除却推進事業補助金	8,533	9,082	5,922	13,398	12,286	10,950	8,101	19	20	13	35	32	28	21
空き家等対策事前相談支援事業補助金	−	−	−	−	−	−	5	−	−	−	−	−	−	1
介護人材確保・空き家有効活用共同支援事業補助金	−	−	−	−	−	0	585	−	−	−	−	−	−	1

［注］予算は、機構改革により詳細については不明

出典：山口県下関市建設部住宅政策課の資料により筆者作成（2021/2/19 回答）

73）　https://www.city.shimonoseki.lg.jp/www/contents/1568674879705/files/Wakariyasuiyosansyo 2020.pdf　2020 年 5 月 1 日閲覧

山口県下関市の助成制度は、下関市内の市街化区域に存する空き家の除却を推進する危険家屋除却推進事業が最大の補助事業である。また、空き家居住促進改修では、空き家の有効活用が図られつつあり、空き家管理・流通促進支援事業では、空き家の外観調査等の依頼が進みつつある。さらに、実績は出ていないが、空き家問題にかかる弁護士・司法書士との事前相談に要する費用の一部助成や介護人材不足の解消と空き家の有効活用の解消を図るため、両部局が協力して行う介護人材確保・空き家有効活用共同支援事業については、他自治体では実施されていない目新しい補助事業である。

5.5　兵庫県神戸市の助成制度

　兵庫県神戸市の概要を見ると[74]、神戸は日本の中心部に位置し、緑豊かな美しい山並みを背に、波静かな碧い瀬戸内海を見渡せる、温暖で自然豊かな港町である。古来より海外との貿易港として栄え、1868 年の開港以降、さまざまな西洋の文化を取り入れてきた。日本の近代化とともに、海運、造船、鉄鋼、そして医療などの産業を中心に発展し、現在では世界 130 カ国以上、約 153 万人が暮らす国際色豊かな都市へと成長している。また、日本三大夜景のひとつである神戸夜景、瀬戸内クルージング、1600 年代からの歴史ある有馬温泉などの魅力に加え、世界でも有名な神戸ビーフ、灘の酒、洋菓子といった多彩な食文化とグルメのまちである。

　なお、2020 年 3 月 31 現在の人口は 1,529,092 人で、世帯数は 761,479 世帯である。

　兵庫県神戸市では、空き家対策に関する助成制度として、主に次の 11 件の制度を実施している。

（1）老朽空家等解体補助制度[75]

　活用等の見込みが乏しい腐朽や破損が生じている老朽空き家や、その予備軍である建替等が困難な老朽家屋の早期解体を促進することにより、空き家が放置され周辺の生活環境へ悪影響を及ぼすことを未然に防ぐなど健全で快適なまちづくりを推進することを目的とした補助制度である。

　補助対象では、老朽家屋等の解体は、建設業法による許可（建築・土木・解体工事業のいずれか）または建設リサイクル法による登録を得た解体工事業者等へ請け

---

74)　https://kobe-convention.jp/ja/practical-information/about-kobe/　2020 年 5 月 1 日閲覧
75)　https://www.smilenet.kobe-sumai-machi.or.jp/hojo/rokyu/　2020 年 5 月 1 日閲覧

負わせること。敷地については原則として敷地全体を更地の状態にすること。（ただし、安全上やむを得ない時は、除く場合がある）。

　補助の対象者は、老朽空き家等（旧耐震家屋）の所有者等であり、個人および法人が対象である。

　補助金の交付額については、補助対象事業費（解体工事費用）または、補助対象基準額（家屋の延床面積（m^2）× 27,000（円））のうち低い額の 3 分の 1（上限 60 万円）である。

　神戸市安全対策課安全推進係の資料において、老朽空家等解体補助制度の設置時期は、2019 年度となっている。

　この補助制度における予算を見ると、2019 年度で 213,000 千円、2020 年度で 408,000 千円である。

　一方決算を見ると、2019 年度で 160,349 千円（申請数 304 件）、2020 年度で、実績値は未定（申請数 450 件は 12 月末日時点）であるが、予算および補助実績の対前年度と比較すると、2020 年度の実績値は、2019 年度の実績値を相当上回ると考えられる。

　さらに、神戸市の助成制度の中では、最大の補助制度となっている。

（2）子育て支援住宅取得補助制度 [76]

　よりよい住環境を確保するためのリノベーションや建替えを支援するとともに、中古住宅の市場流通の活性化を図る。

　補助内容（中古住宅取得費に対して補助する）については、表 44 のとおりである。

表 44　神戸市子育て支援住宅取得補助内容

対象世帯	種別	補助額
子育て世帯（中学生以下の子供がいる世帯）または若年夫婦世帯（夫婦ともに 39 歳以下の世帯）	中古住宅を購入して住環境を改善するリノベーションを行った場合	定額 50 万円（市外転入は 70 万円）
	住環境を改善したリノベーションを実施した中古住宅を購入した場合	
	旧耐震基準の住宅を購入して建替えた場合	定額 100 万円（市外転入は 120 万円）

出典：神戸市子育て支援住宅取得補助制度概要より筆者作成

76）　https://www.city.kobe.lg.jp/a01110/kurashi/sumai/jutaku/information/shinkonportal/Kosodate shienrinobe.html　2020 年 5 月 1 日閲覧

対象要件については、表 45 のとおりである。

表 45　神戸市子育て支援住宅取得補助金　型別の条件整理

	取得後リノベ型	リノベ後取得型	建替え型（新規）
対象世帯	・中学生以下の子供がいる世帯 ・夫、妻ともに 39 歳以下である世帯		
対象要件	住環境を改善するリノベーション工事を実施した住宅を取得		旧耐震住宅を取得
	改修後に新耐震基準を満たすこと		上記の住宅を解体し、住宅を新築すること
	2019.10.1 以降に改修工事契約を締結していること	2019.10.1 以降に売買契約を締結していること	2020.1.1 以降に売買契約を締結していること
	改修工事契約日が所有権移転日から 6 か月以内であること	―	解体工事前の住宅に申請者が居住していないこと
電子フォーム申込時期	改修工事終了後	所有権移転後	新築工事終了後

出典：神戸市子育て支援住宅取得補助制度概要より筆者作成

　神戸市住宅政策課の資料において、子育て支援住宅取得補助制度（リノベーション型）の設置時期は 2019 年度で、予算は 2019 年度から 2020 年度の累計で 81,300 千円であり、決算は 2019 年度末までの累計で 23,690 千円（47 件）である。
　一方、子育て支援住宅取得補助制度（建替え型）の設置時期は 2020 年度で、予算は 2020 年度で 104,800 千円であり、決算は未定となっている。この事業は、旧耐震住宅を取得し、解体して新築することで耐震化を促進している。

（3）親・子世帯の近居・同居住み替え助成事業 [77]
　子育て世帯とその親世帯の 3 世代が近くに住むことになった場合の引越し代の助成をする。この事業は、離れて暮らす親世帯・子世帯が近くに住み替える際の初期費用の負担軽減を図ることにより、高齢期・子育て期を安心して過ごすための居住地の選択を支援することを目的にしている。
　助成内容については、小学校入学前の子どもがいる子世帯と神戸市内に 1 年以上居住している親世帯が、近くに住む（同居も含む）ことになった場合に、移転した

77）　https://www.city.kobe.lg.jp/a01110/kurashi/sumai/jutaku/information/shinkonportal/oyako/index.html　2020 年 5 月 1 日閲覧

世帯の世帯主に助成金を支払う。移転した世帯が支払った住み替えにかかる費用の半額（上限額あり）。

なお、助成内容のまとめについては、表 46 のとおりである。

表 46　神戸市親・子世帯の近居・同居住み替え助成内容表

移転内容	市内移転	市外から移転または市街地西部地域外から地域内へ移転
対象世帯	子世帯または親世帯	子世帯
助成上限額	10万円	20万円
助成対象	引越し費用	引越し費用・不動産登記費用・仲介手数料・礼金

出典：神戸市親・子世帯の近居・同居住み替え助成事業の概要より筆者作成

親・子世帯の近居・同居住み替え助成事業の設置時期は 2013 年度で、予算は2013 年度から 2020 年度の累計で 95,463 千円であり、決算は 2013 年度から 2019 年度の累計で 62,398 千円（633 件）である。

(4)　結婚新生活支援事業 [78]

新婚世帯が住み替えた際の引越し費用等を補助する。

補助の内容で、対象要件については次のとおりである。

① 2021 年 1 月 1 日以降に婚姻届を提出し、受理されていること、②婚姻時の夫婦の年齢がともに 39 歳以下であること、③夫婦の 2020 年の年間所得の合計額が520 万円未満であること、④ 2021 年 1 月 1 日以降に夫婦ともに新居へ住み替えていること、⑤良好な住環境の住宅に入居すること、⑥申請日より 2 年以上神戸市に居住する意思があること、⑦その他の要件（例えば、過去に本制度に基づく補助を受けていないことなど）である。

対象費用については、補助上限額最大 30 万円である（2021 年 1 月 1 日以降に支払った費用に限り、2020 年 12 月 31 日までに支払った費用は対象外である。さらに、新婚世帯が支払った費用に限る）。

結婚新生活支援事業の設置時期は 2016 年度で、予算は 2016 年度から 2020 度の累計で 253,179 千円であり、決算は 2016 年度から 2019 年度の累計で 157,915 千円

---

78)　https://www.city.kobe.lg.jp/a01110/kurashi/sumai/jutaku/information/shinkonportal/kekkon/index.html　2021 年 3 月 3 日閲覧

（632 件）である。

　なお、内閣府の要件に則して事業を実施している。（所得要件については神戸市独自に設定）

　(5)【神戸市空き家・空き地地域利用応援制度】空き家再生等推進事業 [79)]

　本市では、空き家の利活用を促進するため、空き家住宅および空き建築物を地域の活性化に資する「神戸市空き家再生等推進事業」を実施し、地域活動や地域住民の交流拠点等の用途に活用する空き家の改修等を行う民間事業者等に対して、補助金を交付する。

　対象者については、空き家の所有者（予定者を含む）または空き家の賃貸人（予定を含む）であり、市税の滞納者や暴力団員等は対象とならない。

　対象事業については、地域コミュニティ維持・再生を目的とした事業で、10 年以上対象物件を下記の用途に活用することが条件である。

　①滞在体験施設、②交流施設、③体験学習施設、④創作活動施設、⑤文化施設、⑥その他市長が認める用途である。なお、宗教活動、政治活動若しくは選挙活動、公益を害する恐れまたは公序良俗に反する恐れのある活動は認めない。

　補助内容については、改修工事にかかる費用の 3 分の 2 である。ただし、2,333 千円を上限とする。

　神戸市空家空地活用課の資料において、空き家再生等推進事業の設置時期は 2016 年 6 月である。予算を見ると、2016 年度で 2,520 千円、2017 年度で 2,453 千円、2018 年度から 2020 年度の 3 年間は、それぞれ 2,333 千円である。

　一方決算を見ると、2016 年度は実績なしで、2017 年度から 2018 年度の 2 年間はそれぞれ 2,333 千円（1 件）である。2019 年度は実績なしで、2020 年度は 6,999 千円（2021 年 1 月 31 日時点で 3 件）であり、地域活動や地域住民の交流拠点等の用途に活用する空き家の改修が微増となっている。

　(6)　住環境改善支援制度（隣地統合補助）[80)]

　狭小空き家など、単独では、市場価値が低く流通困難な物件を隣地との統合によ

---

79) https://www.city.kobe.lg.jp/a94208/kurashi/sumai/jutaku/information/akiya-riyobank/ akiyasaisei.html　2020 年 5 月 1 日閲覧

80) https://www.city.kobe.lg.jp/a94208/kurashi/sumai/jutaku/information/ rinchitougou.html　2020 年 5 月 1 日閲覧

126

り狭小地を解消し、住環境の改善を促進するため、隣地統合の際にかかる測量費用、明示費用、登記費用、不動産仲介手数料の一部を補助する。あわせて、隣地統合を行った敷地について、日常一般に公開される通路や空地など住環境改善に寄与する空間の整備費の一部を補助する。

補助内容については、次のとおりである。

隣地統合時（隣地を購入する時）の場合では、①対象者は、狭小地とその隣地を統合した個人または法人、②補助対象は、測量費用、明示費用、登記費用、仲介手数料、③補助金額は、最大 50 万円（2019 年度より拡充）、④主な条件は、2018 年 10 月 1 日時点において、隣地もしくは自己所有地が 60 平米未満、取得予定地と自己所有地が 2 メートル以上接していること、異なる者が所有していること等である。

隣地統合後（建替えを実施する時等）の場合では、①対象者は、上記隣地統合時の補助を交付された個人または法人、②補助対象は、空地整備にかかる設計費、工事費、工事監理費、③補助金額は、補助対象経費の 2 分の 1 または 50 万円いずれか低いほう、④主な条件は、歩行者が自由に通行または利用できる空地を整備すること等である。

住環境改善支援制度（隣地統合補助）の設置時期は 2018 年 10 月である。予算を見ると、2018 年度から 2020 年度の 3 年間は、それぞれ 700 千円である。

一方決算を見ると、2018 年度は 400 千円（2 件）で、2019 年度は 1,654 千円（5 件）で、2020 年度は 4,906 千円（2021 年 1 月 31 日時点で 15 件）であり、住環境の改善を促進するために、隣地統合の際にかかる登記費用等の補助が増加傾向にある。

(7)【神戸市空き家・空き地地域利用応援制度】地域利用リノベーション補助[81]

空き家を地域の活性化のために、地域活動や地域住民の交流拠点等の用途に活用する場合、改修工事の費用を補助する。居住や店舗等の併用や兼用も対象となる。

補助対象者については、空き家の所有者または空き家の賃貸人（予定者を含む）で、いずれの場合も、地域利用できる範囲を利用するものは、一般社団法人すまいまちづくり公社が運営する「空き家・空き地地域利用バンク」に登録されている団体に限る。

さらに、神戸市税の滞納者や暴力団員等は対象とならない。

---

81)　https://www.city.kobe.lg.jp/a94208/kurashi/sumai/jutaku/information/akiya-riyobank/renovation.html　2020 年 5 月 1 日閲覧

補助内容については、専用型は改修工事にかかる費用の合計額または、1,000 千円のいずれか低い額、併用型は、地域利用できる範囲の改修工事にかかる費用の 2 分の 1 または、1,000 千円のいずれか低い額で、いずれの場合も、千円未満は切り捨てとし、法人が申請する場合は、消費税および地方消費税は除く。また、改修工事の見積明細書は複数事業者から取得する必要がある。

地域利用リノベーション補助の設置時期は 2020 年 6 月（旧 2019 年 6 月）である。予算を見ると、2019 年度で 5,000 千円、2020 年度で 15,000 千円である。

一方決算を見ると、2019 年度は実績なしで、2020 年度は 15,000 千円（2021 年 1 月 31 日時点で 4 件）であり、空き家を地域住民の交流拠点等の用途に活用して、活性化する動きが見られる。

(8)【神戸市空き家・空き地地域利用応援制度】空き地整備補助事業[82]

使う予定のない空き地を地域活動のために利用する団体に対し、地域利用へ転用する初期経費（整備費等）の一部を補助する。

補助内容について、①対象者は、「すまいるネット」で運営している「空き家・空き地地域利用バンク」に登録している地域活動を行う団体等（自治会、婦人会、ＮＰＯ法人等）である、②補助対象は、花壇、水栓等の整備費用や備品費用である、③補助金額は、1 平米当たり 9 千円 + 30 万円かつ最大 100 万円である。

空き地整備補助事業の設置時期は 2018 年 10 月である。予算を見ると、2018 年度から 2020 年度の 3 年間で、それぞれ 2,950 千円である。

一方決算を見ると、2018 年度で 500 千円（1 件）、2019 年度で 3,421 千円（4 件）、2020 年度で 2,950 千円（2021 年 1 月 31 日時点で 1 件）であり、使う予定のない空き地を地域活動のために利用する団体がある。

(9)【神戸市空き家・空き地地域利用応援制度】空き家・空き地初期費用補助事業[83]

神戸市では、空き家・空き地の所有者の方と地域活動の場として使用したい団体等をつなぐ「空き家・空き地地域利用バンク」を行っているが、マッチング・成約後の契約時にかかってくる仲介手数料・登記費用の負担軽減のための補助を行う。

82）　https://www.city.kobe.lg.jp/a94208/kurashi/sumai/jutaku/information/akiya-riyobank/akichi-chiikiriyou.html　2020 年 5 月 1 日閲覧

83）　https://www.city.kobe.lg.jp/a94208/kurashi/sumai/jutaku/information/akiya-riyobank/syokihiyou.html　2020 年 5 月 1 日閲覧

補助内容については、①対象者は、空き家・空き地地域利用バンク登録の物件所有者、登録団体である、②補助費用は、地域利用バンクの登録団体が地域活動のために、新たに賃貸借または売買・譲渡契約を行う際の仲介手数料、登記費用（登記費用の補助については、法人である地域団体のみ）である、③補助金額は、賃貸借・売買にかかる仲介手数料（上限 40 万円）、売買・譲渡時の所有権移転登記費用（上限 20 万円）、それぞれ千円未満は切り捨て。法人の場合は消費税を除く、④主な条件は、2 年以上地域利用に供すること（賃貸借の場合の期間は、2 年以上の契約であること）等である。

空き家・空き地初期費用補助事業の設置時期は 2020 年 6 月である。予算を見ると、2020 年度で 8,000 千円である。

一方決算を見ると、2020 年度で 8,000 千円（2021 年 1 月 31 日時点で 0 件）であり、現在、上記時点では実績はない状況である。

(10)【神戸市空き家・空き地地域利用応援制度】空き家・空き地維持費用補助事業[84]

神戸市では、空き家・空き地の所有者の方と地域活動の場として使用したい団体等をつなぐ「空き家・空き地地域利用バンク」を行っている。地域の活性化、地域での空き家・空き地の活用の支援として、空き家・空き地を地域利用のために、無償で貸出しをされる場合に、維持経費（固定資産税・都市計画税および空き家の場合、空き家の維持費用）の補助を実施している。

補助対象者については、空き家・空き地地域利用バンク登録の物件所有者で、かつ、当該物件の固定資産税・都市計画税を納税している者である。

空き家の場合の補助金額は、当該家屋（敷地含む）にかかる固定資産税・都市計画税相当額＋維持費相当額（床面積に応じ定額）で、床面積について、50 m² 未満は 5 万円、50 m² 以上 100 m² 未満は 7 万 5 千円、100 m² 以上は 10 万円である。

空き地の場合の補助金額は、①当該土地にかかる固定資産税・都市計画税相当額、②補助額の上限等については、100 万円である。なお、同一の所有者については、空き家、空き地あわせて 3 物件までであり、年度途中の契約の場合、補助額は年度末までの月割りとなる。さらに、主な条件は、2 年以上地域利用に供すること（期間 2 年以上の契約であること）等である。

---

84) https://www.city.kobe.lg.jp/a94208/kurashi/sumai/jutaku/information/akiya-riyobank/ijihiyou.html　2020 年 5 月 1 日閲覧

空き家・空き地維持費用補助事業の設置時期は 2020 年 6 月である。予算を見ると、2020 年度で 3,400 千円である。

一方決算を見ると、2020 年度では 3,400 千円（2021 年 1 月 31 日時点で 2 件）となり、予算に到達していることがわかる。

(11)【神戸市空き家・空き地地域利用応援制度】空き家地域利用片付け支援補助 [85]

空き家を地域利用の場に提供する際に支障となる家財道具等の処分・整理にかかる費用を補助する。

補助内容については、①対象者は、神戸市内にある空き家の所有者、「空き家・空き地地域利用バンク」に登録された空き家の貸借および売買契約等を締結した団体である、②補助対象は、一般廃棄物収集運搬業者に家財道具等の処分を依頼する場合の費用、家電リサイクル料金、引取運搬費用等である、③補助上限は、20 万円（補助額は千円未満の端数切捨て）である、④主な条件は、所有者が申請する場合、「空き家・空き地地域利用バンク」への登録を 1 年以上継続する意思があること。また、団体が申請する場合、「空き家・空き地地域利用バンク」に登録された団体であること等である。

空き家地域利用片付け支援補助の設置時期は 2019 年 6 月である。予算を見ると、2019 年度および 2020 年度は、配分上 0 となっている。

一方決算を見ると、2019 年度で 425 千円（3 件）、2020 年度で 1,209 千円（2021年 1 月 31 日時点で 7 件）であり、前年度に比べて実績は伸びている。

表 47　神戸市老朽空家等解体補助制度

制度名	設置時期	予　算		決　算		補助実績		備考（特徴など）
		2019年度	2020年度	2019年度	2020年度	2019年度	2020年度	
老朽空家等解体補助制度	2019年度〜	213,000千円	408,000千円	160,349千円	未　定	申請数304件（413戸）	申請数450件（622戸）	本制度は空家等対策の推進に関する特別措置法第2条第2項に規定する特定空家等に至らないような空き家等も対象とし広く補助を行い所有者の自主的な解体を促している。

［注］補助実績は申請数で、2020 年度は 12 月末日時点
出典：神戸市建築住宅局建築指導部安全対策課安全推進係の資料により筆者作成（2021/3/16 回答）

85）　https://www.city.kobe.lg.jp/a94208/kurashi/sumai/jutaku/information/akiya-riyobank/kataduke
shien.html　2020 年 5 月 1 日閲覧

表 48 神戸市親・子世帯の近居・同居住み替え助成事業等一覧

制 度 名	設置時期	予算計（千円）（～ 2020年度）	決算計（千円）（～ 2019年度末）	実績値（件）（～ 2019年度末）	備考（特徴など）
子育て支援住宅取得補助制度（リノベ型）	2019年度～	81,300	23,690	47	
子育て支援住宅取得補助制度（建替え型）	2020年度～	104,800	―	―	旧耐震住宅を取得し、解体して新築することで耐震化を促進
親・子世帯の近居・同居住み替え助成事業	2013年度～	95,463	62,398	633	
結婚新生活支援事業	2016年度～	253,179	157,915	632	内閣府の要件に則して事業を実施している。（所得要件については神戸市独自に設定）

［注］予算、決算、実績は、累計の数値である。
出典：神戸市建築住宅局住宅政策課の資料により筆者作成（2021/3/4 回答）

表 49 神戸市空き家・空き地地域利用応援制度一覧

名称	設置時期	実 績					予 算 額（千円）					決 算 額（千円）				
		2016	2017	2018	2019	2020	2016	2017	2018	2019	2020	2016	2017	2018	2019	2020
【神戸市空き家・空き地域利用応援制度】空き家再生等推進事業	2016年6月	0	1	1	0	3	2,520	2,453	2,333	2,333	2,333	0	2,333	2,333	0	6,999
住環境改善支援制度（隣地統合補助）	2018年10月	―	―	2	5	15	―	―	700	700	700	―	―	400	1,654	4,906
【神戸市空き家・空き地域利用応援制度】地域利用リノベーション補助	2020年6月（旧2019.6）	―	―	―	0	4	―	―	―	5,000	15,000	―	―	―	0	15,000
【神戸市空き家・空き地域利用応援制度】空き地整備補助事業	2018年10月	―	―	1	4	1	―	―	2,950	2,950	2,950	―	―	500	3,421	2,950
【神戸市空き家・空き地域利用応援制度】空き家・空き地初期費用補助事業	2020年6月	―	―	―	―	0	―	―	―	―	8,000	―	―	―	―	8,000
【神戸市空き家・空き地域利用応援制度】空き家・空き地維持費用補助事業	2020年6月	―	―	―	―	2	―	―	―	―	3,400	―	―	―	―	3,400
【神戸市空き家・空き地域利用応援制度】空き家地域利用片付け支援補助	2019年6月	―	―	―	3	7	―	―	―	―	―	―	―	―	425	1,209

［注］2020 年度は、2021 年 1 月 31 時点、空き家地域利用片付け支援補助制度の予算額は、配分上 0 となっている。
出典：神戸市都市局空家空地活用課の資料により筆者作成（2021/3/9、2021/3/15、2021/4/13 回答）

兵庫県神戸市の助成制度において、老朽空家等解体補助制度は、空家等対策の推進に関する特別措置法第2条第2項に規定する特定空家等に至らないような空き家等も対象とし、広く補助を行っており、予算額および決算額について、他の助成制度に比べ非常に多い活用であり、最大となっているのが特徴的である。また、単独では、市場価値が低く流通困難な物件を隣地との統合により狭小地を解消し、住環境の改善を促進するため、隣地統合の際にかかる不動産仲介手数料等の一部を補助する取組みがある。さらに、神戸市親・子世帯の近居・同居住み替え助成事業では、離れて暮らす親世帯・子世帯が近くに住み替える際の初期費用の負担軽減を図ることにより、高齢期・子育て期を安心して過ごすための居住地の選択を支援する取組みは、最近目にすることが多くなっている。

6．おわりに

　ニュータウン開発当初から公的賃貸住宅などと同様に戸建て住宅も重要視され、建設計画の中に組み込まれてきたが、戸建て住宅地域では高齢化に伴い、独居世帯が増え、空き家が増加傾向にあるため、地方自治体が実施している空き家対策の助成制度について取り上げた。公的賃貸住宅は先行して建設され、数十年が経ち建物の老朽化が進み建替え等により活性化されつつある。しかし、税収を支える重要な部分である戸建て住宅地域については、空き家の増加が進んでおり、対策がほとんど講じられていない状況である。そこで、国による空き家対策の法制度を取り上げ、空家等対策の基本的な考え方である市町村の役割、都道府県の役割、国の役割を概観した。さらに地方公共団体が、空家等対策の推進に関する特別措置法（平成26年法律第127号）に基づく空家等対策に取組むに当たり、参考となる主な関連施策や諸制度について整理を行った。そのうえで、国による空家等対策に係る関連施策等に関して、空き家対策等に関する補助金助成制度を実施している多くの地方自治体の中から、地域性および人口規模、助成制度の複数実施自治体の条件を設定し選定した。具体的には、人口10万人前後の岐阜県高山市、人口20万人前後の千葉県佐倉市、人口30万人前後の山口県下関市、人口75万人前後の岡山県岡山市、人口150万人前後の兵庫県神戸市を抜粋し、それぞれの市が実施している補助金助成制度の実績、予算、決算などを各市にメールで紹介をして、5市から回答のあった資料に基づいて空き家対策の助成制度について比較分析を行った。これらの地方自治体では、空き家対策等の助成制度について、様々な取組みを実施し、それぞれにおいて創意工夫をして、色々な助成制度を立ち上げている。この5市の自治体のうち、

兵庫県神戸市、岡山県岡山市、山口県下関市では、危険家屋除却補助制度関係において、それぞれの市で補助助成制度が最大になっていることがわかる。岐阜県高山市については、前年度に対する補助金が大幅に上昇していることから、空き家対策において、依然として危険家屋対策が中心となっていることを確認した。

　今後は、空き家を取り壊す方向よりも、利活用（例えば、リノベーションなど）する方向に目を向けて、新しい人に使ってもらい、子育て世代等が流入しやすい施策を構築していくことにより、人口増加等に繋がる。これは、ニュータウン戸建て地域についても言えることである。

　参考に、国土交通省による報道発表資料（空家法施行から 4 年半、全国で空き家対策の取組が進む〜空き家対策に取り組む市区町村の状況について〜）を見ると[86]、空家等対策の推進に関する特別措置法（空家法）に関し、空家等対策計画は法施行後 4 年半で全国の市区町村の 63% で策定されている。空家法の効果として、4 年半で 7,552 物件の特定空家等の除却等（うち代執行 196 件）が進んでおり、空家法に基づく助言または指導などの措置件数も年々増えている。また、空家法に限らず、市区町村における様々な空き家対策に関する取組の効果として、4 年半で約 77,000 物件の管理不全の空き家の除却等が進んでいる（本調査は、2019 年 10 月 1 日時点の調査である）。

---

86)　https://www.mlit.go.jp/report/press/house03_hh_000138.html　2020 年 5 月 1 日閲覧

〈 第 4 章 〉

自治体の空き家対策

1．研究の背景

　現在の日本においては、人口および世帯数の減少や高齢化に伴う独居世帯の増加により、空き家が増加傾向にある。特に地方都市では、その傾向が顕著である。適正に管理されない空き家等が周辺の生活環境に深刻な影響を及ぼしていること等を背景に制定された、「空家等対策の推進に関する特別措置法」（平成26年法律第127号）（議員立法）が平成27年5月26日に全面施行されたことにより、市町村では、空き家対策を進める枠組みが整った。そのため空き家等対策計画の策定、空き家等およびその跡地の活用、空き家等の実態把握・所有者の特定等、管理不十分で放置することが不適切な空家等（特定空家等）に対する措置（助言または指導、勧告、命令、行政代執行）が、市町村において進められている。

　また、こうした空き家対策の一つとして空き家バンクを立ち上げている多くの自治体があり、空き家の利活用を促進することにより、空き家の解消に繋がるとされている。さらに、その空き家に移住することで、人口増加に繋がることが想定されることから、まちづくりに活かそうとする取組みが広まっている。

2．先行研究

　自治体の空き家対策に関する研究は、空き家の予防と利活用とに分けることができる。予防に関する研究の代表的なものとして、岩崎（2016）は、空き家が発生する前の段階での、未然予防の重要性やそのための調査・分析の必要性を論じている。

　一方、空き家の利活用に関する先行研究としては、利活用に関する政策体系と空き家バンクに関する制度とに分けることができる。前者のものとして米山（2014）は、所有者による自主的解体が期待できない空き家について、どれだけの費用を撤去に投入するのかという論点や空き家の利活用の財政支援と地域活性化との関連性について言及している。他方、空き家バンクに関する研究として平（2017）は、空き家バンク単独では成果が限定されるため、総合的な移住・定住施策の中での実施が望まれると論じている。しかし、以上の研究では、地域への定住促進を目的とした利活用について、自治体における実際の施策と実施状況の具体的事例に乏しい。

　このため、本章では大分県中津市、福岡県豊前市、大分県別府市の3市を対象と

して、移住検討者向けのお試し住宅や、空き家・空き店舗のリノベーション利用を
定住促進、起業・創業支援、観光地域づくりと関連付けた具体的施策を検証・検討
し、その意義について考察する。

3．研究の目的

　空き家問題は、高齢化の進行により、高齢単身世帯の増加や少子化による人口減
少、核家族化が進行し、親世代の空き家を子どもが引き継がないことなどが原因と
なり発生する。その対策として、上述の先行研究では予防（土地・家屋の所有者な
どに啓発文書の送付や空き家に関する相談窓口の設置、相続などの相談会、管理不
十分な空き家に対する指導など）、空き家の利活用、空き家バンクへの登録の重要
性が示唆された。

　そこで、本章では東九州の 3 自治体（中津市、豊前市、別府市）を取り上げて、
各自治体担当者にヒアリング調査を実施して、関係資料と併せて課題等を整理し、
自治体の空き家対策の具体的事例を分析して、その課題について考察する。

　ここで分析対象とする 3 市の選定理由は次のとおりである。

　中津市は、2017 年 4 月に空家等対策計画の策定に伴い、市長、自治会長、弁護士、
法務局、土地家屋調査士、建築士、社会福祉士、郷土史研究家、行政からなる空家
等対策協議会を組織した。空家等対策計画で対象地区を市全域としている。

　しかし、空き家バンクに限っては、移住・定住施策の対象として過疎地域（三光
村、本耶馬渓町、耶馬渓町、山国町）を対象としている。中津市は、こうした空き
家の利活用と移住・定住施策との関係を考察できる事例だと言える。

　豊前市は、2017 年 12 月に空家等対策協議会を設置し、市議会議員、地域住民代表、
学識経験者、その他市長が必要と認める者で組織する。翌年の 3 月に空家等対策計
画を策定した。宅建資格を保有している専門職員を配置し、空き家バンクの成約を
増やしている。

　別府市は、2017 年 3 月に空家等対策計画の策定に伴い、市長、大分県地域婦人
団体連合会支部長、市議会議員、行政書士、土地家屋調査士、宅地建物取引士、建
築士、社会福祉士、大学教授、市職員からなる空家等対策協議会を組織した。別府
国際観光温泉文化都市建設法が適用され [87]、別府市総合戦略では、観光客を移住

---

87)　衆議院「別府国際観光温泉文化都市建設法」https://www.shugiin.go.jp/internet/itdb_housei.nsf/
html/houritsu/00719500/25221.htm　2019 年 10 月 3 日閲覧

に繋げていくことや、空き家を活用して宿泊や移住の受け皿などとして、観光と移住を促進している[88]。

　なお、本章における解体等に関する助成制度や予防策などは、空き家等の適正管理の促進に繋がる。また、地域の貴重な財産として捉え、有効活用を図っていくことは、地域の活性化などが期待できる。

４．調査対象市の概要

　調査対象市（中津市、豊前市、別府市）の概要を見ると、中津市は、大分県の西北端に位置し、東は宇佐市、東西は玖珠郡、日田市、北西は福岡県に接し、北東は周防灘に面している。面積は 491.53 km²、人口は 8 万 3,969 人、世帯数は 3 万 9,559 世帯（2019 年 3 月 31 日現在）である。

　豊前市は、福岡県の東南端に位置し、北は波静かな周防灘に面しており、北九州空港より車で約 40 分の位置にある。面積は 111.17 km²、人口は 2 万 5,496 人、世帯数は 1 万 1,765 世帯（2019 年 3 月 31 日現在）である。

　別府市は、瀬戸内海に接する大分県の東海岸のほぼ中央に位置し、南は県都大分市と隣接、北は国東半島の市や町と接し、西は別府湾に続く扇状地である。市内には、古くから「別府八湯」と呼ばれる温泉群が点在し、2,200 を数える源泉から湧出する温泉は、医療、浴用等、市民生活はもとより観光、産業面にも幅広く利用されている。面積は 125.34 km²、人口は 11 万 7,017 人、世帯数は 6 万 1,916 世帯（2019 年 3 月 31 日現在）である。

５．空き家の現状

5.1　日本の空き家の現状

　平成 31 年 4 月 26 日付の総務省報道資料で、総務省統計局の 5 年ごとに調査されている「平成 30 年住宅・土地統計調査」による住宅数概数集計結果の概要で、平成 30 年 10 月 1 日現在、日本の総住宅数は 6,242 万戸で、平成 25 年と比べ、179 万戸（3.0％）の増加となっている。

　一方、居住世帯のない住宅のうち、空き家は 846 万戸で、2013 年と比べ、26 万戸（3.2％）の増加となっている。総住宅数に占める空き家の割合（空き家率）は

---

[88]　まち・ひと・しごと別府市総合戦略　https://www.city.beppu.oita.jp/doc/sisei/kakusyukeikaku/sousei/beppu-strategy.pdf　2019 年 10 月 3 日閲覧

13.6%であり、2013年の前回調査時に比べ、0.1ポイント上昇しており、過去最高となっている（図11）。

　次に、空き家の内訳を種類別でみると、賃貸用の住宅が431万戸（50.9%）、売却用の住宅が29万戸（3.5%）、二次的住宅が38万戸（4.5%）、その他の住宅が347万戸（41.1%）となっている。2013年と比べると、それぞれ2万戸（0.4%）の増加、1万戸（4.5%）の減少、3万戸（7.3%）の減少、29万戸（9.1%）の増加となっている。

　また、空き家の種類別割合の推移では、2003年以降、賃貸用の住宅の割合は低下を続ける一方で、その他の住宅の割合は上昇を続けている（図12）。

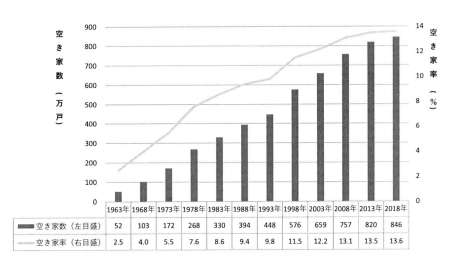

図11　空き家数および空き家率の推移

出典：総務省統計局（平成30年）をもとに筆者作成

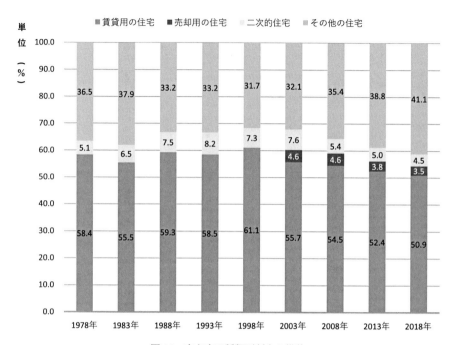

図12　空き家の種類別割合の推移

［注］1978年〜1998年までは、賃貸用に売却用を含む。
出典：総務省統計局（平成30年）をもとに筆者作成

　次節で地方都市における、3市（中津市、豊前市、別府市）の空き家の現状を見ることにする。

5.2　大分県中津市の空き家の現状 [89]

　中津市は2013年度空き家等実態調査において、空き家等と想定される2,663戸を調査した結果、895戸が空き家等であることを確認した。この調査方法については、市職員OBや個人（宅建所有）に委託して、外観からの目視によるものであった。

　さらに、2018年度には、株式会社ゼンリンに委託して追加調査（ゼンリンの地

89）　「以下の内容は中津市地域振興・広聴課坂内氏、江口氏へのヒアリングによる。なお、誤りは筆者
　　に帰するものである。」中津市、ヒアリング調査、2019年8月5日

図を用いて中津市全域を調査しており、ほぼ全地域を網羅できた形になっている）を行い、2,715戸の空き家等の数を確認している。このように大幅に増加している理由は、2013年度の調査時からの空き家等の増加に加え、2013年度調査時において、空き家等の調査が行き届いていない部分があったことによる。2018年度の追加調査で、実情に近い空き家等の数値になった。なお、建物の棟数が相対的に中津地域（旧市内）に集中しているため、7割程度が空き家等（1,991戸）である。残り3割程度は、移住施策を進めている下毛地域（三光地域、本耶馬渓地域、耶馬渓地域、山国地域）の空き家等（724戸）である。郊外の場合、周りに影響を与えない空き家等が多いが、街中では、隣接した家が多いので、住環境的にも苦情を寄せられるケースがある。

5.3　福岡県豊前市の空き家の現状 [90)]

　豊前市は2011年度・2012年度に緊急雇用対策で人員を確保し、地元の区長等に協力を得て、空き家の実態調査を行った。2011年度は空き家数が708戸で、2012年度は空き家数が646戸である。その後の空き家数は、職員が現場に出て確認した場合、区長からの情報、市民課で把握した場合などを基に生活環境課が調査した数字となっており、2017年度末では空き家数が632戸である。現時点において、市の職員が空き家の相談を受け、現地調査で近隣において空き家になっていることを把握した場合（空き家の台帳に上がっていなければ）、空き家の台帳に追加して管理している。2018年度には、ゼンリンと打ち合わせを行い、空き家等実態調査の計画を進め、2019年度予算を要求したが、どうしても予算として計上することができなかった。なお、豊前市の建物の戸数が全体で1万戸程度あり、その600戸程度が空き家で、空き家率は5〜6％ぐらいである。豊前市においても、少しずつではあるが、空き家が増えている。その理由は、独居老人が多く、施設に入居する場合や市外に住居を構えている子どもと同居するなどの事情で、家を手放すケースが増えている。空き家になって、周りから草が生えている所については、生活環境課で指導文書を出している。また、生活環境課とシルバー人材センターとの間で、契約をしているので、草刈等については、斡旋している。

---

90)　「以下の内容は豊前市総合政策課有吉氏、木下氏、生活環境課横川氏へのヒアリングによる。なお、誤りは筆者に帰するものである。」豊前市、ヒアリング調査、2019年8月5日

5.4　大分県別府市の空き家の現状 [91]

　別府市は 2013 年度に自治委員 [92] の協力を得て、一斉に空き家等対策実態調査を行った。空き家の分布図を作成して、各地域の空き家を老朽空き家と通常の空き家に分類した。その後、民間のコンサルタントに委託し、調査員による A ～ D の判定（現地で腐朽破損の状態を外観目視にて確認）を実施して、細かく分類を行っている。空き家は別府市全域にあることがわかるが、南部に位置する地区では空き家が多く密集しており、老朽空き家も多く存在している。この地域は、人口および世帯数とも減少傾向にある地域となっており、対策計画の中の基本方針として、この地区は重点的な空き家等の解消が必要と位置づけをしている。空き家等対策実態調査の結果を見ると、空き家総数 940 戸に対して、A 判定物件 277 戸、B 判定物件 441 戸、C 判定物件 38 戸、D 判定物件 184 戸である。判定の詳細を見ると、A 判定は利活用が見込まれる状態のいいもの、B 判定は一部補修をすれば利活用が見込まれるもの、C 判定は倒壊のおそれがあるもの、D 判定は倒壊のおそれがあり、さらに隣家や前面道路に影響があるものという分け方になっている。別府市の場合、全体の約 2 割で危険度の高い空き家がある。C・D 判定のものは不良物件として追跡を行い、所有者に対して通知や指導を行っている。したがって、この空き家等対策実態調査の資料が現在の空き家の基礎データであり、苦情相談や解体など日々変わる情報を更新しながら空き家管理を行っている。さらに、2016 年の熊本地震の時には、被害状況を通して新たな空き家情報が多く追加された。

　しかし、建築指導課ではこの空き家データから漏れている空き家もまだ多くあるだろうと推測している。

6．空き家予防と助成制度
6.1　空き家に対する予防など [89]・[90]・[91]

　空き家の予防策に関し、中津市は、管理不十分な空き家の対応として、建物の適正な管理を所有者に行ってもらうため、文書指導をメインに実施している。また、建築指導課では、空き家等を発見した際の情報提供や相談など空き家全般に関する

91）「以下の内容は別府市建築指導課平田氏へのヒアリングによる。なお、誤りは筆者に帰するものである。」別府市、ヒアリング調査、2019 年 8 月 6 日
92）　自治委員とは、市政の円滑な運営を図るため、行政と地域住民とのパイプ役のことである。（別府市非常勤公務員）https://www.city.beppu.oita.jp/doc/sisei/kouhou.../all.pdf　2019 年 10 月 3 日閲覧

ことは、空き家に関する相談窓口を開設し、対応している。さらに、空き家の所有者またはその相続人などを対象に空き家に関する無料相談会（不動産や建築等の専門家等と連携）を行っている。

　豊前市は、生活環境課が管理不十分な空き家調査で、把握した空き家に対して指導を行い、総合政策課は空き家バンクの現地調査において、近隣に管理不十分な空き家があれば、ダイレクトメールを投函しており、両方の課がお互いの情報を密にして、共有している。また、空き家に関する啓発チラシを固定資産税の納付書に同封している。

　別府市は、空き家等の発生を予防するために、年に2回の空き家相談会を開催し、市報への掲載やパンフレットを固定資産納税通知書に同封することで空き家の管理を所有者などに啓発している。

　さらに、別府市では次の団体と協定を結んでいる。シルバー人材センターと空き家等の適正な管理の推進に関する協定、公益社団法人大分県建築士会と空き家対策に関する協定、大分県宅地建物取引業協会と空き家の流通に関する協定である。

6.2　老朽危険家屋等の除却に対する助成 [89]・[90]・[91]

　老朽危険家屋等の除却に対する助成に関し、中津市の助成制度は、中津市危険空家等除却事業補助として、適正に管理されずに周辺住民への生活環境への悪影響が大きく、危険な状態となっている空き家等の所有者に対し、「中津市危険空家等除却事業補助金要綱」に基づき解体費用の一部を補助する。補助金の額は、補助対象経費の2分の1以内の額で、国が定める除却工事費用基準額に床面積を乗じた額または市が定める額（50万円を限度）のいずれか小さい額とする。この危険空家等除却事業補助は、2019年6月1日から適用となり、募集期間については、2019年6月18日から12月10日までで、募集戸数は15件（予算の範囲内で受付）である。

　豊前市の助成制度は、豊前市老朽危険家屋等除却促進事業補助金交付要綱では、豊前市内において、適正に管理されていない老朽危険家屋等を除却する所有者等に対し、経費の一部を予算の範囲内において補助することにより、市民の安心・安全の確保と住環境の改善および良好な景観の維持を図ることを目的としている。

　補助金の額は、①対象費用に3分の1を乗じて得た額以内、②30万円を限度、③過去に補助金を受けている場合30万円から既に交付した額を差し引いた金額を限度とする。また、老朽危険家屋調査関係で、調査件数の推移を見ると、2013年度は6件、2014年度は31件、2015年度は40件、2016年度は30件、2017年度は

28 件である。解体費補助金では、2013 年度で補助金対象件数 100 点超 [93] は 6 件で、補助金申請者は 6 件である。同様に、2014 年度で補助金対象件数 100 点超は 18 件で、補助金申請者は 10 件である。2015 年度で補助金対象件数 100 点超は 22 件で、補助金申請者は 10 件である。2016 年度で補助金対象件数 100 点超は 19 件で、補助金申請者は 14 件である。2017 年度で補助金対象件数 100 点超は 12 件で、補助金申請者は 11 件である。合計では補助金対象件数 100 点超は 77 件で、補助金申請者は 51 件である。

　次に、豊前市老朽危険家屋等除却後の土地に対する固定資産税の減免に関する条例は、地方税法（昭和 25 年法律第 226 号）第 367 条の規定により、老朽危険家屋等を除却した後の土地について固定資産税の減免を行う。目的については、老朽危険家屋等の除却を促進し、市民の安心・安全の確保および住環境の改善を図ることである。その内容については、①条例は固定資産税を 5 年間据え置いて、6 年目から徐々に上げていくシステムの議員提案、②減免は老朽危険家屋の敷地の用に供されていた土地で、当該家屋が滅失した日の属する年の 1 月 1 日を賦課期日とする年度分の固定資産税について法第 349 条の 3 の 2 による住宅用地に対する固定資産税の課税標準の特例の適用を受けた土地に係る固定資産税である。減免額は、住宅用地の特例が解除される年度の賦課期日現在（翌年度からは当該年度の賦課期日現在）において住宅用地の特例の規定に準じ算出するものとする。さらに、減免額は、住宅用地の特例が解除される年度から 5 年度目までは第 1 項の規定により算出した額とし、6 年度目は当該額に 6 分の 5 を、7 年度目は 6 分の 4 を、8 年度目は 6 分の 3 を、9 年度目は 6 分の 2 を、10 年度目は 6 分の 1 をそれぞれ乗じて得た額とする。

　老朽危険家屋年度別申請件数を見ると、2015 年度で 9 件、2016 年度で 20 件、2017 年度で 38 件である。

　別府市の助成制度では、別府市特定空家等除却推進事業補助制度を 2016 年度より行っている。補助制度の要件として、所得制限を設けており、除却後 5 年間は土地の売却と建物の新築を禁止している。補助金の額については、1 件 50 万円の補助金である。利用実績としては、2016 年度 1 件、2017 年度 3 件、2018 年度 1 件である。

93）　100 点超とは、老朽危険家屋等の判定基準でこの点数を超えると老朽危険家屋認定となる。（豊前市生活環境課・老朽危険家屋解体費補助金対象）

6.3　小括

　空き家対策の予防に関し、先行研究で論じている管理不十分な空き家等の対応について、3 市（中津市、豊前市、別府市）のヒアリング調査で確認できた。3 市とも、それぞれ創意工夫して空き家をなるべく発生させない取組みを（空き家の無料相談会の開催、固定資産税の納付書に啓発文書を同封、市による空き家の相談窓口の設置など）行っている。

　また、3 市とも老朽危険家屋の除却に対する助成制度を設けており、近隣住民に対して住環境等に配慮した取組みを実践していることが確認できた。特に豊前市においては、老朽危険空家年度別申請件数の推移で、2015 年度（9 件）～ 2017 年度（38件）の 3 年間を見ると右肩上がりに上昇している。さらに、豊前市老朽危険家屋等除却後の土地に対する固定資産税の減免を実施して、老朽危険家屋等の除却を促進し、市民の安心・安全の確保等に繋げている。この固定資産税の減免は、他市ではあまり見られない助成制度である。

　一方、相続等に係る所有権の移転に伴う管理不十分な空き家の所有者等に対しても、適切な管理を実施するよう助言または は指導を行っており、粘り強く続けていくことが空き家をなるべく発生させないことになり、自治体の財政負担の軽減に繋がるだろう。各自治体が不動産関係団体などと協力体制を強化し、今後において、空き家をなるべく発生させない取組みが重要である。

7．空き家対策としての空き家バンク

　空き家対策の一つの方策として、空き家を利活用し、移住などによる新規住民を増やすため、空き家を売却したい、貸したい所有者と、空き家を使用したい利用希望者が登録をして、その両者をマッチングさせる空き家バンク事業が多くの地方自治体で行われている。さらに、一般社団法人移住・交流推進機構が株式会社価値総合研究所（2018）に委託して実施した 2017 年度空き家バンクに関する調査研究報告書で、空き家バンクを「現在、実施している」のは、都道府県においては17.2％、市区町村においては 62.2％である。また、空き家バンクへの登録状況で、市区町村について見ると、1 割未満 62.4％、1 割～ 3 割未満 33.9％、3 割～ 5 割未満 2.9％、5 割以上 0.8％である。なお、中津市空き家バンクのしくみについては、図 13 のとおりであり、他の市においても同様である。3 市における空き家バンクのしくみは、共通点として交渉・契約は当事者間で行い、市は関与しない。次節で3 市（中津市、豊前市、別府市）の空き家バンクについて、現状を見ることにする。

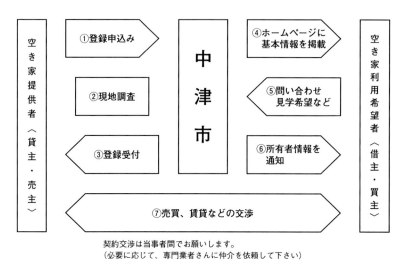

図13　中津市空き家バンクのしくみ

出　典：中津市ホームページより筆者作成
　　　　アドレス　https://www.city-nakatsu.jp/doc/2015032700611/
閲覧日：2019 年 3 月 3 日

7.1　大分県中津市の空き家バンク[89)]

　空き家バンクの開始時期は、2007 年 9 月で現在 12 年目になり、運営は地域振興・広聴課で行っている。通常は住宅政策や空き家対策として、空き家バンクを始める自治体が多いが、中津市の場合、移住・定住施策として人口減少を食い止める（緩やかにできればという思いで）ことを目的として始めた。この移住・定住施策は、本庁がある中津地域（旧市内）ではなく、田舎の過疎地域（三光地域、本耶馬渓地域、耶馬渓地域、山国地域）に限定して実施している。空き家バンクの登録物件は、2019 年 7 月末現在、ホームページ上では 28 件で、その内訳は売買 24 件、賃貸 4 件、売買と賃貸の両方で 1 件である。因みに、空き家バンクを運用してからの累計では、売買 122 件、賃貸 66 件で売買の方が多くなっている。次に、空き家バンクの過去からの成約件数の推移を見ると（表50）、空き家バンクの補助金制度を運用し始めてから、正確に統計を取り始めたため、2011 年度から 2018 年度まで、全体的に成約としては、賃貸が多くなっており、累計で見ると売買 40 件、賃貸 69 件の方が成約している。この成約者の傾向を見ると（表51）、年齢別では最近若い人（30 代・40 代）が増えてきており、30 代が最も多い年代である。それに付随して、子ども（0〜10 代）が一緒に付いてきている状況である。あと、セカンドライフで 60 代〜

70 代の人が、その次に多くなっている。中津市の担当者の感覚としては、60 代以降の人と 30 代以降の人が半々ぐらいと想定していたが、数字上では、30 代の人が一番多い結果となった。なお、この空き家バンクの課題として、空き家利用者は賃貸を希望するが、一方、空き家所有者は空き家を手放したい希望があるので、なかなかマッチングできない形になっている。

　また、中津市はＵＪＩターンを促し、地域への定住促進や地域の活性化を目的に、中津市移住・定住支援事業補助金を次のように設けている。

　①空き家改修補助については、空き家改修に係る費用の 2 分の 1 以内、限度額50 万円、②不動産契約仲介手数料補助については、空き家契約に係る手数料の 1 分の 1、限度額 5 万円、③中津市ケーブルネットワークサービス加入補助については、ケーブルネットワークの加入分担金・引込工事費の 2 分の 1 以内、限度額 3 万円、④家財等処分補助については、家財等の処分に係る費用の 1 分の 1、限度額 10 万円、⑤Ｕターン住宅改修については、3 親等以内の親族所有の住宅の修復に係る費用の 2 分の 1 以内、限度額 50 万円である。

表 50　中津市空き家バンク利用実績

年度	登録物件数			利用希望者数 [注]			成約件数		
	売買	賃貸	計	売買	賃貸	計	売買	賃貸	計
2011	3	1	4	38	50	74	0	1	1
2012	16	8	24	46	70	96	1	7	8
2013	13	9	22	60	106	138	3	6	9
2014	15	8	23	79	151	187	5	9	14
2015	12	4	16	60	130	165	4	13	17
2016	18	10	28	74	149	188	7	7	14
2017	23	15	38	81	137	183	9	8	17
2018	22	11	33	83	150	197	11	18	29
累計	122	66	188	521	943	1228	40	69	109

［注］申請で売買、賃貸両方を選択している、または選択していない申請もあるため、利用希望者数計と合致しない
出典：中津市資料により筆者作成

表 51 　中津市空き家バンク成約者の年齢層

年度	世帯	人数	年　　齢　　別							
			0 ～	10 ～	20 ～	30 ～	40 ～	50 ～	60 ～	70 ～
2011	1	5	3	0	0	1	1	0	0	0
2012	8	19	1	5	3	1	6	3	0	0
2013	9	28	5	3	0	8	2	2	4	4
2014	14	38	6	4	3	8	9	2	6	0
2015	17	50	11	4	2	11	6	6	8	2
2016	14	37	8	4	3	6	6	5	4	1
2017	17	34	3	2	1	12	7	2	4	3
2018	29	64	7	2	8	15	8	11	12	1
累計	109	275	44	24	20	62	45	31	38	11

出典：中津市資料により筆者作成

7.2 　福岡県豊前市の空き家バンク [90]

　豊前市空き地および空き家等管理の適正化に関する条例を 1999 年に制定し、2009 年に生活環境課による市内全域の空き家調査（緊急雇用対策事業を活用）を 2 年かけて行い、760 件の空き家を確認した。2011 年には、空き家バンク専任職員として、宅地建物取引主任者免許を持った嘱託職員を採用し、空き家バンク専用ホームページを立ち上げた。その後、2012 年 1 月より豊前市空き家情報登録制度「空き家バンク」をスタートさせて、運営は総合政策課総合政策係で行っている。当初の登録物件は 16 件である。

　次に、空き家バンク利用実績（表 52）を見ると、契約成立件数が一番多い年度は、2014 年度の 30 件（売買 16 件、賃貸 14 件）である。最近の契約成立件数の推移（2015 年度～ 2017 年度）を見ると、17 ～ 18 件で落ち着いている。一方、利用希望者件数の累計（419 件）の内訳を見ると、九州地区が 373 件（福岡県 309 件、大分県 54 件、熊本県 1 件、佐賀県 1 件、長崎県 3 件、宮崎県 2 件、鹿児島県 3 件）で、全体の 89％を占めている。なお、空き家バンクの成約件数が多い理由として、以前に比べホームページを見やすくしたり、空き家バンクの専任者と所有者・利用者の信頼関係（コミュニケーション）が築けていることで、成約件数や登録物件が、2018 年度（現段階で確定作業中）もかなり増えている。

　空き家バンクの今後の課題として、利用希望者のニーズに応えられるような物件が少ないため、今後更なる物件の登録を進めていく必要があり、民間活力の導入など空き家バンク利用率向上のための新たな施策の検討が必要である。

表52　豊前市空き家バンク利用実績

年度	登録物件数				利用希望者件数				契約成立件数		
	売買	賃貸	両方可	計	購入	賃貸	両方可	計	売買	賃貸	計
2012	26	28	8	62	25	65	17	107	5	22	27
2013	13	19	4	36	20	62	7	89	4	13	17
2014	25	9	4	38	31	52	11	94	16	14	30
2015	18	3	3	24	20	24	8	52	6	12	18
2016	18	1	2	21	23	8	6	37	10	7	17
2017	16	2	3	21	25	11	4	40	15	2	17
累計	116	62	24	202	144	222	53	419	56	70	126

［注］2012年1月から3月分は2012年度に含む
出典：豊前市資料により筆者作成

　また、豊前市への定住を促進するなどの目的で、助成金を次のように設けている。①豊前市空き家バンク利用契約支援助成金については、登録不動産業者に支払った仲介手数料の額とし、一契約につき5万円を上限とする、②豊前市新婚家庭家賃助成金については、対象となる新婚世帯の豊前市内への定住および民間賃貸住宅の活用を図るため、豊前市内の民間賃貸住宅に入居する新婚世帯に対して家賃の一部（月額1万円を最高3年間）を助成する。

7.3　大分県別府市の空き家バンク[91]

　別府市では、2015年7月27日に別府市空き家バンク実施要綱を制定し、8月から建築指導課で運営しており、利用申請および登録の受付を行っている。

　別府市と公益社団法人別府市シルバー人材センターが連携・協力関係に基づいて、別府市はシルバー人材センターに空き家等の管理業務の斡旋やシルバー人材センターと所有者等とが契約を結び、空き家等の見回り、草刈り、清掃、樹木の伐採・剪定、その他の一般管理業務を担うことにより、良好な居住環境の保全および安心なまちづくりを推進するために、「空き家等の適正な管理の推進に関する協定」を2017年1月24日に締結し、年間契約で委託している。

　次に、空き家バンク利用実績（表53）を見ると、空き家バンクのスタートが2015年8月であり、2015年度は成約が1件に留まっているが、2016年度から成約件数は増加している。さらに、希望者登録数も同様である。

表 53　別府市空き家バンク利用実績

年度	登録物件数			希望者登録数			成約件数		
	売買	賃貸	計	売買	賃貸	計	売買	賃貸	計
2015	11	4	15	2	5	7	1	0	1
2016	6	3	9	11	5	16	4	3	7
2017	18	12	30	32	35	67	7	10	17
2018	15	3	18	63	47	110	13	3	16
2019	3	3	6	19	7	26	1	0	1
累計	53	25	78	127	99	226	26	16	42

［注］2019 年度は、6 月末現在の件数
出典：別府市資料により筆者作成

　なお、2017 年度の登録件数が多い理由として、空き家バンクの物件数拡大を目的として、空き家等対策実態調査での A・B 判定物件を中心に所有者へ訪問調査を行った。約 700 件の空き家所有者に直接会って、所有している空き家の現在の利用状況や今後利活用する予定があるかなどの確認を行い、必要に応じて空き家バンク制度の案内をした。その中から、空き家バンクへの登録に興味を持った人には説明を行い、登録をしたことによるものである。

7.4　小括

　空き家対策の有効活用で、定住促進による地域の活性化を図ることを目的とした空き家バンクを 3 市とも設置しており、人口増加に繋がる施策を展開している。さらに、移住・定住促進の支援事業補助金についても、一般的な危険家屋等除却事業補助のほかに、中津市のケーブルネットワークサービスの加入補助、豊前市の新婚家庭家賃助成金が他市には見当たらない助成制度を設けている。

　この新婚家庭家賃助成金における成約者の年齢層は、30 歳前後が多い。また、豊前市においては、宅建の資格を持った専門職員を配置し、ホームページを見やすくするなどの工夫や専門職員のきめ細やかな対応により、空き家の成約を増やしている。

　別府市では、シルバー人材センターとの協定により、空き家等の適正な管理に努めている。しかし、自治体は不動産の契約は行わないため、トラブルを生まないためにも不動産関係業者等との関係を密にする必要があるだろう。

　なお、空き家バンクの登録率は中津市 4.6％（2018 年度）、豊前市 3.3％（2017 年

度）、別府市 1.9%（2018 年度）と 3 市とも 1 割未満である。また、成約率は中津市 87.9%（2018 年度）、豊前市 81.0%（2017 年度）、別府市 88.9%（2018 年度）と 3 市とも全国データ[94]より高くなっている。

　次節以降は、空き家の有効活用について見ることにする。

8．移住促進（お試し住宅）[89]・[90]・[91]

　中津市では、移住を検討している人が時間をかけて地域を知り、移住先を探すための支援をすることを目的に「中津市お試し暮らし住宅」を設置して、中津市への移住を促進する事を目的としている。特に下毛地域への移住を促進しており、実際に田舎暮らしを体験してもらえるよう、山国地域にある住宅「やすらぎの郷やまくに・コテージ」を利用している。2019 年 4 月から運営開始し、利用可能期間は、2 泊 3 日以上 6 泊 7 日以内で、別に指定した日に限る。1 家族 1 日あたり 2,500 円の負担金を現地で支払う（宿泊、温泉、リネンを含む）。

　また、次の条件を満たす方を対象としている。

　①中津市から直線距離で 60 km 以上離れた地域に居住する空き家バンク利用希望者で、ふたり以上の家族が利用することができる。

　②利用期間中、必ず 1 件以上、中津市空き家バンク物件の見学を行うこと。

　豊前市では、田舎暮らしの移住を検討している人を対象に、明治時代に建築された古民家を改修し、お試し居住施設「山内の家」として整備し、2017 年 10 月から運営を開始している。利用期間は、2 日以上 30 日以下で、利用料金は、1 日あたり 1,000 円である（利用料金には、光熱水費、NHK 受信料などを含む）。また、設備備品については、電化製品などが揃っている。なお、お試し居住以外の利用（市民が一時使用）は、文化活動などに利用する場合で、お試し居住がない期間での利用となり、宿泊での利用はできない。

　別府市では、移住を検討している人を対象に、空き家をリノベーションしたおためし移住施設（2 棟）を整備した。利用期間は 3 泊以上 12 泊以内、利用料（宿泊料）は 1 泊 5,400 円（税込み 1 棟貸し、人数による料金変動なし）、生活に必要な家電等を備え付けており、2 棟共通となっている。

　2018 年 2 月運営開始の「フロムーン別府ハウス」は、元々空き家となっていた

---

94)　総務省空き家対策に関する実態調査〈結果に基づく通知〉https://www./soumu.go.jp/menu news/ ѕ newѕ/hyouka 190122.html　2019 年 10 月 3 日閲覧

住宅の所有者と交渉を行い、6年間おためし移住施設として賃貸契約を結び、内装・外装ともに自由にリノベーションすることができた。場所は、別府駅近くに位置し、温泉付の施設となっており、別府の魅力を感じてもらえる施設となっている。利用者からも好評で、移住を決めた人もいる。2019年4月運営開始の「田の湯ベース」は、1974年に建てられた木造2階建ての住宅をリノベーションした。建築から40年以上経過しており、耐震診断、耐震改修も同時に行い、利用者が安心して滞在できる施設である。別府駅から徒歩1分と「フロムーン別府ハウス」よりさらに駅に近い場所にある。さらに利便性がよく、市営温泉も近隣にあり、多くの人に利用してもらい、別府への移住を検討する材料としてもらえれば人口増に繋がる。

　まとめとして、移住・定住に関する先行研究では、お試し住宅を取り上げておらず、3市のヒアリング調査から3市とも、移住・定住施策に伴うお試し住宅を運営しており、体験を通じて、移住の促進に繋がるよう移住者の確保に向けて取組みを行っている。

　特に中津市では、移住後の生活を考える上で、支援（子育て、仕事、福祉）が受けられる。豊前市においては、お試し住宅を移住希望者が使用しない期間は、市民が使用できるよう有効活用を図っている。

　さらに、別府市では駅に近い場所で運営している。利用する移住体験者側からすれば、交通の利便性が重要となってくる。

9．空き店舗の活用 [91]

　別府市では、一般社団法人別府市産業連携・協働プラットフォーム B-biz LINK との連携で [95]、2018年度完成したコワーキングスペース a side ―満寿屋―は、企業等が利用できるコワーキングスペースとして、空き店舗のリノベーションを行った。

　場所は、鉄輪で古くからの温泉地としての文化・景観が残っている地域であり、貸間や地獄蒸し、共同温泉など歴史的資源が存在し、景観の重点計画地区として定められた地域である。しかし、その中に多く点在している貸間の後継者はなく、今後の貸間文化の継承や景観の保全について課題のある地域である。地域住民も空き家となっている貸間や空き店舗について、問題意識を持って活動しており、この事

95）　本法人は、2017年9月28日に別府市の出資により、立ち上げられた「別府の稼ぐ力向上」を目的とする組織である。https://www.b-bizlink.or.jp/　2019年10月3日閲覧

業が単発で終わらずに、波及効果により鉄輪エリア全体が活性化することを目指している。

　まとめとして、別府市は、B-biz LINK との連携により、起業、創業支援、移住定住促進、観光地域づくりなど別府市の活性化に欠かせない重要施策を担っており、空き店舗のリノベーションを行い、利活用できるエリアに起業を促し、地域活性化に向けたビジネスを展開している。

10.　国際シェアハウスとしての空き家活用の可能性

　観光都市である別府市において、2000 年 4 月に開学した立命館アジア太平洋大学（APU）は [96)]、開学から 19 年経過し、これまでに世界 152 を超える国・地域から集まった学生たちが、世界が直面する複雑な課題の解決を目指し学んでいる。学生は、世界 91 か国・地域（2019 年 5 月 1 日時点）で、全学生に占める国際学生の割合が約 50％である。

　学生寮として、「AP ハウス」があり、シェアタイプには、国内学生と国際学生を組み合わせて、お互いの生活スタイルを理解し合って共同生活をしている。そこで、空き家の有効活用を促進する提案として、空き家をリノベーションし、国内学生・国際学生のシェアハウスとして活用し、事業に向けた取組みを実践できれば、空き家対策に繋がり、人口減少や高齢化対策に有効であると思われる。また、外国からの観光客向けにそのシェアハウスを一時利用することで、空き家の有効活用が図られ、付加価値を生むであろう。

11.　おわりに

　人口および世帯数の減少や高齢化に伴う独居世帯の増加により、空き家が増加傾向にあるため、自治体の空き家対策という点について取り上げた。特に地方都市では、その傾向が顕著である。そこで、空き家対策として、予防、空き家の利活用、空き家バンクの登録の重要性に関し、東九州の 3 自治体（大分県中津市、福岡県豊前市、大分県別府市）を取り上げた。担当者にヒアリング調査を実施し、その際提供された関係資料と併せて課題等を整理し、比較分析を行った。各自治体の人口減少の原因（独居世帯の増加など）に関する認識で、財政負担の制約がある中での政策の選択において、3 つの手法（未然防止、空き家バンク、お試し住宅）により空

---

96)　立命館アジア太平洋大学（APU）https://www.apu.ac.jp/home/　2019 年 10 月 3 日閲覧

き家の減少に繋がっていることを確認した。さらに、豊前市では老朽危険家屋等の除却に対する助成で、全国的にもほとんど事例がない老朽危険家屋等除却後の土地に対す固定資産税の減免を実施していることを確認した。また、中津市および別府市においても、老朽危険家屋等の除却に対する補助制度を実施し、近隣住民の住環境等に配慮した事業を展開している。

　空き家の有効活用については、別府市において一般社団法人別府市産業連携・協働プラットフォーム B-biz LINK との連携で利活用できるエリアに起業を促し、地域活性化に向けたビジネスを展開している。さらに、空き家をリノベーションし、国内学生・国際学生のシェアハウスとして活用できれば、空き家対策に繋がり、空き家の有効活用が図られ、付加価値を生むであろう。

　今後は、相続関係で空き家になるケースがさらに増加することが見込まれるため、弁護士、不動産関係団体などと協力体制を築き、空き家を増加させない取組みが重要となってくるだろう。

　日本において各地方自治体が実施している様々な空き家対策があるが、欧米ではどういう空き家対策があり、どう取り組んでいるのか等に関して、次章で見ていくこととする。

諸外国のニュータウン政策および空き家対策

1．問題意識

　日本の空き家対策は、2015 年 5 月に完全施行された空家等対策の推進に関する特別措置法から本格的に始まっているといっても過言ではない。空き家数および空き家率について、総務省統計局が 5 年ごと実施している住宅・土地統計調査で、例えば、1973 年から 2018 年を見てみると、毎回上昇している状況である。この状況下において、多くの地方自治体は、空家等対策の推進に関する特別措置法の第 6 条における空家等対策計画を定めて、空き家等実態調査の実施および空き家対策の助成制度（例えば、危険家屋除却補助制度など）を立ち上げて空き家対策を促進している。

　この第 5 章は、日本を含めた各国（イギリス、フランス、ドイツ、アメリカ）の空き家対策の政策体系を分析して、明らかにしたうえで、空き家対策というのは危険家屋対策ではなく流通を促進する施策に重点を置いた空き家対策であることを確認する。

　まず、人口関係を見てみると、総務省報道資料（2020 年 4 月 14 日発表）から [97]、日本の総人口は 2011 年の 1 億 2,783 万 4 千人から 2019 年には 1 億 2,616 万 7 千人に減少となり、9 年連続で減少している。さらに 15 歳未満人口は 1,521 万人で、前年に比べ 20 万 4 千人の減少となり、割合は 12.1％で過去最低となっている。また、65 歳以上人口は 3,588 万 5 千人で、前年に比べ 30 万 7 千人の増加となり、割合は 28.4％で過去最高となっている。

　次に、世界の人口・年齢構成の推移（1950 ～ 2050 年）（表 54）を見ると [98]、総人口では、日本は 2020 年から減少に転じ、ドイツは 2030 年から減少している。一方、アメリカ合衆国、イギリス、フランスは 2050 年まで増加の推移である。

　また、2020 年における 65 歳以上人口の比較では、日本（28.9％）、ドイツ（21.7％）、フランス（20.8％）、イギリス（18.7％）、アメリカ合衆国（16.6％）、世界（9.3％）

97）　総務省統計局人口推計（2019 年（令和元年）10 月 1 日現在）、2020 年 4 月 14 日発表　https://www.stat.go.jp/data/jinsui/2019np/index.html　2020 年 7 月 11 日閲覧
98）　https://www.stat.go.jp/data/sekai/index.html　2020 年 7 月 11 日閲覧

の順となり、日本がいかに高齢化率が高いかがわかる。同様に、2020年における15歳未満人口の比較では、世界（25.4%）、アメリカ合衆国（18.4%）、イギリスおよびフランス（17.7%）、ドイツ（14.0%）、日本（12.0%）の順となり、日本が最小である。このことから、日本が少子高齢化が一番進んでいる国であることがわかる。さらに、主要国の人口の推移（2010〜2019年）（表55）を見ると[98]、この10年間の増減では日本のみ200万人の減少となっていることがわかる。

　日本では、高齢化に伴い独居世帯が増加しており、その関係で現在住んでいる家屋が相続等の理由で、空き家になるケースが多く見受けられる。

　空き家等の現状をみると、総務省報道資料の平成30年住宅・土地統計調査住宅数概数集計結果では[34]、全国の総住宅数は6,242万戸と平成25年の住宅・土地統計調査結果と比べて179万戸（3.0%）の増加となった。このうち空き家数は846万戸で平成25年と比べて26万戸（3.2%）の増加となった。さらに空き家率（総住宅数に占める空き家の割合）については、13.6%と、平成25年の前回調査時に比べて、0.1ポイント上昇し、過去最高となっている。

　そこで、欧米と日本の空き家率について見てみると、米山（2018）は、海外各国の空き家率を次のようにまとめている。

　「アメリカの空き家率は、「売却用」「賃貸用」「二次的住宅」「その他の住宅」のすべてを含むベースでは、12.7%（2017年）と日本（13.5%、2013年）と大差ない水準である。全体の空き家率が低下する中、その他の空き家率が上昇傾向にある点が注目される。特に衰退地域において空き家が増えている。

　ドイツの空き家は二次的住宅は含まず、2011年時点で4.4%となっている。日本の二次的住宅を除く空き家率12.8%（2013年）と比べるとかなり低い。ドイツは、日本に先立って人口が減少してきたが、近年は難民や移民の流入で人口は増加している。

　フランスの空き家も二次的住宅を含まず、2016年時点で8.3%となっている。日本の二次的住宅を除く空き家率よりも低い。フランスでは人口が増加しており、大都市は住宅不足であるが、地方の衰退地域では空き家が増えており、全国の空き家率は上昇傾向にある。

　イギリスの空き家も二次的住宅を含まず、2016年時点で2.5%となっている。ドイツよりもさらに低い水準で、近年低下し続けている。難民や移民の流入もあり、人口が増加傾向にあることが背景にある」としている（米山（2018）pp.17-18）。

　一方、日本で最初に開発された千里ニュータウンについて、川端（2019）は、千

里ニュータウン吹田市域の一戸建て住宅地域を対象として、空き家等実態調査を行い、空き家率3.25％を明らかにしている。この結果について、総務省の統計調査（住宅・土地統計調査）で空き家率を公表している数値との違いについて、総務省の住宅・土地統計調査は市内のある区域を調査区として複数抽出し、その区域内にある住宅を対象に現地巡回および調査を実施し、その内容を基に推計した値となっているため、実際の各市区町村が実施している空き家等実態調査の空き家率とは乖離がある。

　なお、諸外国では、できるだけ空き家にならないよう長く建物を使用しており、その資料として、国土交通省（令和2年度住宅経済関連データの資料）[99]における図14の滅失住宅の平均築後年数の国際比較から日本の滅失住宅の現状を見てみると、日本は38.2年で建物を滅失している。これに対して、アメリカは66.6年（日本の約1.7倍）、イギリスは80.6年（日本の約2.1倍）であり、いかに諸外国が建物を長く有効活用をして利用しているかがこの統計資料を通して明らかである。

　日本の空き家対策というのは、ニュータウンも含めた空き家対策というものが、危険家屋対策になってしまっている。危険家屋に対して、いかに対応するかという施策になってしまっている。本書では、危険家屋などを発見してそれをどう安全な形まで持っていくかという日本の空き家対策の議論ではなく、利用者がいない、使われなくなった家屋・土地というものをいかに新しい人に使ってもらうのかという所に主眼を置いている。それには一連の流れがあり、空き家の有効活用を促進し、不動産流通市場にうまく流れるためには、それぞれの空き家の発生から解消までの間において、欧米では色々な段階で施策等が打たれていることにより、中古住宅の流通が堅調であると考えられる。また、欧米では築年数の長い住宅が多く、現存する住宅では築100年以上の建物もある。住宅の寿命が長く、建物を改修しつつ利用しており、中古住宅の利用が活発である。

　そこで、図15の既存住宅流通シェアの国際比較を見てみると、欧米は全住宅取引に占める中古住宅の取引の割合は、日本の14.5％に対して、アメリカでは81.0％、イギリス（イングランドのみ）では85.9％、フランスでは69.8％と高い割合になっている。既存住宅を長く使用している欧米に比べて、新築住宅を重視して政策を進めてきた日本とでは、中古物件に対する有効活用などにおいて、この統計

---

99)　国土交通省・令和2年度住宅経済関連データの資料による　https://www.mlit.go.jp/statistics/details/t-jutaku-z_tk_000002.html　2020年3月3日閲覧

資料から見ると流通において相当の差があることがわかる。さらに、日本全体の新
設住宅着工戸数の1951年から2020年までの新設住宅着工戸数の推移（図16）を
見ると、1973年をピークに上げ下げはあるが、2020年の最新状況を見ると、下が
り始めていることがわかる。しかし、依然として欧米に比べて高いことがわかる。
この理由の一つには、日本の国民性の観点から中古物件よりも新築物件を好むこと
が考えられる。

表54　世界人口・年齢構成の推移（1950～2050年）

年次	総人口 （1,000人）	年平均 増減率 （%）	15歳未 満人口 （%）	65歳以 上人口 （%）	総人口 （1,000人）	年平均 増減率 （%）	15歳未 満人口 （%）	65歳以 上人口 （%）
	世界				日本			
1950	2,536,431	……	34.3	5.1	84,115	……	35.4	4.9
1960	3,034,950	1.8	37.2	5.0	94,302	1.1	30.2	5.7
1970	3,700,437	2.0	37.5	5.3	104,665	1.0	24.0	7.1
1980	4,458,004	1.9	35.3	5.9	117,060	1.1	23.5	9.1
1990	5,327,231	1.8	32.8	6.2	123,611	0.5	18.2	12.1
2000	6,143,494	1.4	30.1	6.9	126,926	0.3	14.6	17.4
2010	6,956,824	1.3	27.0	7.6	128,057	0.1	13.2	23.0
2020	7,794,799	1.1	25.4	9.3	125,325	-0.2	12.0	28.9
2030	8,548,487	0.9	23.6	11.7	119,125	-0.5	11.1	31.2
2040	9,198,847	0.7	22.1	14.1	110,919	-0.7	10.8	35.3
2050	9,735,034	0.6	21.1	15.9	101,923	-0.8	10.6	37.7
	アメリカ合衆国				イギリス			
1950	158,804	……	26.8	8.2	50,616	……	22.5	10.8
1960	186,721	1.6	30.7	9.1	52,371	0.3	23.2	11.8
1970	209,513	1.2	28.1	10.1	55,573	0.6	24.2	13.0
1980	229,476	0.9	22.7	11.6	56,209	0.1	21.0	14.9
1990	252,120	0.9	21.7	12.6	57,134	0.2	19.0	15.7
2000	281,711	1.1	21.7	12.3	58,923	0.3	19.0	15.9
2010	309,011	0.9	20.2	13.0	63,460	0.7	17.5	16.6
2020	331,003	0.7	18.4	16.6	67,886	0.7	17.7	18.7
2030	349,642	0.5	17.5	20.3	70,485	0.4	16.6	21.5
2040	366,572	0.5	17.2	21.6	72,487	0.3	15.7	23.9
2050	379,419	0.3	16.6	22.4	74,082	0.2	15.6	25.3
	ドイツ				フランス			
1950	69,966	……	23.0	9.7	41,834	……	22.7	11.4
1960	73,414	0.5	21.4	11.5	45,673	0.9	26.4	11.7
1970	78,578	0.7	23.3	13.6	50,764	1.1	24.8	12.9
1980	78,283	0.0	18.6	15.7	53,868	0.6	22.4	13.9
1990	79,054	0.1	15.9	14.9	56,667	0.5	20.1	14.0
2000	81,401	0.3	15.7	16.5	59,015	0.4	18.9	16.1
2010	80,827	-0.1	13.6	20.6	62,880	0.6	18.5	16.9
2020	83,784	0.4	14.0	21.7	65,274	0.4	17.7	20.8
2030	83,136	-0.1	14.3	26.2	66,696	0.2	16.2	24.1
2040	82,004	-0.1	13.6	29.1	67,571	0.1	15.8	26.9
2050	80,104	-0.2	13.6	30.0	67,587	0.0	15.7	27.8

注：日本については、10月1日現在の人口
出典：総務省統計局「世界の統計2020」の資料をもとに筆者作成
出典：総務省統計局「国勢調査結果」および「人口推計」

表55　主要国の人口の推移（2010 ～ 2019年）

（単位：100万人）

国（地域）	2010	2011	2012	2013	2014	2015	2016	2017	2018	2019	10年間の増減(2010-2019)
世界	6,956.8	7,041.2	7,125.8	7,210.6	7,295.3	7,379.8	7,464.0	7,547.9	7,631.1	7,713.5	756.7
日本	128.1	127.8	127.6	127.4	127.2	127.1	126.9	126.7	126.4	126.1	-2.0
アメリカ合衆国	309.0	311.6	314.0	316.4	318.7	320.9	323.0	325.1	327.1	329.1	20.1
イギリス	63.5	64.0	64.5	65.0	65.4	65.9	66.3	66.7	67.1	67.5	4.0
ドイツ	80.8	80.9	81.0	81.2	81.5	81.8	82.2	82.7	83.1	83.5	2.7
フランス	62.9	63.2	63.6	63.9	64.2	64.5	64.7	64.8	65.0	65.1	2.2

注：日本については、10月1日現在の人口
出典：総務省統計局「世界の統計2020」の資料をもとに筆者作成
出典：総務省統計局「国勢調査結果」および「人口推計」

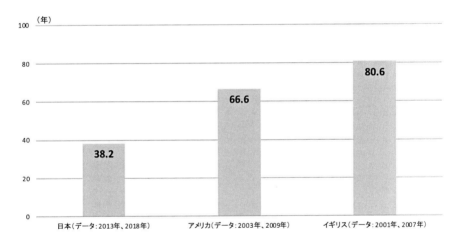

図14　滅失住宅の平均築後年数の国際比較

　　［注］イギリスはイングランド
　　出典：国土交通省・令和2年度住宅経済関連データの資料をもとに筆者作成

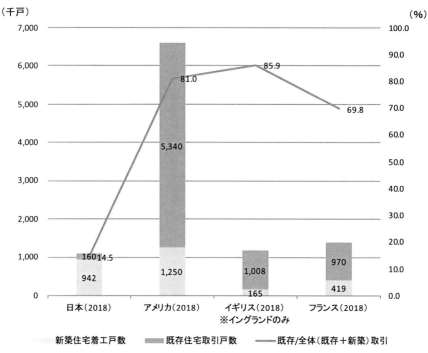

（千戸）   （%）

図15　既存住宅流通シェアの国際比較

出典：国土交通省　平成 30 年住宅・土地統計調査の集計結果（住宅および世帯に関する基本集計）の概
　　　要の資料 3 をもとに筆者作成。https://www.mlit.go.jp/common/001314574.pdf　2020 年 11 月 6 日
　　　閲覧
参考）日本：総務省「平成 30 年住宅・土地統計調査」、国土交通省「住宅着工統計」（平成 30 年計）
　　　アメリカ：U.S.Census Bureau「New Residential Construction」、National Association of REALTORS
　　　　　　　　「Existing Home Sales」
　　　イギリス：Department for Communities and Local Government「Housing Statistics」、HM Revenue
　　　　　　　　& Customs「UK property Transactions Statistics」
　　　フランス：Institut national de la statististique et des ētudes ēconomiques
　　　　　　　　（英語ページ）「Number of started dwellings」、Conseil gēnēral de l'environnement et
　　　　　　　　du dēveloppement（英語ページ）「House Prices in France: Property Price Index.
　　　　　　　　French Real Estate Market Trends in the Long Run」
　　　注）イギリス：既存住宅取引戸数については、四半期でとの取引額 4 万ポンド以上の取引戸数を
　　　　　暦年ベースで合計したもの。

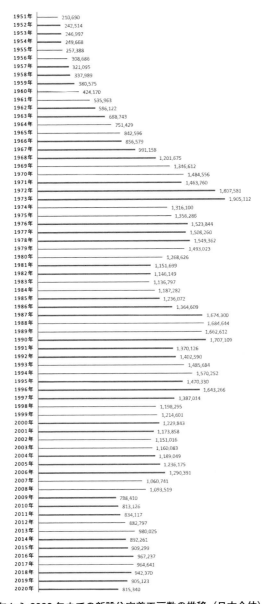

年	戸数
1951年	210,690
1952年	242,514
1953年	246,997
1954年	249,668
1955年	257,388
1956年	308,686
1957年	321,095
1958年	337,989
1959年	380,575
1960年	424,170
1961年	535,963
1962年	586,122
1963年	688,743
1964年	751,429
1965年	842,596
1966年	856,579
1967年	991,158
1968年	1,201,675
1969年	1,346,612
1970年	1,484,556
1971年	1,463,760
1972年	1,807,581
1973年	1,905,112
1974年	1,316,100
1975年	1,356,286
1976年	1,523,844
1977年	1,508,260
1978年	1,549,362
1979年	1,493,023
1980年	1,268,626
1981年	1,151,699
1982年	1,146,149
1983年	1,136,797
1984年	1,187,282
1985年	1,236,072
1986年	1,364,609
1987年	1,674,300
1988年	1,684,644
1989年	1,662,612
1990年	1,707,109
1991年	1,370,126
1992年	1,402,590
1993年	1,485,684
1994年	1,570,252
1995年	1,470,330
1996年	1,643,266
1997年	1,387,014
1998年	1,198,295
1999年	1,214,601
2000年	1,229,843
2001年	1,173,858
2002年	1,151,016
2003年	1,160,083
2004年	1,189,049
2005年	1,236,175
2006年	1,290,391
2007年	1,060,741
2008年	1,093,519
2009年	788,410
2010年	813,126
2011年	834,117
2012年	882,797
2013年	980,025
2014年	892,261
2015年	909,299
2016年	967,237
2017年	964,641
2018年	942,370
2019年	905,123
2020年	815,340

図 16　1951 年から 2020 年までの新設住宅着工戸数の推移（日本全体）　単位：戸数

出典：建築着工統計調査報告時系列一覧 国土交通省 年計 令和 2 年分（令和 3 年 1 月 29 日更新）より筆者作成　https://www.mlit.go.jp/sogodeisaku/jouhouka/sosei_jouhouka_tk4_000002.html　2021 年 3 月 3 日閲覧

2．先行研究

　海外のニュータウンの先行研究について、井手口（2002）は、イギリスにおける
ニュータウン建設の歴史的経緯と類型化を行っている。ニュータウンの建設は、時
期的には2つの時期（第1期は、1946年から1950年代にかけて、第2期は1961
年から1970年マクミラン政権の下で）に集中していることを示し、機能的に類型
化してニュータウンを3タイプ（第1はロンドンの過密人口を受け入れるためのも
の、第2は西ミッドランドの大都市圏の過密人口を受け入れるために建設されたも
の、第3は石炭、重工業地域の再開発を目的としたもの）に分類して考察を行って
いる。

　高橋（1995）は、フランス大都市圏のうち、とくにパリ南郊のエヴリー・ニュー
タウンを事例にして、その住民特性・就業構造からみた地域内部構造、通勤行動に
よる他地域との結合関係、現時点での課題、将来に向けていかなる計画を有してい
るかを解明することにより、パリ大都市圏の他のニュータウンにも適合し、その他
のフランスのニュータウンを理解する上でも参考になるであろうと述べている。

　若林（1979）は、フランスのニュータウンについて、特色をまとめればその計画
のユニークさと事業実施上の工夫にあると云える。そしてこれらは、イギリス型の
ニュータウンを中心に考えがちであったわれわれの眼を見開かせると同時に、各
国・各地域が個有の対策を考えるべきことを教えてくれる。その意味で今日のわが
国での議論に大きな示唆となるのは地域整備に関する国と地方との関係、それぞれ
の役割といった点であると述べている。

3．日本とイギリスのニュータウン比較

　イギリスと日本のニュータウンの違いについて、福原（1998）は、「基本的にイ
ギリスのニュータウンと日本のニュータウンは異質のものである。それはそれぞれ
の国民性の違いに基づく。イギリスでは、建設開始後100年を経過したレッチワー
ス、50年を経過したスティブネッジ、30年のミルトンキーンズいずれもが、現在
も活気にあふれ、あるいは落ち着いた成長を見せており、表面的に眺める限り衰退
傾向はまったく見られない」と述べている（福原（1998）p.250）。

　さらに福原（1998）は、住居に関して、「ニュータウン内の住居も、地震がない
こともあってレンガ造りのものも多い。古い住居を取り壊して新しいものを造るの
ではなく、補修・改築で街並みに合った住居に整える。不動産の流通も大部分が中
古物件の売買である」と述べている（福原（1998）p.252）。

　一方、日本のニュータウンは、戦後日本で初めて本格的な大規模ニュータウンと
して、千里ニュータウン（大阪府吹田市、豊中市）が開発され、1962 年にまちびら
らきが行われてすでに 55 年以上が経過している。それ以降開発された高蔵寺ニュー
タウン（愛知県春日井市）および多摩ニュータウン（東京都多摩市、八王子市、稲
城市、町田市）などでは、開発当初に集中して入居を開始した同年代の核家族が定
住し、高齢化が進行している状況である。さらに、独居世帯の増加により、空き家
が増加している状況である。

　この状況下で、日本では初期に開発されたニュータウンは、時代の流れと共に社
会環境の変化や住民ニーズの多様化が進んでいる。そのため、人口減少、急激な少
子高齢化の進展、ライフスタイルの変化、住宅施設の老朽化、小学校の統廃合等
様々な課題が顕在化してきている。このような課題に対して、ニュータウン再生に
向けたまちづくりの取組みが千里ニュータウンを皮切りに行われている。

4．イギリス・フランスのニュータウン政策
4.1　イギリスのニュータウン政策（スティブネージほか）

　ニュータウンについて、福原（1998）は、「ニュータウンの発祥の地はイギリス
である」としている（福原（1998）p.218）。

　その理由として、福原（1998）は、「第二次世界大戦の結果ロンドンの市街地が
空襲で崩壊し、住宅不足が深刻化した。このためイギリスでは 1946 年にニュータ
ウン法を制定、ニュータウンの建設が始まった。このニュータウン法はハワードの
田園都市の構想を基礎としていたが、民間ではなく政府による新都市づくりであっ
た」と述べている（福原（1998）p.224）。

　ニュータウン法によるニュータウン建設の手順として、福原（1998）は、「まず
都市・農村大臣（その後の環境大臣）がニュータウンを指定する。ついでニュータ
ウン建設に関わるニュータウン開発公社が設立され、この公社がニュータウン指定
地域内の土地を強制的に買収し、ニュータウンの建設を行う。ニュータウンが完成
した後にはこの公社は解散し、その後の管理はニュータウン委員会に引き継がれる
という仕組みになっている。また計画人口は田園都市よりも規模が大きくなり、
1940 年代に建設された前期のニュータウンでは 6 万人程度になっている。この
ニュータウンはほとんどが 1940 年代にロンドン周辺に 8 か所、地方に 6 か所の合
計 14 か所建設された。ロンドン周辺の場合にはロンドンの過剰人口の吸収が主眼
で、建設当初はロンドンへの通勤が想定されていなかったため、工場と住居が近接

している職住一体型のニュータウンであった。これは日本のニュータウンと根本的に異なる点である」と述べている（福原（1998）pp.224-225）。

　福原（1998）は、ニュータウンの終焉として、「前期のロンドン近郊のニュータウンにあっては、建設当初は職住一体の町であった。その後の社会的変化、つまり第2次産業から第3次産業中心の時代への変化という産業構造の変化や自家用車の普及、生活水準の向上と多様化といった社会構造の変化等により、ニュータウン住民の中でも若い世代ではロンドンへの通勤者が若干ながら出てきている。また土地の公有制も、1970年代における公営住宅の払い下げ等によって、ハワードの理念からは大きく崩れてきている。ただ緑の多さは日本のニュータウンの比ではない。このように展開してきたニュータウンも、イギリス経済の成熟・停滞化の影響を受ける。イギリスの人口がロンドンで停滞、ニュータウンで激増という傾向が顕著になるにおよんで、1976年にイギリス政府はニュータウン政策で新規のニュータウン建設中止という方向転換を打ち出した。ここにイギリスのニュータウン建設は終了した」と述べている（福原（1998）pp.226-227）。

　一方石見（2018）は、ニュータウン政策とは、過密地域である都市への人口集中を解決するため、国家が住宅と職場「主に工場」の都市からの分散を計画的に図るために取り組まれたものである。1946年に制定されたニュータウン法に基づき推進されたとしている。

　また、第2次大戦後、1970年代末頃（サッチャー政権の誕生前）までの英国における地域政策の展開について、その概観を30年にわたる期間を対象に次の3点を中心に整理している。第1は、ニュータウン政策の展開について、ニュータウンが過密な大都市の人口集中を解決するため、住宅と雇用の分散を図るために計画されたこと、つまり住居と職場のバランスのとれた「自足性」がニュータウンの特徴であることを示した。この「自足性」の原則が、1960年以降、ニュータウンが大規模化し、外部からニュータウン内の職場への通勤を一部認めることにより崩壊したしたことなどについて示した。第2は、地域開発関係立法の変遷については、立法に基づいた地域政策（地域振興）の手法として、援助対象地域の指定、工業および事務所の開設に関する立地規制などがあることを整理した。第3は、ロンドンの状況については、グレーター・ロンドン・プランが提案された1944年当時のロンドンでは、ロンドンの全域に対して責任を持つ有効な統治主体が不在であった状況について示している。

　全体を振り返り、政権交代が地域政策に与える影響について、ニュータウン政策

は 1970 年頃までは、福祉国家路線に関する「戦後合意」が保守党と労働党の間にあった。ただし、労働党がニュータウン政策により積極的であったのに対して、保守党はニュータウンより拡張都市に関心があるなどのちがいが見られた。また、援助地域の指定に関しては、保守党がより狭い地域に限定して指定したのに対して、労働党はより広い地域を指定する傾向が見られた。こうした党派性のちがいは、戦後地域政策の展開を見る際の一つの論点になると言うことができると述べている。

4.2　フランスのニュータウン政策（エヴリーほか）

　ロイック・ヴァドロルジュ（平野奈津恵　訳）（2015）は、フランスのニュータウン政策について、「歴史研究者にとって「都市」と「住宅」という二つの単語は相互補完的でありながら、それぞれ別の意味を帯びる。一九五〇年代のフランスでは、この二つの事柄は明確に区別されつつ、ともに復興・都市計画省が所管していた。復興・都市計画省の「復興」部門は住宅政策に主眼をおき、ひとたび復興が完遂するや建設省へ省名を変えている。一方「都市計画」の部門は、むしろ都市整備や国土開発を対象としていた。前者では爆撃を受け破壊された都市の復興という現在の問題に関心が寄せられ、後者ではより「未来への展望」に目が向けられていた。フランスにおけるニュータウン政策は、ちょうどこの復興から都市計画への移行期に始まっている。復興期には既存の都市の上に都市をつくりなおしたが、一九六〇〜七〇年代に国によって進められた「官製」のニュータウン造成の際には、都心から離れた郊外に広がる田園地帯を新たに都市化した」と述べている（p.157）。

　また、ニュータウンの建設について、「一九六八年には九つのニュータウンの建設が決定された。よく知られているのは、セルジー＝ポントワーズ、エヴリー、サン＝カンタン＝アン＝イヴリーヌ、マルヌ＝ラ＝ヴァレ、ムラン＝セナールであり、今日ではマルヌ＝ラ＝ヴァレとムラン＝セナールのみがニュータウン政策の対象とされ、開発が続けられている。同時期、地方にも四つのニュータウン（ヴィルヌーヴ・ダスク、ヴァル＝ド＝ルイユ〈旧称ル・ヴォドルイユ〉、リル＝ダボー、リヴ・ド・レタン・ド・ベール）が建設された」と述べている（ロイック・ヴァドロルジュ（平野奈津恵　訳）（2015 年）p.158）。

　さらに、大規模団地開発やニュータウン建設が、急速に展開した工業化と密接にかかわっていたことについて、「一九五〇年代のフランスでも同様の動きがあり、大きく二つに分類できる。一つは大手の炭鉱会社や鉄鋼会社が建設した住宅街であり、フランス東部に多くみられた。もう一つは、新規産業の進出と結びついた事例

である」と述べている（ロイック・ヴァドロルジュ（平野奈津恵 訳）（2015年）pp.160-161）。

　ニュータウン行政については、「フランスではじめて「ニュータウン政策」という表現が用いられたのは、モーリス・クーヴ・ド・ミュルヴィル首相が署名した、一九六八年十月二十四日付の通達においてである。この短い通達のなかで九か所のニュータウン建設予定地が指定され、二五か年におよぶ大規模都市計画の長期的な見通しが示された。この通達に基づくフランス初のニュータウン法は、七〇年七月十日の議会において可決されている。ニュータウン建設にかかわるフランスの行政的枠組が、イギリスのニュータウン法から実に二五年を経て、ようやく提示されたのである」と述べている（ロイック・ヴァドロルジュ（平野奈津恵 訳）（2015年）p.166）。

　また、ロイック・ヴァドロルジュ（平野奈津恵 訳）（2015年）は、「七〇年代の産業危機以来、経済成長は勢いを失い、ニュータウン側が売りに出しても買い手がつかなくなっていた。ニュータウンの未来は、あたかも暗雲が立ち込めたかのようであった。しかし、三つの要件がそろうことで、その後、ニュータウンは巻返しに成功している。第一の要件は、政治である。大規模プロジェクト、とりわけニュータウン計画を積極的に支援した。巻返しの第二の要件は、大企業のニュータウン進出であった。歴代の都市整備公社総裁はニュータウンにおける職住の均衡をはかるため、一九七〇年代から企業や商店の誘致に取り組んできた。八〇〜九〇年代には、数多くの企業グループがニュータウンに進出した。第三の要件は、一九八〇年代の景気回復である。七〇年代初頭から大学の誘致を検討していたニュータウンには、首都高速交通網や高速道路の開通によって利便性に優れ、しかも利用可能な広大な用地を有するといった好条件がそろっていた。一九九〇年に採択された「大学計画二〇〇〇」には、パリ地方に四つの新設大学をおくことが盛り込まれたが、いずれもニュータウンにキャンパスが設けられた。これらの大学の設置はニュータウンのイメージを塗り替え、新たに中間層を惹きつけることになった。こうして、九〇年代には、ニュータウンの人口増加に再び拍車がかかった」と述べている（ロイック・ヴァドロルジュ（平野奈津恵 訳）（2015年）pp.177-180）。

4.3　小括
　日本では、高度経済成長期において、農村から都市部に人が移動し、そこで都市部の住宅が不足したため、郊外にニュータウンが開発され、社会的な要請に応えて

164

いった。日本の初期に開発された大規模ニュータウンは、入居から50年前後経過しており、老朽化した公的賃貸住宅等の建て替えが進んでいる。しかし、ニュータウン開発当初から公的賃貸住宅等と同様に重要視され、建設計画の中に組み込まれてきた戸建て住宅は、市の財政のために欠かせない地域であったにもかかわらず、施策としてはほとんど手が行き届いていない状況である。高齢化が進行し戸建て住宅地域で独居世帯が増加傾向にある。さらに空き家も目立ち始めている。そのような状況において、日本の空き家対策というのは、ニュータウンも含めた空き家対策というものが、危険家屋対策になってしまっている。危険家屋に対して、いかに対応するかという施策になってしまっている。今後はまちづくりを進めるうえで、空き家をいかに有効活用して、新しい人に使ってもらい、流通促進することによりニュータウンの活性化に繋げていけるかが重要となってくる。

5．欧米の空き家対策
5.1　イギリスの空き家対策

　イングランドの空き家に関して、倉橋（2018）は、「日本の住宅・土地統計調査による空き家との違いを見ると、日本は標本調査であるが、イングランドは全数調査であること、日本では別荘などの二次的住宅は空き家になるが、イングランドでは原則空き家にならないなど範囲も異なる」としている（倉橋（2018）p.154）。

　空き家数については、「2008年の78万戸をピークに減少を続けており、2016年は59万戸である。日本の820万戸とかけ離れた状況である」としている（倉橋（2018）pp.154-155）。

　空き家率については、「2008年の3.5％から2016年は2.5％に低下している。いずれにせよ、日本の13.5％（2013年）とはほど遠い数字である。長期空き家率も、2004年、2008年の1.5％から2016年の0.8％に劇的に低下している」と述べている（倉橋（2018）p.155）。

　倉橋（2018）は、エンプティ・ホームズが2016年に空き家が多い自治体の調査結果から、イングランドの空き家が発生する背景について、「比較的長期の空き家が多い自治体では、多くの場合、「家計所得が低い」「住宅価格が安い」「貧困層が多い」「1919年より前に建てられたテラスハウス（長屋建て住宅）が多い」といった特徴があるとしている。また、自治体の中でも、長期の空き家が集中しているエリアでは、「反社会的行動が多い」「人口の変化が大きい、もしくは人の入れ替わりが多い」「犯罪が多い」「民間賃貸住宅が多い」等の特徴がある」と述べている（倉橋

(2018) pp.156-157)。

　また、空き家の問題点として、「イングランドにおける長期空き家戸数は現在減少しており、空き家の最大の問題は、「利用可能な住宅が利用されていないこと」であり、「空き家をいかに市場に戻すか」にある」と述べている（倉橋 (2018) p.158）。

　倉橋 (2018) は、強制力を伴う空き家対策として、日本では事例の少ない行政による強制力を伴う施策を中心に、次のように紹介している。①空き家プログラム（空き家を中堅所得層者向け住宅に転用、連立政権下の施策）、②空き家に対する地方自治体の重課（カウンシルタックス・プレミアムまたはエンプティホームズ・プレミアム）、③空き家管理命令、④強制売却と強制収用、⑤空き家ネットワーク（自治体担当者等が参加するネットワーク組織）、⑥所有者不明土地問題への対応である。

　倉橋 (2018) は、イングランドと日本の私権について、「イングランドでは、地方自治体税における空き家の重課制度、空き家管理命令など政府の強制力の強さが際立っている。一方、日本は私権が強いため、空家等対策特別措置法（2014年）で行政代執行など強制的な手続きの対象になっているもの、また固定資産税の住宅用地の特例撤廃の対象になっているものも、特定空家等に限られている」と述べている（倉橋 (2018) p.173）。

　一方、村上 (2016) は、イギリスにおいても多数の空き家の存在は、大きな社会問題として捉えられており、国や地方自治体、NPO等が様々な対策に取り組んでいる。イギリスにおける空き家数は、1993年に約86万戸であったが、その後はほぼ一貫して減少傾向を示しており、2004年には71万900戸となった。その後微増傾向に転じ、2008年には78万3100戸まで増加したが、この年をピークに減少に転じ、2014年には61万100戸となった。イギリスにおいて空き家対策が必要とされる理由として、次の2点を挙げている。

　第1に、住宅需要を満たすための手段として、空き家の利活用が有効であるからである。イギリスにおいては住宅不足が問題視されており、2003年には世帯数の増加が年15万5000件であるのに対し、住宅建築数は年14万件以下であり、住宅不足がいっそう深刻化すると予想されていた。イギリスの人口および世帯数はその後も増加傾向にあり、今後も増加が予想されている。さらに、イギリスは新規住宅着工数が少なく、日本と比較して住宅総数の増加率も低い。空き家の利活用は、環境保護の側面から見て、新たな開発や新築住宅の着工にくらべ、住宅を確保するためのより持続可能で効率的な手段である。

　第2に、空き家の存在は地域コミュニティに重大な負の影響を与えるが、空き家

を居住状態にすることが、それを防止するための唯一の効率的な手段であるからである。以上のような理由から、イギリスでは空き家の利活用を主眼として、さまざまな空き家対策が行われている。例えば、空き家を売却したり、賃貸するために修理・改修が必要な場合に、補助金を出したり、公的融資を行ったりするといった誘導的施策である。現在イギリスにおいて、空き家対策のためにとることができる強制的手段として、「強制買収命令」、「強制売却」および「空き家管理命令」の 3 つを挙げることができる。強制買収命令と強制売却は、空き家対策を主目的とするものではないが、空き家対策にも利用可能な法的手段として位置づけられており、イギリス政府は、強制力を持った制度として空き家管理命令の導入を検討するにあたり、それ以前から存在している強制買収命令および強制売却との比較検討を行っている。

　強制買収命令とは、公共の利益のために必要がある場合に正当な補償を行い不動産を強制的に取得する制度であり、いくつかの法令にその根拠が定められている。強制売却は、一般的には、債権者が債務者の財産を強制的に売却し、その対価から債権を回収する制度である。これら 2 つの強制的手段は、次の問題点をもつ。1 つは、先行して出費が必要であり、費用回収の保障がないため、財政的リスクを伴うという点である。もう一つは、所有権の移転を伴うものであるため、財産権保護の観点から手続きが厳格になり、時間もかかるという点である。一方、所有権の移転を伴わない空き家管理命令は、欧州人権規約、特に財産権の平和的享受を保障した第 1 追加議定書 1 条に抵触する危険を最小限にでき、より簡易な手続きで迅速に実行する余地があるとされている。この「空き家管理命令」は、イギリスの 2004 年住宅法 Housing Act 132 条以下に規定されており、2006 年 7 月から実施されている。これは、一定期間空き家となっている住宅を、最終的には所有者の同意を必要とせず、所有者に代わって地方自治体が必要な改修を施したうえで賃貸し、その賃料によって改修費用を回収する制度である。地方自治体は住宅を占有することはできるが、所有権は地方自治体に移転しない。住宅の管理権・利用権が所有者から地方自治体に移転するものとみることができると述べている。

5.2　フランスの空き家対策

　フランスの住宅不足を解消する空き家対策で、小柳（2018）は、「フランスは、国土全体では人口が増加し、大都市では住宅不足が顕著であり、空き家を住宅市場に出すことが重要だと考えれれている。そのため、空き家への課税、徴発などの

種々の対策が積み重ねられてきた。さらに、管理が不十分な建物には、空き家でない場合にも公権力が介入してきた。フランスでは、空き家政策として多様な手段がある。空き家税は、居住可能な空き家の所有者への課税である。徴発は、居住可能な空き家についての強制的手法による利用権設定である。一時的住宅契約は、居住可能な空き家について、契約的手法で利用権設定を行うものである。これらに加え、所有者が特定できるがその所有者が不動産を放棄していると認定して公共団体が取得する明白放置財産収用制度や、一定の要件で不動産が無主であると判定して公共団体に所有権を帰属させる無主財産市町村帰属制度もある。以上に加えて、空き家か否かにかかわらない建物管理不全対策として、崩壊危険建物制度、衛生危険建物制度も整備されている」と述べている（小柳（2018）pp.119-120）。

　さらに小柳（2018）は、フランスの空き家対策に関し、五つの項目について日本にも示唆を与える点があるとしており、「第一は、空き家問題への早くからの関心である。第二は、その政策の多様性である。明白放置財産収用制度のように、ほとんど使われない制度もあるが、フランスは一種の法律の実験室のようでもある。また、フランスの無主財産市町村帰属制度は、日本民法の伝統的な無主不動産国庫帰属制度をやはり市町村帰属主義へ転換すべきではないかとのヒントを与える。第三は、空き家問題と都市計画・経営との関連である。日本の空家等対策特別措置法は、ともすれば、単発的な空き家が引き起こす外部不経済への対応という形になりやすい。これに対して、フランスの対策は、街区との関係で空き家を捉えるものになっている。第四に、崩壊危険建物制度のように空き家に限らない不動産管理不全対策を実際に行っていることである。第五に、とりわけ地方公共株式会社「まちづくり」のように、自治体以外の組織が空き家問題を担当していることである。これは、専門家の確保という面からも注目に値する。その組織が、空き家の取得・再整備・販売を行えば、アメリカのランドバンクにも類似した機能を果たすとも考えられる。現在の日本の空き家対策は、「特定空家」への対応を中心にし、最終的には除却で終わる可能性が高い。不動産が再び活用できるようになるまでの一貫した流れに責任を持つ専門家を中心にした組織が必要であろう」と指摘している（小柳（2018）pp.145-146）。

　一方、レミ・ドルモア（小柳春一郎 訳）（2019）は、フランス・サンテティエンヌ市の空き家対策に言及している。フランスの空き家対策の重点は、パリなどの大都市圏では、人口増加にともなう住宅不足対策である。しかし、フランス中部の街サンテティエンヌ市の場合は、これと異なる。フランスは、国全体としては人口増

加傾向にあるが、人口減少や産業流出に苦しんでいる地域があり、サンテティエンヌ市は、その例であるとしている。

　サンテティエンヌ市およびサンテティエンヌ都市圏の人口は、1968 年には、それぞれ 22 万人および 43 万人程度であったが、過去 40 年にわたり、徐々に減少を遂げている。2017 年には、市自体の人口は約 17 万人、同都市圏は 40 万人強の人口となった。サンテティエンヌ都市圏は、伝統的な産業都市（石炭、軍装品および繊維産業）として繁栄した歴史を持つ。しかし、サンテティエンヌは、とりわけ 1970 年代以降の産業構造の転換と国際競争の激化に伴い、失業や地域経済沈滞の問題を抱えている。サンテティエンヌの空き家率は INSEE によれば、約 12％であり、フランス全土の空き家率が 7.9％であるのを大幅に上回っている。サンテティエンヌの空き家の特徴は、市中心部の空き家率が高いこと、集合住宅の空き家が多いこと、空き家の相当部分が 1948 年前の建築であり、建物の状況が劣悪であること、3 年以上の長期空き家が空き家の 4 分の 1 以上を占めること、近年は省エネルギー基準が厳格化され、この基準を満たさない旧来の建物が空き家になりやすいことなどであると述べている。

　また、本報告においては、空き住宅対策としての空き家リサイクルのみならず、商業施設の空き店舗対策についても論じている。さらに、社会住宅での空き住宅対策（社会住宅・公共住宅運営組織が、居住者吸引力があると考える建物内に空き住宅を見出した場合、すなわち、建物が人気ある街区にあり、また、近隣の問題がない場合、空き住宅再生を行い、居住者募集をする。社会住宅運営組織が、こうした空き住宅再生事業を一定以上の数なすことができるように、国の場合は ANRU を通じて、また自治体は、社会住宅運営組織への直接的金銭支援や消費税優遇、長期低利融資などの間接的金融支援措置を講じている）や空家税の導入（空家税の目的は、空き住宅の所有者に対して、インセンティブを与えて、その空き家住宅を賃貸なり売却なり市場に出させることであり、市町村が課税主体となる。課税できる市町村は、住宅の需給状態に不均衡があると、国レベルで認定されている市町村である）についても言及している。

5.3　ドイツの空き家対策

　室田（2018）は、空き家が発生する要因に関し、ドイツと日本で共通する点について、「第一に、ドイツは日本に先立ち人口減少に直面したという点である。ただし、それを移民で補う政策がとられており、特に近年は多くの難民や移民の流入に

より住宅事情は急速に変化している。第二に、土地の所有権という概念が存在していることも、日本と同様である。ドイツの憲法である基本法では、財産権の保障が規定され、民法では所有権は法律や第三者の権利に反しない限り自由に行使できるとし、同時に責任や規制が明示されている。権利が明確な点は日本と同様であるが、義務や責任がより厳格に要求されている。第三に、第二次大戦下で多くの都市が破壊され、戦後に住宅が圧倒的に不足したことに伴い、集合住宅団地を大量に建設した点が挙げられる。やがて、住宅不足が解消されるにつれて人気がなくなったそれらの団地では空き家が増加し、エリア全体の環境が悪化した。そのため、集合住宅団地の改修や建て替えを行い、地域の環境価値の向上を図ることが主要課題となっている。その一方で、新築志向や新築住宅供給量、欠陥や不良のある住宅に対する改修・除却義務、不動産の登記義務、老朽エリアのリノベーションや再生のしくみなどに関しては異なる点も多い」と述べている（室田（2018）pp.76-77）。

室田（2018）は、ドイツの住宅の現状と空き家の特徴について、「ドイツの居住用住宅（寮や寄宿舎を除く）の特徴としては、賃貸住宅の戸数が持ち家よりも多いことがまず挙げられる。ドイツはヨーロッパでも持ち家率の低い国の一つに数えられるが、その背景には日本のように持ち家を推奨する住宅政策が推進されず、特に旧東ドイツで賃貸住宅の建設が重視されたという歴史的経緯がある。また、ドイツでは築年数の長い住宅が多く、現存する住宅のうち築100年以上となる1919年以前に建設された住宅が約14％、築70年以上は全体の約4分の1、1978年以前の住宅は68％（2620万戸）を占めている。2001年以降に建てられた住宅は239万戸で、全体の6.2％にすぎず、ドイツでは住宅の寿命が長い。建物を改修しつつ利用しており、中古住宅の利用が活発である。一方、日本では、1980年以前に建設された住宅は1369万戸、全体の26％であり、築年数の長い住宅が少なく、逆に2001年以降の住宅が1277万戸、全体の4分の1を占めている（2013年、住宅・土地統計調査）。このように築年数には大きな違いがあり、日本は築年数の短い住宅の割合がかなり高い」と述べている（室田（2018）pp.79-81）。

室田（2018）は、空き家に関して、「旧西ドイツと旧東ドイツで比較すると、旧東ドイツでは全般的に空き家率が高く、2002年に14.4％とピークに達し、その後減少に転じた。一方、旧西ドイツでは2010年以降に減少に転じた。建築年代別に空き家率を見ると、古い住宅ほど空き家率が高いと言える。日本よりも築年数の長い住宅が多く中古住宅が活用されているドイツではあるが、それらがすべて活発に利用されているとは言えない。管理不十分で、設備の古さや暖房効率の低さといっ

た問題を抱える住宅も多い。また、床面積別に空き家率を見ると、狭い住宅ほど空き家率が高い。40 平方メートル未満の住宅は、ベルリンやハンブルクなどの大都市に比較的多く、第二次大戦後の住宅困窮時代に建設された住宅や旧東ドイツの住宅が多数を占める。質の悪い住宅も数多く、空き家として放置されることが多い。空き家の多い旧東ドイツでは、古い住宅と小規模住宅が多く、持ち家率が低いという特徴がある。一方、旧西ドイツでは、大都市を除くと、床面積は広く持ち家率も高く、築 70 年を超える住宅割合も少ない。西と東の住宅格差、さらには経済格差が空き家の割合の多さに直結している」と述べている（室田（2018）pp.83-84）。

　室田（2018）は、連邦政府の放棄不動産の定義と対策について、「連邦環境・自然保護・建設・原子力安全省では、空き家を「放棄不動産」と位置づけ、2014 年にその問題を取りまとめて報告書を出している。ドイツでは、都市開発分野において「スクラップ不動産」という言葉が政策上の問題や不動産投資の失敗という観点から一般的に使用されている。放棄不動産については、建物の利用や状態に関して、①都市開発目標や都市計画要件、住宅政策目標に適合していないこと、②危険状態にまでは至らないが、利用や管理などで住宅監視法や建設法典の不良や欠陥に該当するなどの問題を有するもの、③公的安全性や秩序に脅威を与え、危険防止から介入を必要とするものと定義されている。つまり、放棄不動産は管理面や利用面で問題のある不動産を広く対策としている。ドイツの放棄不動産への対策としては、①個別建物に関するものと、②エリアに関するものの二つに大別できる。さらに、①個別建物については、(a) 管理不全状態（建物の不良や欠陥などの状態による外部不経済や問題の発生）への対策、(b) 利用不全状態（住宅の目的外利用、土地利用規制への不適合、住宅の不適切な利用）への対策の二つに分けられる。②エリアについては、放棄不動産の集中、老朽化や衰退、地域の環境悪化といったエリア全体が抱える問題に関する対策である」と述べている（室田（2018）pp.84-86）。

5.4　アメリカの空き家対策

　小林（2018）は、不動産流通システムに関して、「アメリカの住宅市場では、住宅や居住地域などが多様な所得水準や社会階層に対応しており、所得や地位の向上に合わせて住み替えが頻繁に行われるが、1990 年代にそのような状況を支える不動産流通システムが確立された。それゆえ、住宅は耐久消費財ではなく重要な貯蓄手段として位置づけられており、しっかりと維持・管理された住宅はその内容に応じて高価格で売却できる建物評価手法が普及しているため、リモデリング（増改築に

よる改修と物的劣化を防ぐための維持・補修）が活発に行われている。その結果、消費者の間では、新築住宅にこだわらず、既存住宅をリモデリングし、住宅の価値を高めながら住み替えを続けていくライフスタイルが定着している」と述べている（小林（2018）p.43）。

　さらに、不動産流通システムの確立について、「住宅取引における多様な消費者ニーズに対応し、消費者保護を確保するために有効な手法である。消費者・事業者が求める住宅をより選択しやすくする環境を整備することは、より安心して効率的に住宅を売買できる市場を担保するために不可欠であり、アメリカでは国民一人一人のライフステージやライフスタイルに合った住宅取引が確実に行われ、ひいては空き家の発生・拡大を未然に防止する有意義な社会システムとして定着している」と述べている（小林（2018）p.56）。

　また、小林（2018）は、空き家・空き地の増加と地域の衰退に関して、「地域別の空き家発生状況を見ると、全米平均に対して南部および中西部の空き家率が高い。特に、アラバマ州、ハワイ州、サウスカロライナ州、ウェストバージニア州、フロリダ州の空き家率は15％前後で推移しており、取引が活性化している北東部、西部の州に比べて圧倒的に空き家が多く発生している。このような空き家の増加による地域の衰退に対し、廃棄された住宅等を取得し、権利関係を整理して、必要に応じて解体・保全を行い、再利用する公共的な非営利組織として「ランドバンク（LandBank）」が設立され各地で活用されている。また、空き家・空き地を取得・管理運営し当該地区の価値向上に取り組む非営利組織として、「コミュニティ・ランド・トラスト（Community Land Trust: CLT）」が各地で設立されている」と述べている（小林（2018）p.59）。

　小林（2018）は、アメリカの空き家対策の特徴について、「流通性のある不動産と市場価値の低下した放棄不動産とで取得・再生の主体およびその方法を分けて考えていることにある。需要のある多くの都市部では、不動産流通システムが浸透し、事業者間の連携と専門家同士の役割分担により安定した取引を確保しつつ、住宅地経営組織（HOA）等を活用しながら資産価値を高めるコミュニティづくりに取り組むことで購入希望者を誘発し、空き家が発生しにくい環境整備に努めている。また、買い手・借り手を期待できない市場性の低い物件については、州政府が特別にランドバンクに一時保有・再生・売却等の権限を付与し、財政面での支援も行うことで、その再生に力を入れ始めている。同時に、より地区レベルのニーズに対応したコミュニティ再生手法としてCLTが各地域に拡大しており、住民が主導する形

で地区の資産価値を高める動きも広がりつつある」と述べている（小林（2018）p.71）。

　一方、前根ほか（2010）は、日本の人口がすでにピークを迎え、今後は減少していくため、このような社会構造の変化に対応した都市政策が必要である。特に、郊外地のニュータウンでは今後相当数の空き家が発生することが見込まれるため、縮小型都市計画の必要性の観点から、総人口がこれからも増加していくアメリカに着目し、都市によっては人口減少が顕著になり、空き家の増加などの問題に対処するため、独自の政策を行っているフリント市（ランドバンク（放棄された物件を手に入れ、住戸を解体するか、再利用するかなどを見極め、解体となった敷地は緑地やコミュニティスペースに転換している）や、ヤングスタウン市（ヤングスタウン2010計画（行政が市民とヤングスタウン州立大学と協働で都市計画案を作成した））について、ヒアリング調査を行っている。結果として、アメリカの人口が減少している都市ではすでに政策が行われており、それには問題や課題があるものの、日本のように何の政策も行われないよりははるかに進んでいると言える。アメリカとは土地の値段や法律に差があり、同じことを実行することは難しいが、何らかの政策を考えていくべきであると指摘している。

5.5　小括

　日本の空き家対策は、2015年5月に完全施行された空家等対策の推進に関する特別措置法から本格的に始まっているといっても過言ではない。空き家数および空き家率について、総務省統計局が5年ごと実施している住宅・土地統計調査で、例えば、1973年から2018年を見てみると、毎回上昇している状況である。この状況下において、多くの地方自治体では、空家等対策の推進に関する特別措置法の第6条における空家等対策計画を定めて、空き家等実態調査の実施および空き家対策の助成制度（例えば、危険家屋除却補助制度など）を立ち上げて空き家対策に取組んでいる。しかし、日本と諸外国の空き家対策の比較において、日本の場合は、危険家屋対策を中心に進んでいると考えられるが、諸外国の空き家対策を見ると、そうではなくて空き家の有効活用を図る手法として、流通を促進する施策に重点をおいた空き家対策になっている。また、日本の初期に開発されたニュータウンの戸建て住宅地域では、高齢化が進行し独居世帯が増えて、空き家が目立つようになってきている。日本の場合、中古住宅よりも新築住宅を好む人達が多くいることも否定できないが、諸外国と同様に利用可能な住宅について、今後において、不動産流通市

場を活用して空き家を有効活用し、新しい人に使ってもらえるように活性化を図っていくことがニュータウン再生に向けての有効な施策であると考えられる。

6．日本の空き家対策の流れと欧米の空き家対策の流れの比較

　近年において、地域における人口減少や既存の住宅等の老朽化、社会的ニーズの変化等を背景に、空き家・空き地が年々増加している。このような空家等（空家等対策の推進に関する特別措置法（平成 26 年法律第 127 号）第 2 条第 1 項に規定する「空家等」をいう）の中には、適切な管理が行われていない結果として安全性の低下等多岐にわたる問題を生じさせ、地域住民の生活環境に深刻な影響を及ぼしているものがある。今後、空家等が増加すれば、一層深刻化することが懸念される。このような状況から、市町村等の地方公共団体は、適切な管理が行われていない空家等に対して既存法や条例に基づき必要な助言・指導、勧告、命令等を行い適切な管理を促すとともに、それぞれの地域の活性化等の観点から、空家等を地域資源として有効活用するなど地域の実情に応じた空家等に関する施策を実施している。

　しかしながら、空家等がもたらす問題が多岐にわたる一方で、空家等の所有者または管理者の特定が困難な場合があること等解決すべき課題が多いことを踏まえると、空家等がもたらす問題に対応するための施策の充実を図ることが求められる。

　以上を踏まえ、適切な管理が行われていない空家等が防災、衛生、景観等の地域住民の生活環境に深刻な影響を及ぼしていること、地域住民の生命、身体または財産を保護するとともに、その生活環境の保全を図り、あわせて空家等の活用を促進するため、空家等に関する施策に関し、国による基本指針の策定、市町村による空家等対策計画の作成その他の空家等に関する施策を推進するために必要な事項を定めることにより、空家等に関する施策を総合的かつ計画的に推進し、公共の福祉の増進と地域の振興に寄与することを目的として、2014 年 11 月 27 日に、空家等対策の推進に関する特別措置法が公布され、2015 年 5 月 26 日に全面施行された。

　空家等の現状では、2019 年 4 月 26 日付の総務省報道資料の 2018 年住宅・土地統計調査住宅数概数集計結果（2018 年に総務省が実施した住宅・土地統計調査）によると、[33]　全国の総住宅数は 6,242 万戸と、2013 年と比べ、179 万戸（3.0%）の増加となった。このうち空き家数は 846 万戸と、2013 年と比べ、26 万戸（3.2%）の増加となった。空き家率（総住宅数に占める空き家の割合）は、13.6% と、2013 年の前回調査時に比べ、0.1 ポイント上昇し、過去最高となっている。

　この節では、空き家対策の流れとして、

①日本の場合は、空家等対策の推進に関する特別措置法における特定空家等に至るまで、

②イギリスの場合は、空き家対策における空き家管理命令、

③フランスの場合は、空き家対策における空き家税、

④ドイツの場合は、空き家対策における放棄不動産、

⑤アメリカの場合は、空き家対策におけるランドバンク、

を取り上げる。

6.1　日本の空き家対策の流れ

　空き家に転じるまでの流れで、空き家になるケースとして、所有者等の高齢化に伴い、相続発生時において、空き家の売却・賃貸が困難になり、空き家として残るケースが多い。その流れを見ると（図17）、現在居住中から特定空家等になるきっかけが、それぞれの段階で3〜4点考えられる。さらに、日本における標準的な空き家等の発生から解決までの流れ（図18）について見てみると、まず市町村による対処では、住民等からの情報提供などや各市町村において空家等対策計画に基づ

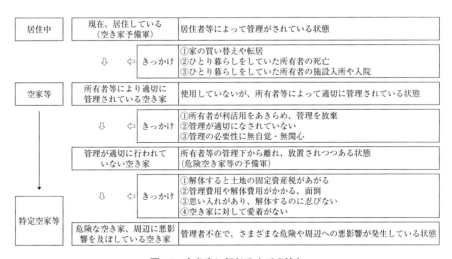

図 17　空き家に転じるまでの流れ
出典：空き家対策ガイドブック・空き家対策実務者のための手引書 [100]
かごしま空き家対策連携協議会　平成 29 年 3 月　p.1 より筆者作成

100）　kjc.or.jp/wp-content/uploads/2017/03/akiya-guidance1.pdf　2021 年 3 月 3 日閲覧

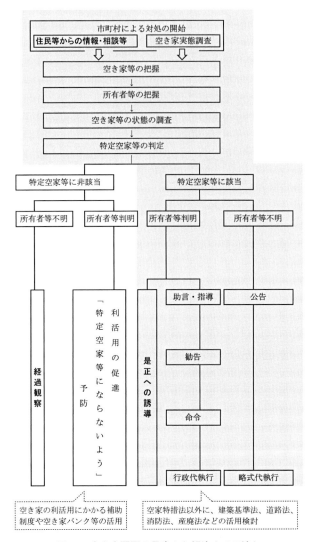

図18 空き家問題の発生から解決までの流れ

出典：空き家対策ガイドブック・空き家対策実務者のための手引書[100]
かごしま空き家対策連携協議会 平成29年3月 p.6より筆者作成

き、空き家等実態調査による状況把握により、所有者等の情報の把握を行う。次に
空き家等の状態の調査を実施して、各市町村で特定空家等の判定（判定のランク等
は各市町村で違う）を行い、該当・非該当を選別する。

　市町村長が特定空家等に該当すると判断した場合と、判断しない場合では、対処
の方法が異なる。特定空家等に該当する場合は、「空家等対策の推進に関する特別
措置法」に基づいて、所有者等に対して、是正のための助言・指導を行い、是正さ
れない場合は勧告、命令、行政代執行を行うことができると規定されている。また、
過失なく措置を命ぜられるべき者を確知することができない場合は、略式代執行を
行うことができることも規定されている。特定空家等に非該当となった場合は、例
えばリノベーションなどで手をいれることで、特定空家等にならないための予防策
が必要である。

6.2　イギリスの空き家対策の流れ

　イギリスの空き家対策の流れでは、次の図 19 のようになる。

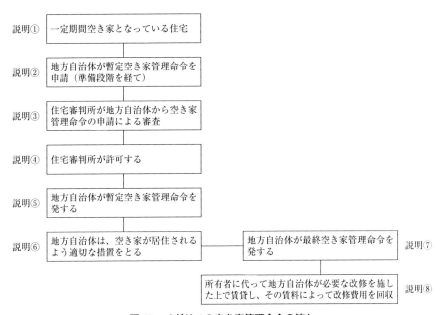

図 19　イギリスの空き家管理命令の流れ

出典：日本とイギリスにおける空き家対策の比較研究－イギリス「空き家管理命令」の意義と日本への示
　　唆－龍谷大学大学院政策学研究紀要論文(5). 77. 2016-7-31 pp.77-90 村上 毅 [101] を参考に筆者作成

---

101)　https://opac.ryukoku.ac.jp/webopac/bdyview.do?bodyid=TD32001536&elmid=Body&fname=
　　　rd-se-kn_005_006.pdf&loginflg…　2021 年 3 月 3 日閲覧

図 19 の説明については、次の①から⑧の 8 点を挙げることができる。

説明①：最終的には所有者の同意を必要としない。地方自治体は住宅を占有することはできるが、所有権は地方自治体に移転しない。住宅の管理権・利用権が所有者から地方自治体に移転するものとみることができる。

説明②：暫定空き家管理命令の対象となるのは、少なくとも 2 年以上居住されていない住宅である。地方自治体は、空き家管理命令を申請する準備段階として、所有者に対し、空き家管理命令を申請予定であることを通知するとともに、所有者の空き家利用の意向を調査することが義務づけられている。

説明③：対象となる住宅が、「近い将来に居住される合理的な見込みがない」、「暫定空き家管理命令の発令により居住されるようになる合理的な見込みがある」、「所有者に対する事前の通知が適法になされている」かどうか、かつ、空き家管理命令の適用外となる「例外」に該当していないかどうかを審査する。

説明④：これらの諸条件を満たしている場合は、空き家管理命令を許可する。例外としては、「所有者が、老齢、障害、病気等の理由により介護を受けるために一時的に不在にしている」、「所有者が、老齢、障害、病気等の理由による要介護者を介護するために一時的に不在にしている」、「所有者が死亡し、遺言書の検認後 6 か月が経過していない」、「定期的に使用されている別荘」、「売りに出されている」、「賃借人を募集中」等が挙げられている。また、空き家管理命令を認可するかどうかを判断するにあたって、住宅審判所は、「コミュニティの利害」と「命令が所有者に対して与える影響」を考慮に入れなければならない。

説明⑤：住宅審判所の認可を受けた上で、地方自治体が暫定空き家管理命令を発する。

説明⑥：地方自治体は、空き家が居住されるようにするために適切と思われる措置をとらなければならない。暫定命令の有効期間は最長 12 か月である。地方自治体は、空き家を占有する権利を有し、一方、所有者は、空き家を賃貸に出す等の、所有者としての権利を行使することができなくなる。しかし、暫定命令の段階では、地方自治体が空き家を賃貸するためには所有者の同意が必要となる。暫定命令の期間は、地方自治体と所有者が協力して、空き家を居住状態に戻す努力をする期間であるといえる。

説明⑦：地方自治体は、対象となった住居が居住されるようにするために適切と思われる措置をとったにも関わらず、空き家のままである場合で、最終空き家管理命令を発しない限り、居住されないままとなる公算が高い場合は、

最終空き家管理命令を発することができる。最終空き家管理命令の有効期間は最長 7 年であるが、繰り返し発することもできる。地方自治体が最終空き家管理命令を発するにあたっては、住宅審判所の認可は不要である。ただし所有者は、住宅審判所に対し異議申立をすることができる。

説明⑧：最終空き家管理命令が発せられた場合、地方自治体は、所有者の同意無くして空き家を賃貸することができる。この点が、暫定命令と最終命令の大きな違いとなっている。最終空き家管理命令を発すると、地方自治体は、当該住宅につき「管理スキーム」を策定し、所有者に通知しなくてはならない。その後において、地方自治体は、空き家を占有し、リフォーム等の必要な処置を施した上で、所有者の同意を必要とせず賃貸し、賃料を徴収して自ら支出した費用を回収することができる。

6.3　フランスの空き家対策の流れ

フランスの空き家対策の流れでは、次の図 20 のようになる。

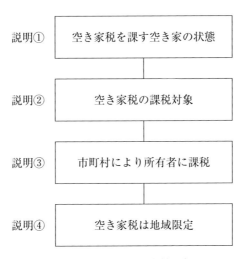

図 20　フランスの空き家税の流れ

出典：小柳春一郎（2018）「フランス　多彩な政策と公民連携による空き家リサイクル」（米山秀隆 編著者（2018）『世界の空き家対策　公民連携による不動産活用とエリア再生』学芸出版社を参考に筆者作成

図 20 の説明については、次の①から④の 4 点を挙げることができる。

説明①：空き家税は、1998 年改正による租税一般法典で規定されており、所有者が値上がり待ちなどのために意図的に居住可能な住宅を空き家のままとした場合である（小柳（2018）pp.121-122）。

説明②：空き家税の課税対象は、その年の 1 月 1 日の時点で過去 1 年間居住者のいなかった住宅であり、戸建て住宅も集合住宅も対象になるが、商業用建物は対象外である。しかも、居住用空き家のすべてが課税対象なのではない。非課税の場合として、第一に、別荘がある（別荘の占有者に住民税を課税）。第二に、過去 1 年間に少なくとも 90 日以上の居住があった場合がある。第三に、所有者の意図に反して空き家となった場合、具体的には市場賃料で賃貸募集中だが賃貸人が見つからない場合もある。この場合は、既建築不動産税の減額すらある。第四に、建物が荒廃し住宅として使用できない場合も、非課税である（小柳（2018）p.123）。

説明③：空き家税は、地方税体系の中で新しい税である。フランスの地方税は、住居税、既建築不動産税、未建築不動産税、地域経済税（商業者に課せられる税）が四大税であり、いずれも、課税標準は、一種の不動産評価額である地籍台帳記載賃貸価格である。そのうち住居税は、基礎自治体であるコミューン（市町村）と、複数市町村が共同で事務を行う市町村連合の税収となる。納税義務者は、住居の占有者であり、所有者居住の場合は所有者であり、賃貸人居住の場合は（所有者ではなく）賃貸人である。これに対し、（日本の固定資産税に相当する）既建築不動産税および未建築不動産税は、不動産の所有者が納税義務者である。これらの税の税率は、市町村で異なる（小柳（2018）p.122）。

説明④：1998 年の制度創設時点ではパリ、リヨン、リールなど 8 都市圏での課税であったが、2013 年改正によって適用が拡大され、現在は、28 都市圏で実施されている。空き家税の税率は、2013 年の課税強化により、1 年目は地籍台帳記載賃貸価格の 12.5％、2 年目以降は 25％である（小柳（2018）p.122-123）。

6.4　ドイツの空き家対策の流れ

ドイツの空き家対策の流れでは、次の図 21 のようになる。

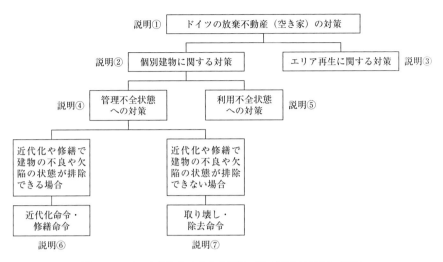

図 21　ドイツ連邦政府の空き家対策（放棄不動産対策）の流れ

出典：室田昌子（2018）「ドイツ　公民連携で空き家対策からエリア再生へ」（米山秀隆　編著者（2018）『世界の空き家対策　公民連携による不動産活用とエリア再生』学芸出版社を参考に筆者作成

　図 21 の説明については、次の①から⑦の 7 点を挙げることができる。

説明①：ドイツの放棄不動産への対策としては、個別建物に関するものと、エリアに関するものの二つに大別できる（室田（2018）p.86）。

説明②：個別建物については、管理不全状態への対策、利用不全状態への対策の二つに分けられる（室田（2018）p.86）。

説明③：エリアについては、放棄不動産の集中、老朽化や衰退、地域の環境悪化といったエリア全体が抱える問題に関する対策である（室田（2018）p.86）。大量の管理不全住宅が集中しているエリアや、地域的な問題が大きいために放棄不動産が多いエリアでは、エリアとしての問題解決が求められる。ドイツには、都市改造、都市計画的都市再開発事業、社会都市、都市開発のための民間イニシアティブ、都市・地区中心地活性化プログラム、小規模市町村―ローカル協力・ネットワーク、未来の都市みどりプログラムなど種々の地域再生プログラムがあり、これらのプログラムを特定地域に適用してエリアの再生を進めている（室田（2018）p.89）。

説明④：建物の不良や欠陥などの状態による外部不経済や問題の発生への対策である（室田（2018）p.86）。

説明⑤：住宅の目的外利用、土地利用規制への不適合、住宅の不適切な利用への対

策である（室田（2018）p.86）。

州によっては住宅の不正利用禁止法などで住宅を住宅以外の用途に利用することが禁じられており、観光客向けの宿泊や商業などの他用途に使用することが制限されたり、さらに空き室・空き家として放置することも規制するケースが見られる。住宅が不足している市町村では、住宅の住宅外利用を許可を受けなければ認められない。適切な利用方法については、建設法典で建設基本計画、土地利用計画、地区詳細計画などの規定と適合させることなどが規定されている。さらに、不良や欠陥のある住宅における居住については、州ごとに住宅監視法で規制されている。ドイツの市町村は、土地の売買に際して先買権を有することができる。先買権とは、所有者が第三者と売買契約をした場合、所有者は先買権者（市町村）に通知しなければならず、先買権者が先買権の行使を表明すると、先買権者との間に売買契約が成立するというものである。市町村の先買権が成立するのは、①地区詳細計画の指定や都市計画上の事業の目的に従った建築の利用がされておらず、かつ建物に不良や欠陥がある場合、②不良または欠陥がある建物を適切な期間内で除去できない場合の二つである。管理不全や利用不全があり適切な対応がされない状態で売買された場合に、その不適切な状態が続くことを防ぐことができる（室田（2018）p.88）。

説明⑥：近代化命令・修繕命令とは、この命令を出すことによって建物の不良や欠陥を除去できる場合に、建物所有者に対して建物の近代化や修繕を命ずるものである。ただし、命令は都市計画上必要がある場合にのみ実行可能とされており、どこでも命令できるわけではない。建物の近代化とは、省エネ・節水などの環境性能の向上と建物価値の向上のための修繕や改修を指しており、ドイツ民法典に規定がある。その内容は、①省エネ化や節水に関する近代化、②住宅の使用価値の増大や居住環境全般の向上、③構造的な改善や新たな住空間の創出などが挙げられている。費用については、原則として所有者が負担する。その額は、近代化措置や修繕措置の実施後に建物を使用して継続的に得られる収益を考慮して算定される。なお、都市計画助成制度は、近代化や修繕の費用補助として利用することができる（室田（2018）p.87）。

説明⑦：建設法典では、不良または欠陥状態にある建物で、近代化や修繕によって建物の不良や欠陥を排除できない場合に、市町村が土地登記簿に登記され

た者、または登記によって保全された権利を有する者に対して建物の全部または一部を取り壊すことを義務づけられることが規定されている。ただし、居住者が適切な代替空間を適切な条件で利用できる場合にのみ実施が可能である。費用については、取り壊し・除去によって見込まれる利益まで所有者が負担しなければならない。逆に除去によって不利益が発生した場合には、市町村が適切な補償を行わなければならず、また取り壊し・除去命令によって所有者が土地を維持することが経済的に期待できない場合には、市町村に土地の買い取りを請求できる（室田（2018）p.87-88）。

6.5　アメリカの空き家対策の流れ

アメリカの空き家対策の流れでは、次の図22のようになる。

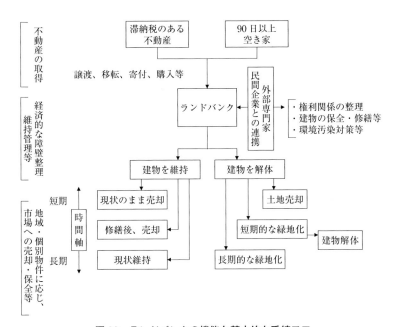

図22　ランドバンクの機能と基本的な手続フロー

出典：米国におけるランドバンクおよびコミュニティ・ランド・トラストの活用による都市住宅市場の再生手法に関する研究－米国における2000年代の低未利用不動産の再生・流通システムの実態調査を通じて－　小林正典・光成美紀 都市住宅学95号 2016 AUTUMN pp.121-126 より筆者作成[102]

---

102)　https://www.jstage.jst.go.jp/article/uhs/2016/95/2016_121/_pdf　2021年3月3日閲覧

アメリカのランドバンクとは、何らかの理由で有効活用されなくなった老朽建物等を有する土地を、①政府主体の非営利組織が取得・保有しながら、②不動産に係る法的・経済的な障壁を整理し、③地域のニーズに合った形で市場に戻す、あるいは保全するための公的な媒介組織であり、土地建物に係る法的、経済的な障壁を解消する機能を持つ。この経済的な障壁の内容としては、土地建物に係る税金、建物の維持保全・解体費用、土地および建物の環境汚染物質等を含む法的義務の措置費用なども含まれる。このような空き家や投棄不動産等をランドバンクに登録する手続をランドバンキングと呼んでいる。ランドバンクの歴史は古く、1971 年にミズーリ州セントルイス市で設立した。米国では 1960 年代から、郊外へのスプロール化と都市中心部衰退問題（インナーシティ問題）を抱えていたため 70 年代からランドバンクが制度化されている。現在、全米 12 州で法制化が進められ、市や郡のレベルで 120 を超えるランドバンクが設立されている。住宅を主な対象とするランドバンクは三つの世代に分類され、その機能や発展が整理されている。1970 年代から 90 年代に設立された初期のランドバンク（第一世代）は、滞納税のある不動産の一部を取得し管理することにより一定の役割を果たしてきたが、税免除と法制度の連携が進まず、限られた財源での運用によって限定的な役割に留まっていた。

　2000 年代に設立された第二世代のランドバンクは、2002 年に設立されたミシガン州 Genesee 郡と 2008 年にオハイオ州 Cuyahoga 郡に設立されたランドバンクであり、ランドバンク・ブームのモデルとなっている。中西部製造業の衰退、人口減少に直面した空き家問題が深刻化して州レベルで法制化が進み、その機能は大きく進展した。1999 年にミシガン州の不動産抵当権実行関連法の改正により、租税先取特権や課税証明書の第三者への売却が停止され、固定資産税を滞納している不動産を郡が一括して取得することが可能となった。2004 年にはミシガン州法により、州内ランドバンクは各郡とランドバンク・ファーストトラック機関との共同で形成することが必須となり、滞納税のある不動産の手続とランドバンクによる不動産取得が一体で行われ、ランドバンクが管理・登録した不動産の滞納税などの債務整理や建物・土地の有害物質撤去、市場ニーズに合わせた売却や管理が可能になった。ランドバンク取得不動産にタイトル（権原）保険を付与し、市場性がさらに高まり、オハイオ州でも普及した。第三世代ランドバンクは 2007 年サブプライムローン問題以降急速に進んでいる。この背景として、2008 年に成立した住宅経済救済法において、住宅都市開発省（HUD）が創設した近隣安定化プログラム（Neighborhood Stabilization Program, NSP）で、滞納税のある不動産と共に 90 日以上空き家状態

の不動産を対象とすることとなり、同時にそのための予算として39億ドル超が連邦政府から州や自治体に配分されることとなった。全米各州の自治体に、滞納税のある不動産や空き家購入・保全・再生と共に、ランドバンクの設立にも補助金が割り当てられ、連邦政府がランドバンク設立書式・手続ガイド等を整備し、不動産市場を安定化・活性化する枠組みが短期間に実施できる環境が整うようになった（小林ほか（2016）p.122）。

6.6　小括

　日本の空き家対策の一つの方策として、空き家を利活用し、移住などによる新規住民を増やすため、空き家を売却したい、貸したい所有者と空き家を使用したい利用希望者が登録をして、その両者をマッチングさせる空き家バンク事業（交渉・契約は当事者間で行い、地方自治体は関与しない）が多くの地方自治体で行われている。一般社団法人移住・交流推進機構が株式会社価値総合研究所（2018）に委託して実施した2017年度空き家バンクに関する調査研究報告書で、空き家バンクを現在、実施しているのは、773市区町村（62.2％）で、現在、実施していないが、今後は実施する計画があるのは、247市区町村（19.9％）となっている。

　一方、アメリカのランドバンクとは、有効活用されなくなった老朽建物等を有する土地を、政府主体の非営利組織が取得・保有しながら、不動産に係る法的・経済的な障壁を整理し、地域のニーズに合った形で市場に戻す、あるいは保全するための公的な媒介組織であり、土地建物に係る法的、経済的な障壁を解消する機能を持つことから、日本とアメリカでは根本的な違いがある。

　また、イギリスにおいては、最終空き家管理命令を発すると、地方自治体は、当該住宅につき管理スキームを策定し、所有者に通知する。地方自治体は、空き家を占有し、リフォーム等の必要な処置を施したうえで、所有者の同意を必要とせず賃貸し、賃料を徴収して自ら支出した費用を回収することができる。

　フランスにおいては、所有者が値上がり待ちなどのために意図的に居住可能な住宅を空き家のままとした場合に、市町村により所有者に空き家税が課される。課税対象は、その年の1月1日の時点で過去1年間居住者のいなかった住宅であり、戸建て住宅および集合住宅が対象となる。非課税の場合として、別荘や建物が荒廃し住宅として使用できない場合などである。

　ドイツにおいては、「近代化命令や修繕命令」と「取り壊し・除去命令」の二つの対応方法を法制度化している。これらは、　定の条件の下で所有者に費用負担が

義務づけられる。修繕などで十分に改善できる状態の住宅に対して修繕を命令できるしくみがあるが、日本では、修繕などにより正常化できる段階の住宅に強制的に修繕を命令できる法制度は整備されていない。

　以上から、日本と諸外国の空き家対策の比較において、日本の場合は、危険家屋対策を中心に進んでいると考えられるが、諸外国の空き家対策を見ると、そうではなくて空き家の有効活用を図る手法として、流通を促進する施策に重点を置いた空き家対策になっている。

7．欧米の中古住宅の取引について

　齊藤（2015）は、欧米の中古住宅の取引に関して、次のように論じている。

①イギリスでは、住宅取引の約9割が中古住宅であり、わが国と同様に、通常、不動産業者（免許制ではない）は売主側の業者のみの体制である。買主はビルディングサーベーヤを雇用し、建物の検査・評価を依頼する。

②フランスでは、住宅取引の約7割が中古住宅であり、わが国と同様の「不動産業者（免許制）は売主側の業者のみ」の取引体制であり、アメリカ、イギリスなどのように、ビルディングサーベーヤ・インスペクターの住宅性能を物的に検査する専門家の立会は少なく、体制は日本と似ている。

③ドイツでも住宅売買取引のうち、中古住宅の占める割合が6割で、わが国と同様の「不動産業者（登録制）は売主側の業者のみ」の取引体制であり、アメリカ、イギリスなどのビルディングサーベーヤ・インスペクターのような専門家の立会は少なく、体制はフランスと同様に日本と似ている。

④アメリカでは、住宅取引の約8割が中古住宅であり、買主側で、売主側と独立した不動産業者（免許制）が、買主のために取引住宅の情報を集める。この業者と、建物検査を行うインスペクター、エスクロー等の専門家が住宅取引に立ち会う。

8．おわりに

　統計データなどによる国際比較により、欧米（イギリス、フランス、ドイツ、アメリカ）と日本の人口構成や空き家率の違いについて、比較分析を行った。

　2020年における65歳以上人口の比較では、日本（28.9％）、ドイツ（21.7％）、フランス（20.8％）、イギリス（18.7％）、アメリカ合衆国（16.6％）、世界（9.3％）の順となり、日本がいかに高齢化率が高いかがわかる。同様に、2020年における

15 歳未満人口の比較では、世界（25.4％）、アメリカ合衆国（18.4％）、イギリスおよびフランス（17.7％）、ドイツ（14.0％）、日本（12.0％）の順となり、日本が最小である。このことから、日本が少子高齢化が一番進んでいる国であることがわかる。

　さらに、主要国の人口の推移（2010 ～ 2019 年）を見ると、この 10 年間の増減では日本のみ 200 万人の減少となっていることがわかる。

　次に、空き家率について見ると、日本（13.5％、2013 年）アメリカ（12.7％、2017 年）、フランス（8.3％、2016 年）、ドイツ（4.4％、2011 年）、イギリス（2.5％、2016 年）の順となり、日本が一番高くなっている。この理由として考えられることは、空き家の有効活用がうまくできていないことと、日本人の好みとして、不動産を取得する際、中古物件に比べて新築物件に対する固着があることが背景にある。

　一方、イギリスの低い空き家率については、難民や移民の流入もあり、人口が増加傾向にあることが背景にある。

　次に、日本の先進自治体の空き家対策で実施されている助成制度を概観し、欧米諸外国と日本の空き家対策に関する国際比較により、欧米（イギリス、フランス、ドイツ、アメリカ）と日本の違いについて、比較分析を行った。諸外国（アメリカ、イギリス）では、建物の使用する年数が日本に比べ 2 倍程度である。欧米では築年数の長い住宅が多く、現存する住宅では築 100 年以上の建物もある。住宅の寿命が長く、建物を改修しつつ利用しており、中古住宅の利用が活発である。諸外国では建物をいかに有効活用し、中古物件の流通に促進しているかが明らかなように、日本との違いが明確であることを指摘した。

　以上諸外国（イギリス、フランス、ドイツ、アメリカ）の空き家対策では、諸政策や制度的なところからの比較について見てきたが、諸外国は空き家にならないように努めている。一方、日本の空き家対策というのは、ニュータウンも含めた空き家対策というものが、危険家屋対策が中心となっている。危険家屋に対して、いかに対応するかという施策になっている。本稿では、危険家屋などを発見してそれをどう安全な形まで持っていくのかという日本の空き家対策の議論ではなく、利用者がいない、使われなくなった家屋・土地というものをいかに新しい人に使ってもらうのかという所に主眼を置いており、それには一連の流れがあり、それぞれの打つべき施策が諸外国と日本では異なっている。

　今後において、ニュータウン戸建て地域の空き家等に関して、空き家等の有効活

用を図り、不動産流通などにより活性化を図り、新しい人に使ってもらい、流入することでニュータウンの再生に活かせるような施策が必要となってくる。そのためには、地方自治体、諸関係団体等とタイアップをし、進めていくことが重要である。

───────────────────────〈 終 章 〉───────────────────────

　終章では第5章までの分析を踏まえて、ニュータウンの再生について示唆するものについて検討している。

　序章では、第二次世界大戦後の日本の経済の流れを概観し、高度経済成長期に開発された大規模ニュータウンの戸建て住宅地域を取り上げた。ニュータウン開発当初から公的賃貸住宅などと同様に重要視され、建設計画の中に組み込まれてきた戸建て住宅は、市の財政のために欠かせない地域であったにもかかわらず、施策としてはほとんど対策が講じられていない状況である。公的賃貸住宅は先行して建設され、数十年が経ち建物の老朽化が進み建替え等が行われているが、現状において戸建て住宅地域は、高齢化が進み独居世帯の増加などにより空き家が増えている状況である。このまま空き家化が進捗していけば、①市の財政を支える重要な部分が欠落し、財政が厳しい状態になり、②ゴーストタウン化してしまう可能性がある。こうした問題に対して、危険家屋対策を中心とした空き家対策ではなく、空き家の有効活用を目的とする必要がある。具体的には、流通を促進して、新しい人に使ってもらうことにより、ニュータウンの再生に向けた活性化に繋がる施策を展開することが重要となってくる。

　第1章では、建設計画の中に組み込まれてきた戸建て住宅の必要性を概観して、吹田市域の空き家等の実態調査の結果について現状分析を行った。ニュータウン開発当初の区画（建築物を含む）からどう変容したのかを、空き家やその敷地の現状に照らし合わせて明らかにした。そのうえで、建築協定（住民同士の民事的な協定）などの規制（敷地面積の最低限度など）や住環境問題、住宅戸数・年少および子育て世代の推移について確認し、年少人口等が増加することで、人口減少などの問題を和らげる要因になっているのかなどについて分析を行った。実態調査の結果として、敷地分割に関する規制が守られている地区整備計画区域および建築協定区域では、敷地分割についての抑制効果があることが明らかになった。また、千里ニュータウン吹田市域の戸建て住宅地域の空き家等実態調査を踏まえて、危険家屋はほとんど見当たらず、空き家のほぼ全てが危険家屋の基準には当てはまらないということが明らかになった。ニュータウンの空き家対策というのは、危険家屋対策だけでは不十分であるということを指摘した。

　第2章では、第1章において空き家等実態調査で明らかになった空き家の増加に伴い、開発から50年前後経過した日本を代表する三大ニュータウンである千里

ニュータウン（吹田市、豊中市）、高蔵寺ニュータウン（春日井市）、多摩ニュータウン（多摩市、稲城市、八王子市、町田市）に着目して、それぞれのニュータウン再生に向けた取組みについて、比較分析を行った。ニュータウン開発の初期条件ではない要素（少子高齢化・住宅団地の建物などによる老朽化の影響、小・中学校の統廃合に伴う既存建物の有効活用、多様な世代が住み続けられる住まい・住環境）が、それぞれのニュータウンにおける再生に向けた取組みの違いとなっていることを確認した。また、計画人口などが異なる三大ニュータウンについて、担当者にヒアリング調査を実施した。さらに、ニュータウン再生に向けたニュータウン再生のあり方検討委員会などの立ち上げからの経過を追ったうえで、関係資料などと併せて比較分析を行った。

　なお、因果メカニズム（オールドタウン化したニュータウンの建物を更新することにより若年世帯が流入し、その結果として人口が増加する）について、担当者が抱く課題（高齢者の増加、児童数の減少など）に関する認識において、現状では財政面が厳しい状況である。しかしながら、政策の選択において、公的賃貸住宅の建替えに伴う活用用地の有効活用などを進めた結果、人口が減少期から増加しつつあることを確認した。一方、ニュータウン計画段階において、共同住宅と同時期に計画した地方自治体にとってニュータウンの税収を支える重要な部分である戸建て住宅地域に関しては、共同住宅の建替えなどによる活性化に比べて、ほとんど対策がされてこなかった。その結果として、現在では高齢化が進行し、独居世帯が増え空き家が増加傾向にあることを指摘した。

　今後において、高齢化が進行するニュータウンでは、地域コミュニティ・まちの魅力づくりの担い手となる若年世帯等の居住を積極的に誘導していく施策が必要である。

　第3章では、ニュータウン開発当初から公的賃貸住宅などと同様に戸建て住宅も重要視され、建設計画の中に組み込まれてきたが、戸建て住宅地域では高齢化に伴い、独居世帯が増え、空き家が増加傾向にあるため、地方自治体が実施している空き家対策の助成制度について取り上げた。公的賃貸住宅は先行して建設され、数十年が経ち建物の老朽化が進み建替え等により活性化しつつある。しかし、税収を支える重要な部分である戸建て住宅地域については、空き家の増加が進んでおり、対策がほとんど講じられていない状況である。そこで、国による空き家対策の法制度を取り上げ、空家等対策の基本的な考え方である市町村の役割、都道府県の役割、国の役割を概観した。さらに地方公共団体が、空家等対策の推進に関する特別措置

法（平成26年法律第127号）に基づく空家等対策に取組むに当たり、参考となる
主な関連施策や諸制度を整理した。そのうえで、国による空家等対策に係る関連施
策等に関し、空き家対策等に関する補助金助成制度を実施している多くの地方自治
体の中から、地域性および人口規模、助成制度の複数実施自治体の条件を設定し選
定した。具体的には、人口10万人前後の岐阜県高山市、人口20万人前後の千葉県
佐倉市、人口30万人前後の山口県下関市、人口75万人前後の岡山県岡山市、人口
150万人前後の兵庫県神戸市を抜粋し、それぞれの市が実施している補助金助成制
度の実績・予算・決算などを各市にメールで紹介をし、5市から回答のあった資料
に基づいて空き家対策の助成制度について比較分析を行った。これらの地方自治体
では、空き家対策等の助成制度について、様々な取組みを実施し、それぞれにおい
て創意工夫をしているが、依然として危険家屋対策が中心となっていることを確認
した。

　第4章では、人口および世帯数の減少や高齢化に伴う独居世帯の増加により、空
き家が増加傾向にあるため、自治体の空き家対策という点について取り上げた。特
に地方都市では、その傾向が顕著であることを確認した。そこで、空き家対策とし
て、予防、空き家の利活用、空き家バンクの登録の重要性に関し、東九州の3自治
体（大分県中津市、福岡県豊前市、大分県別府市）を取り上げた。担当者にヒアリ
ング調査を実施し、その際提供された関係資料と併せて課題等を整理し、比較分析
を行なった。各自治体の人口減少の原因（独居世帯の増加など）に関する認識で、
財政負担の制約がある中での政策の選択において、3つの手法（未然防止、空き家
バンク、お試し住宅）により空き家の減少に繋がっていることを確認した。さらに、
豊前市では老朽危険家屋等の除却に対する助成で、全国的にもほとんど事例がない
老朽危険家屋等除却後の土地に対す固定資産税の減免を実施していることを確認し
た。また、中津市および別府市においても、老朽危険家屋等の除却に対する補助制
度を実施し、近隣住民の住環境等に配慮した事業を展開している。

　第5章では、日本の先進自治体の空き家対策で実施されている助成制度を概観し、
欧米諸外国と日本の空き家対策に関する国際比較により、欧米（イギリス、フラン
ス、ドイツ、アメリカ）と日本の違いについて、比較分析を行った。諸外国（イギ
リス、アメリカ）では、建物の使用する年数が日本に比べ2倍程度であり、建物を
いかに有効活用し、中古物件の流通に促進しているかが明らかなように、日本との
違いが明確であることを指摘した。さらに、ストックとしての住宅というのが、建
築年数が長ければ長い程、価値が出るようなそういう住宅になっていることを確認

した。また、欧米（イギリス、フランス、ドイツ、アメリカ）の空き家対策と日本の空き家対策の現状から、空き家における発生から解消までの一連の流れを踏まえて、比較分析を行った。

この第5章は、日本を含めた各国（イギリス、フランス、ドイツ、アメリカ）の空き家対策の政策体系を分析して、明らかにしたうえで、空き家対策というのは危険家屋対策ではなく流通を促進する施策に重点を置いた空き家対策であることを確認した。

以上諸外国（イギリス、フランス、ドイツ、アメリカ）の空き家対策では、諸政策や制度的なところからの比較について見てきたが、諸外国は空き家にならないように努めている。一方、日本の空き家対策というのは、ニュータウンも含めた空き家対策というものが、危険家屋対策が中心となっている。危険家屋に対して、いかに対応するかという施策になっている。

本書では、危険家屋などを発見してそれをどう安全な形まで持っていくのかという日本の空き家対策の議論ではなく、利用者がいない、使われなくなった家屋・土地というものをいかに新しい人に使ってもらうのかというところに主眼を置いて分析を行ってきた。

それには一連の流れがあり、それぞれの打つべき施策が諸外国と日本では異なっている。

まとめとして、本研究の学術的な貢献としては、従来のニュータウンに関する研究では、アンケート調査を基に考察したものが多く散見される。これらの研究では、空き家が増えつつあるニュータウンの問題を解決する上で、住環境の評価などについての考察に留まっている。しかし、本研究では、初期に開発されたニュータウンに着目して、ニュータウンの戸建て住宅地域の空き家等に関し、除却を優先せず空き家・空き地についていかに有効活用を図っていくのかというところに主眼を置いているところである。

本研究では、ニュータウンの戸建て住宅の実態調査による現状把握、大規模ニュータウンのそれぞれの再生に向けた取組みの違い、先進都市が実施している空き家対策における助成制度を概観し、諸外国の空き家対策の流れを整理したうえで、ニュータウンの戸建て住宅地域の空き家等における有効活用を図り、ニュータウンの活性化や再生に繋げていくことを示唆したところが、先行研究との違いである。

また、先行する共同住宅に目が向けられてきたが、気づいてみれば戸建て住宅地

域は、高齢化が進み独居世帯の増加などにより空き家が増えている状況である。このまま進捗していけば、市の財政を支える重要な部分であったにもかかわらず、ゴーストタウン化してしまう可能性があり、市の財政が支えられなくなるし、戸建て住宅地域の再生について、そこにも手を付けていかなければならない必要性を指摘した。

　今後益々高齢化が進行するニュータウンにおいて、地域コミュニティ・まちの魅力づくりの担い手となる若年世帯等の居住を積極的に誘導していくためには、特に戸建て住宅地域について、空き家対策を実施するに当たり危険家屋対策ではなく、欧米諸国にみる中古物件の空き家を有効活用し、流通を促進した施策を展開していく必要がある。

参考文献

・秋元孝雄（2013）「まちびらきから 40 年を超えた多摩ニュータウン ―少子高齢化が進む中、日本最大の未来都市は今―」土地総合研究、第 21 巻第 4 号、pp.45-53

・井手口敬（2002）「イギリスにおけるニュータウン建設の歴史的経緯とその類型化」九州産業大学国際文化学部紀要、第 22 号、pp.17-30

・岩崎忠（2016）「空家特別措置法施行後の自治体の空き家対策 ～公共政策からのアプローチ～」地域政策研究高崎経済大学地域政策学会、19(2)、pp.11-33

・岩崎真子、小木曽裕、山﨑晋（2018）「多摩ニュータウンにおけるオールドタウン化対策の地域活動について」日本大学理工学部学術講演会予稿集、第 62 回、pp.489-490

・石見豊（2018）「戦後英国における地域政策の展開と課題」国士舘大學政經論叢、30 巻 1 号、pp.53-77

・瓜生朋恵、梶木典子、上野勝代（2015）「居住者の記憶をもとにした 1960 年代における団地暮らしの記録 ―千里ニュータウンを事例として―」日本建築学会技術報告集、第 21 巻第 47 号、pp.225-230

・大塚俊幸（2015）「大都市圏の郊外ニュータウンの将来を考える（高蔵寺ニュータウンの取り組みを通して）」地理、60-6、pp.72-79

・大橋純一（2019）「ニュータウンのオールド化の現状と課題」流通経済大学社会学部論叢、29 巻第 2 号、pp.35-50

・岡垣頼和（2016）「総合的な空き家対策の取り組み ～危険空き家対策からみえてきたもの～」国際文化研修 2016 夏、vol.92、pp.18-21

・大佛俊泰、井上猛（2007）「既成市街地における画地の分割・統合シミュレーションと最低敷地規模規制の検証」日本建築学会計画系論文集、第 72 巻第 614 号、pp.199-204

・角橋徹也（1984）「企業局方式と開発財政」（住田昌二 編著者（1984））『日本のニュータウン開発 千里ニュータウンの地域計画学的研究』都市文化社

・香川貴志（2011）「少子高齢社会における親子近接別居への展望 ―千里ニュータウン南千里駅周辺を事例として―」人文地理、第 63 巻第 3 号、pp.209-228

・金城ますみ（1983）「ニュータウン地域の年齢構成の変化とその要因 ―千里と泉北の事例から―」人文地理、第 35 巻第 2 号、pp.171-181

・川端博之（2019）「戸建て住宅地区の空き家の現状と敷地分割に関する研究 ―千里ニュータウン吹田市域を対象として―」日本都市学会年報、VOL.52、pp.73-81

・株式会社価値総合研究所（2018）『平成 29 年度空き家バンクに関する調査 調査研究報告書』pp.1-23

・北浪健太郎、岸井隆幸（2003）「多摩ニュータウン第 2 世代の居住地移動に関する研究」都市計画論文集、第 38 回学術研究論文発表会、pp.85-90

・草間一郎（2011）「ニュータウンそしてオールドタウン ―「都心化」の中での東京圏の郊外住宅地―」土地総合研究、19(4)、pp.54-65

・久保倫子、由井義通（2013）「郊外住宅地における空き家発生の実態とその対策に関する基礎的研究」公益財団法人国土地理協会平成 25 年度助成金成果報告書、pp.1-18

・倉橋透（2018）「イギリス　行政主導で空き家を市場に戻す」（米山秀隆　編著者（2018））『世界の空き家対策　公民連携による不動産活用とエリア再生』学芸出版社

・小西沙恵、西岡絵美子、横田隆司（2008）「戸建て住宅団地の空き家と空き地の現状に関する研究　―千里ニュータウンを対象に―」日本建築学会近畿支部研究報告集、計画系、第48号、pp.25-28

・小林正典（2018）「アメリカ 空き家の発生を抑える不動産流通システム」（米山秀隆　編著者（2018））『世界の空き家対策　公民連携による不動産活用とエリア再生』学芸出版社

・小林正典、光成美紀（2016）「米国におけるランドバンクおよびコミュニティ・ランド・トラストの活用による都市住宅市場の再生手法に関する研究　―米国における2000年代の低未利用不動産の再生・流通システムの実態調査を通じて―」都市住宅学、95号、2016 AUTUMN pp.121-126

・小柳春一郎（2018）「フランス 多彩な政策と公民連携による空き家リサイクル」（米山秀隆　編著者（2018））『世界の空き家対策　公民連携による不動産活用とエリア再生』学芸出版社

・近野正男（1984）「日本のニュータウン開発の鳥瞰」（住田昌二　編著者（1984））『日本のニュータウン開発 千里ニュータウンの地域計画学的研究』都市文化社

・財団法人東北産業活性化センター（2008）『明日のニュータウン』日本地域社会研究所

・齊藤広子（2015）「中古住宅取引における情報と専門家の役割に関する研究」明海大学不動産学研究科、博士（不動産学）学位論文、不乙第1号、pp.1-155

・齊藤広子（2019）「「人」と「地」から空き家問題を考える」都市住宅学、104号、pp.5-11

・酒本恭聖、瀬田史彦（2015）「地区計画を活用したニュータウン再生に関する一考察　―若年齢層の新規居住と多様な住宅の建て方の誘導に着目して―」日本都市計画学会都市計画報告集、No.14、pp.112-118

・佐藤総一郎（2018）「様々な問題が顕在化する住宅団地について　～住民のコミュニティの形成が再生のカギ～」三十三総研　MIE TOPICS 調査レポート、No.94、pp.6-11

・佐藤由美（2018）「泉北ニュータウンの変化と再生に向けた実践」都市住宅学、102号、pp.45-51

・塩崎賢明（2006）「戦後日本の住宅問題と住宅政策」（塩崎賢明　編者（2006）『住宅政策の再生 豊かな居住をめざして』）日本経済評論社

・下村郁夫（2014）「空き家問題の法的課題と対応策」都市住宅学、84号、pp.99-108

・白井良季、馬場昌子（2011）「千里ニュータウン戸建て住宅地区の高齢居住者の安全・安心居住策に関する研究」日本建築学会近畿支部研究報告集計画系、第51号、pp.61-64

・庄村勇人（2018）「空き家問題に対する行政の法的手法　―空き家条例と空家法―」月刊住民と自治（658）、2018年2月号、pp.13-16

・杉本絵里、客野尚志（2011）「郊外ニュータウンにおける空家の現状とその発生要因に関する研究　―三田市フラワータウンの住宅地図解析を通じて―」日本都市計画学会関西支部研究発表会講演概要集、9巻、pp.25-28

・鈴木克彦（2006）「建築協定の認可実態からみた協定更新の要因について　―建築協定地区における持続的住環境管理システムに関する研究（その1）―」日本建築学会計画系論文集、第71巻第601号、pp.9-16

・住田昌二（1984）「住宅政策とニュータウン開発」（住田昌二　編者（1984））『日本のニュータウン開発　千里ニュータウンの地域計画学的研究』都市文化社

・曽田忠弘（2013）「「高蔵寺ニュータウン再生」に取組んで考えたこと ―大都市郊外住宅地のまちづくりについて― 土地総合研究、第 21 巻第 4 号、pp.54-62

・平修久（2017）「空き家バンクに関する一考察：西日本の 3 事例をもとに」聖学院大学論叢、30（1）、pp.13-30

・高橋伸夫（1995）「パリ大都市圏におけるニュータウンの現状と将来：とくにエヴリー・ニュータウンの事例を中心にして」筑波大学人文地理学研究、19 巻、pp.63-96

・高村美晴（2013）「郊外型住宅団地の問題解決に向けた行政・住民の関わり方」福山市立大学都市経営学部紀要、2 巻、pp.33-50

・立川弥生子、木多道宏、舟橋國男、鈴木毅、李斌（2001）「千里ニュータウン戸建て住宅地における空間構造の変容に関する研究」都市住宅学、35 号、pp.105-110

・田中陽大、加我宏之、下村康彦、増田昇（2012）「千里ニュータウンにおける集合住宅団地の建替えによる緑地構造の変化に関する研究」ランドスケープ研究、75（5）、pp.503-506

・中野隆生（2015）「おわりに」（中野隆生 編者（2015））『二十世紀の都市と住宅　ヨーロッパと日本』山川出版社

・中山徹（2018）「政府が進める「空き家」対策の特徴と危険性 ―人口減少時代の空き家対策を展望する―」月刊住民と自治（658）、2018 年 2 月号、pp.8-12

・野村充応、小林宏樹（2014）「地方自治体における不良空き家の管理手法に関する研究」日本都市計画学会関西支部研究発表会講演概要集、12 巻、pp.133-136

・原田陽子（2007）「戦後日本の初期ニュータウンにおける住環境評価と住み替え意向に関する比較研究 ―千種台団地、香里団地、千里ニュータウン、高蔵寺ニュータウンの特性把握を通して―」日本建築学会計画系論文集、第 619 号、pp.9-16

・平瀬敏郎（2016）「空き家の現状とそれをとりまく制度の状況について（その 2）」国土交通政策研究所報、第 61 号 2016 年夏季、pp.94-111

・福原正弘（1998）『ニュータウンは今　40 年目の夢と現実』東京新聞出版局

・福原正弘（2001）『甦れニュータウン　～交流による再生を求めて～』古今書院

・藤谷英孝（2017）「ニュータウンの初期開発地区における住み替えによる再生に関する研究」日本建築学会計画系論文集、第 82 巻第 732 号、pp.333-339

・前根美穂、清水陽子、中山徹（2010）「アメリカにおける空き家対策事業に関する研究 ―ミシガン州フリント市・オハイオ州ヤングスタウン市について―」日本都市計画学会都市計画報告集、No.9、pp.27-30

・松村博文、瀬戸口剛（2014）「ニュータウンにおける住み替えと戸建住宅流通による世代交代に関する研究 ―札幌大都市圏のニュータウンを事例として―」日本建築学会計画系論文集、第 79 巻第 697 号、pp.711-719

・村上毅（2016）「日本とイギリスにおける空き家対策の比較研究 ―イギリス「空き家管理命令」の意義と日本への示唆―」龍谷大学大学院政策学研究紀要論文、第 5 号、pp.77-90

・室田昌子（2018）「ドイツ 公民連携で空き家対策からエリア再生へ」（米山秀隆 編著者（2018））『世界の空き家対策　公民連携による不動産活用とエリア再生』学芸出版社

・森本信明、前田享宏、吉川康（2000）「千里ニュータウンの戸建住宅地における敷地分割の実態と土地利用意識の現状」近畿大学理工学部研究報告、第 36 号、pp.111-118

・矢吹龍直郎（2014）「空き家に関する諸問題 ―空き家対策の政策法務―」臨床法務研究、第 13 巻、pp.61-69

・山地英雄（1982）『新しきふるさと ―千里ニュータウンの二〇年―』学芸出版社

・山本茂（2009）『ニュータウン再生住環境マネジメントの問題と展望』学芸出版社

・山本茂（2013）「建設型都市からマネジメント型都市のモデルへ ―千里ニュータウンのこれまでとこれから―」土地総合研究、第 21 巻第 4 号、pp.63-67

・山本茂、鳴海邦碩、澤木昌典（2005）「居住者の定住意向から見たニュータウンの住環境保全の課題 ―千里ニュータウン戸建住宅地をケースに―」日本建築学会計画系論文集、第 70 巻第 596 号、pp.115-121

・米山秀隆（2014）「地方都市における空き家対策」日本不動産学会誌、28(3)、pp.51-55

・米山秀隆（2018）「日本と海外の空き家対策最前線」（米山秀隆 編著者（2018））『世界の空き家対策 公民連携による不動産活用とエリア再生』学芸出版社

・レミ・ドルモア（小柳春一郎 訳）（2019）「フランスの空き家（空き住宅・空き店舗）対策と都市再生 ―人口減少都市サンテティエンヌ市の場合―」土地総合研究、第 27 巻第 1 号、pp.114-130

・ロイック・ヴァドロルジュ（平野奈津恵 訳）（2015）「フランスのニュータウン政策 1950 年～80 年代」（中野隆生 編者（2015））『二十世紀の都市と住宅 ヨーロッパと日本』山川出版社

・若林時郎（1979）「フランスのニュータウンについて」環境科学研究科年報：環境科学セミナー、2 号、pp.170-178

・渡辺修朗（2019）『教養としての政治と経済』学文社

謝辞

　本研究にあたりまして、都市政策研究領域の水上啓吾准教授、久末弥生教授、共生社会創造研究領域の新ヶ江章友教授には、多数の貴重なアドバイスを頂戴いただきました。誠にありがたく、厚く御礼を申し上げます。また、地方自治体職員の多くの方々にヒアリング調査等をさせていただきました。通常業務等で誠にお忙しい中、快く対応していただきまして、この場をお借りして御礼申し上げます。特に、千里ニュータウンにおける実態調査やニュータウンに関する色々なアドバイスをいただきました NPO 法人千里・住いの学校事務局長であられました山本茂様（故人）には、ニュータウンに対する関わりをいただきました。直接お礼を申し上げることはできなくなりましたが、今後におきまして、私自身ニュータウンに関する研究を継続していきたいと思っています。最後に本研究に際し、ご指導・ご協力いただきましたみなさま方に対しまして、心より感謝申し上げます。ありがとうございました。

著者紹介

1955 年	大阪府にて誕生
2016 年	大阪府吹田市役所を定年退職
2018 年	大阪市立大学大学院創造都市研究科修士課程修了、 修士（都市政策）の学位を取得
2021 年	大阪市立大学大学院創造都市研究科博士課程修了、 博士（創造都市）の学位を取得 現在は、大阪公立大学大学院都市経営研究科において、 客員研究員として、空き家に関する研究を継続している。

大阪公立大学出版会（OMUP）とは
本出版会は、大阪の5公立大学－大阪市立大学、大阪府立大学、大阪女子大学、大阪府立看護大学、大阪府立看護大学医療技術短期大学部－の教授を中心に2001年に設立された大阪公立大学共同出版会を母体としています。2005年に大阪府立の4大学が統合されたことにより、公立大学は大阪府立大学と大阪市立大学のみになり、2022年にその両大学が統合され、大阪公立大学となりました。これを機に、本出版会は大阪公立大学出版会（Osaka Metropolitan University Press「略称：OMUP」）と名称を改め、現在に至っています。なお、本出版会は、2006年から特定非営利活動法人（NPO）として活動しています。

About Osaka Metropolitan University Press (OMUP)
Osaka Metropolitan University Press was originally named Osaka Municipal Universities Press and was founded in 2001 by professors from Osaka City University, Osaka Prefecture University, Osaka Women's University, Osaka Prefectural College of Nursing, and Osaka Prefectural Medical Technology College. Four of these universities later merged in 2005, and a further merger with Osaka City University in 2022 resulted in the newly-established Osaka Metropolitan University. On this occasion, Osaka Municipal Universities Press was renamed to Osaka Metropolitan University Press (OMUP). OMUP has been recognized as a Non-Profit Organization (NPO) since 2006.

「ニュータウン」再生のための空き家対策とその有効活用

2024 年 3 月 3 日　初版第 1 刷発行

著　者　　川端　博之
発行者　　八木　孝司
発行所　　大阪公立大学出版会（OMUP）
　　　　　〒599-8531 大阪府堺市中区学園町 1 － 1
　　　　　大阪公立大学内
　　　　　TEL　072（251）6533　FAX　072（254）9539
印刷所　　和泉出版印刷株式会社

©2024 by Hiroyuki Kawabata, Printed in Japan
ISBN978-4-909933-68-3